白起

常胜将军武安君

爱新觉罗氏◎著

文化发展出版社
Cultural Development Press

图书在版编目（CIP）数据

白起：常胜将军武安君 / 爱新觉罗氏著. —北京：文化发展出版社，2020.3
ISBN 978-7-5142-2945-5

Ⅰ.①白… Ⅱ.①爱… Ⅲ.①白起（?-前257）—传记 Ⅳ.①K825.2

中国版本图书馆CIP数据核字（2020）第018905号

白起：常胜将军武安君

爱新觉罗氏 著

责任编辑：武　赫　　　　责任校对：岳智勇
责任印制：邓辉明　　　　设　　计：张合涛
出版发行：文化发展出版社（北京市翠微路2号　邮编：100036）
网　　址：www.wenhuafazhan.com
经　　销：各地新华书店
印　　刷：北京昌联印刷有限公司

开　　本：710mm×1000mm　1/16
字　　数：217千字
印　　张：18
版　　次：2022年4月第1版
印　　次：2024年1月第2次印刷

定　　价：58.00元
I S B N：978-7-5142-2945-5

如有印装质量问题，请电话联系：010-83600578

序

掀开武安君白起的神秘档案

话春秋，说战国，历史话题永不停息。

分分合合征战500年之多，英明帝王、耿直言官、多谋政客、勇猛武将都曾写下浓墨重彩的篇章。然，终是始皇统六国，了断纷争史。可谁又能淡忘那些曾指点江山或豪气冲天的风云人物!

西汉刘向考订的《战国策》、太史公司马迁撰写的《史记》、北魏晚期郦道元所著地理名著《水经注》，及清朝年间《太原县志》等，都以书面文字呈现了战国时期那段峥嵘岁月间真实发生过的事件，或出现过的历史人物。当然也会因历史的局限和其他各种原因，使得写书人在著书时出现角度偏差。但当今的我们在对比、剖析之余，再结合当代学者对当年古战场的考证、文物发掘，或可揭示刀光剑影间那些著名历史事件之真相，还原那些或名垂千古或遗臭万年的历史人物真实面貌。

秦灭六国是不争事实，但秦国是何时开启向东进发的脚步的呢?据史学分析为：秦昭襄王时期。

爱好春秋战国史的朋友，在此时一定会于心头涌出一个名字——白起。对，白起!

白起乃秦昭襄王时期极为重要的历史名将，更是历史上获封过“武安君”称号的四人之一，一个无败仗纪录、作战如神的武将。

说到白起，多数人会立刻想起伊阙之战、鄢郢之战、长平之战等战役。

这些赫赫有名的战役确为白起的主要事迹，无论造成的死伤是否真如史料所述，总之，它们都是真实发生过的。至于这些战争的一些细节及有关争议，本书中会结合古战场的考证资料等，逐一剖析。与此同时，笔者也在书中为情节的关联和人物的活动虚构了一些事和人。相信读者在闲来无事阅读后，会有会心一笑。笔者所写并不全面，更不权威，若你提出新的论点，笔者定洗耳恭听。

司马迁在《史记·白起王翦列传》中为白起留下过相关篇章。值得一提的是，白起遭赐死于杜邮前，司马迁先生以白起之口，说过这样一段话——“我固当死。长平之战，赵卒降者数十万人，我诈而尽阬之，是足以死”。试问：司马迁先生与白起非同一时代，且写文章时，时隔已久，如何得知当时情景及白起所言？因而，笔者在文章中大胆提出了若干与史学有差异的论点。

爱历史，探寻往昔，求同存异，力求还原真实。运用考古学、医学、生物学、数学、物理学等现代学科知识，我们讨论、剖析相关历史。就今天而言，我们对历史的认识或许已经达到一定高度，但随着科技的发展和更多有关文物的发掘，相信未来仍会有推翻我们今天的某些认知的可能。我们期待，相信你也一样！

素无败绩的武安君白起是个传说，其成长历程、战绩、为人以及最终的杜邮之死都已成既逝的过往，而他的是非功过也都深深地刻在了历史的天空下。希望了解白起的你，准备好了吗？

目　录

白起：常胜将军武安君

1
使命

商纣王无道，周文王之子周武王率部推翻商朝统治，建立周朝，而后，周天子论功行赏，分封天下。

据《荀子·儒效》记载：周公兼制天下，立71国，姬姓独居53人。

于是天下出现数量众多的诸侯国。

历经纷争，春秋时期赫赫有名的春秋五霸出现了：齐桓公、宋襄公、晋文公、秦穆公和楚庄王。

若干年过去，诸侯国之间战火频繁，一些诸侯国已名存实亡，更有甚者遭他国吞并。

到战国时期，则以齐、楚、燕、韩、赵、魏、秦此7国为首，这就是名震一时的“战国七雄”。

旷日持久的争霸战争，周天子名为天下共主，实则形同灭亡。

即便诸侯国之间相互攻伐、恃强凌弱，周天子也失去了主持公道之权，于是乎各诸侯国国君皆希望扩充国力，取周天子而代之。

各诸侯王繁衍生息，非嫡系后人便有了另一个称呼：公族。

他等乃国君的家庭成员，却袭不了爵位，俗称“富而不贵之人”。

我们要说的白起就是此类人。

白起，又名公孙起，郿地（今陕西省眉县东北）人，出生于秦地。提到他，先得从他的先人说起。

公元前678年，秦武公忽然一病不起，长久缠绵于病榻，其长子公子白惴惴不安。

“主子，夜已深，霜露凉，怎不歇息?”谋臣见公子白于书房内踱步，上前问道。

面露忧色的公子白提及父王的病后，又说道：“父王当权前，群臣曾尊秦出子为国君，本公子虽是父王长子，然群臣更拥戴德公皇叔。”

谋臣闭了门，劝说：“主子何不顾全大局，顺众人意?”

一席话引得公子白深思。

此后，他深居简出，直至父王秦武公过世，秦德公登基。

秦德公完成了登基大典后，一身朝服，容光焕发，稍作休息，唤公子白御书房觐见。

“臣请大王安。”公子白谦卑恭敬。

如此态度，秦德公大喜，便把武公故地秦国都城雍（今陕西凤翔）附近的平阳（今陕西岐山一带）赐予了他，封为平阳君。

公子白死后，他的后人就以白为姓氏。

一

过了几代，白族再没了初挂匾额时的气派，遇上个好生事的纨绔子弟在外惹了麻烦，也无人因当年公子白乃秦武王之子而略微让步。

白族的主系因没了爵位，富而不贵，白族的支系更是过得惨淡，常为了能与达官贵人来往而费尽心思。

转而间一种念想萦绕白族所有人心中——重登富贵顶峰。

光耀门楣在那个时候只能倚仗男丁，倘若父辈无所成就，便只能指望开枝散叶诞下的男孩有所突破。

“生了！生了！恭喜大爷得一大胖小子！”

产房传喜讯，接生婆喜笑颜开，硬生生把一个瘦巴巴的男婴说成大胖小子。

“赏！”员外郎模样、30好几的男人白兴亮接过婴孩，并不在意孩童的脸上模样，他掀开襁褓，看见了把子，霎时间大赏众人。

“不好了！不好了！夫人见红了！”产房跑出小丫头，慌兮兮道出产妇情况危急。

“一定要保住夫人！”白兴亮略微着急，目光仍盯着怀里的婴孩。

一旁的门客因主子得了男孩，向族长白铭义所住的院落跑去，夫人还未完全缓过劲来，素来受白氏一门看重的方士已匆匆行来。“大师来了，快瞅瞅这孩子。”白兴亮命抱孩子的奶娘双手递上幼儿。

方士摸骨，叩孩童脑门，琢磨得顾不得应话。

“夫人好些了，大爷不必着急。”小丫头再禀产妇近况。

“你等好生伺候……”白兴亮应了一声，目不转睛静候方士给出定论。

掐指捏算，方士递还孩童，拱手见礼：“公子出生的时辰配以骼型，以《周易》之二十二卦相推，这孩子命格斐然。”

白兴亮生了个非比寻常的儿子，这件事惊动了族里，一群男人在产房外比长舌妇还话多，候在一旁，等待方士的天机。

手中抱着烫手山芋，白兴亮如履薄冰。

“哇……”婴儿突然爆发出响亮的啼哭声。

方士闻之一语惊人：“来日公子要么风生水起，要么草席裹尸。”

“是哪种?”白兴亮求甚解。

领了赏钱的接生婆顺口奉承：“哭声大，做官大，定风生水起。”

接生婆之言不足以信，有见识的方士提出了比干挖心。

比干挖心后出皇宫，逢人便问“无心能活否”，只是当日他不曾遇见一位回答“无心可活”者，这才要了他的性命。

今日接生婆无心之举，却能成就出生孩童未来不凡之命。

白铭义连说三个“好”，白兴亮更请方士为儿赐名。

方士捏须：“白起。”

方士之占卜着实古怪，历史上的白起的确曾风生水起，也终得了草席裹尸之命。

君臣时代，万事皆难料，一炷香前的人上人，转眼间满门抄斩也是寻常事，毕竟大王金口玉牙不容置疑。

乳娘将白起抱进了产房，啼哭声还未终止，男人们已迫不及待讨论如何教导白起，使其光耀门楣之事了。

“各位请书房叙话。”白兴亮客气一番，将众人领进书房，亲斟了茶水，虚心请教。

“不从文，必从武。起儿体格……”白铭义难以定夺，将目光投向方士，似乎教导孩子还得靠天机。

“体格适合从武。”白族管了方士吃喝，多年来奉为上宾，该出手时自然全力以赴，懂得何时接话。

“极好。瘦而精壮，不失我白家男儿本分。多加锤炼，将来投身行伍。白山也是从军命格，白恒较他俩年纪长些，虽习了武艺，以老夫看，仅是个懂得周全之人，往后山儿、起儿从军都由白恒稍加照应。”白铭义运筹帷幄。

一语末，无论哪位孩子的爹皆无异议。

一荣俱荣，一损俱损，此时白族人皆希望在这一世抬高门楣。

白起成了白族的期盼，百日宴办得异常大气。

白铭义命库房支了300两纹银，白兴亮也大手笔花了1000两置办酒宴，各房各室都跟了份子。穿得红通通的白起在酒宴秀了场子后，被抱至抓阄之处。

白族的男人们是紧张的，唯恐孩子抓个胭脂水粉。

白起的母亲不在乎孩子拿中的任何物件，光看着笑呵呵的孩子，便已喜欢得不行。

众目睽睽之下，白起使出吃奶的劲，抓了半尺来长的银制大刀，眼巴巴地瞅着不远处的弓箭，良久未拿到竟号啕大哭。

“拿给他!”白铭义发话。

不负众望，白起摸到箭筒后，止住了哭泣，甚至不一会破涕为笑。

“在下自认才疏学浅，还请白铭义不辞辛劳教导犬子。”白兴亮为发迹让出了儿子的教育权。

“嗯，老夫看这孩子越发投缘。往后但凡他的用度不可短缺。”白铭义应下。

舍不得儿子，又做不了主，白氏连叹气也不敢大声。

白起的随意之举乐翻了白族的男人们，也忙坏了府门边执事的小厮，几个时辰的竹炮放下来，小厮的耳朵都快震聋了。

族里对白起可谓小心养活。3岁时白起已被强制泡药浴，可小不点不给面子，每逢窝在药浴桶里，皆皱眉头，牢骚满腹。

“水的味道好臭，我讨厌。”白起使劲拍水，溅得一旁的服侍小厮躲闪。

“你的山叔叔已经学了一身本事，你的榜样是他。若不泡药浴，身子骨不强健，难不成学整日里拎鸟笼串巷子的十七伯?”白兴亮苦口婆心。

歪着脑袋的白起全然不懂为何爹爹将很多的喜好挂在嘴边。

二

又过了两三年，白起入了学堂，刚学会握笔，便开始听先生讲打仗的故事，最初兴致浓浓，毕竟孩童哪有不喜欢听故事的？可被要求背兵书，他就连连逃课，忽而躲在树上，不入学堂；忽而翻墙出了府邸，跑到河边捉小鱼。

贪玩之心会被打手掌、跪香案吓跑，10余回之后，白起再不敢逃学，规规矩矩坐在学堂里，摇头晃脑跟着先生念全然不懂的兵书。乍看去模样甚为可爱，只是他本人惦记着下学。

“下学了。”专教兵书的私塾老师起身而去。

“唔……”白起兴奋地扑在桌面上。

先生走了，仍“之乎者也”念念有词的十三堂兄白渊目不斜视，仿佛世间之事皆与之无关。

“堂哥哥，先生走了，不必念书了。你的学问好，明天先生考时，定能过关。”最喜欢渊哥哥的白起晃到堂兄的书桌旁，一把抢过兄长刚作出的文章。

“先生考的学问并不是兄长要做的全部学问。起儿，堂哥考你。何为兵不厌诈？”11岁的白渊拉开凳子，给弟弟坐。

“呃……呃……”白起笑着咧开嘴，接不上话。

“何为术业有专攻？”白渊刮刮弟弟的圆鼻头。

白起摇头，用手遮住脸。

“兄长在你这般年纪时练过家子，可到如今仍不能驱马疾奔，爹爹考虑再三，让我习了文。”白渊娓娓道来。

“起儿只知将来要参军，指挥很多人作战，但为何一定要参军，起儿不懂。”纯真年纪，白起对一切皆好奇。

“若干年前，在我们没出生的时候，我大秦国有一位很有名的人，他叫商鞅。商鞅非常有本事，曾做过丞相，他提出了改革，增强了我国国力。”谈古说今，即便知晓未来将背负家族和个人使命，白渊仍以孩子的思维理解着成人的世界。

白起托腮而思，从爹爹和白铭义的谈话中曾听说过商鞅，当时玩心太重，仅记得“徙木为信”，还为此乐了半晌，忽听堂兄提及商鞅，顿时乐了。

“商鞅推行新法，曾求得大王在都雍城（今宝鸡凤翔）集市的南门外竖起一根3丈高的木头，告示：有谁能把这根木头搬到集市北门，就给他10斤黄金。百姓们感到奇怪，没有人敢来搬动。商鞅又出示布告：有能搬动的给他50斤黄金。于是有个人壮着胆子把木头搬到了集市北门，商鞅立刻命令给他50斤黄金。兄长说的可是他？”白起对趣味故事如数家珍。

“他为何如此？不必你我探究。而商鞅革新之后，给了我白家出路。起儿明白吗？”商鞅看似哗众取宠之举，实则是为增加变法信服力。

白渊认为弟弟年纪过小，这些道理需他长大些才明白，便一语带过，仅捡和白族兴旺有关的说。

先生还未教授“商鞅变法”的细则，白起原本也不好奇，此刻自然无言以对。

“商鞅变法诸多内容，其中与我等息息相关的也有一条：奖励军功，实行二十等爵制。”白渊道破玄机。

白起似懂非懂，瞅见白铭义缓步行来，规矩起身。

“不妨。你兄弟二人感情极好，老夫听听你们都聊些什么。”

白渊已有几分兄长气度，能循循善诱，不枉多年教导。

白铭义再看白起，瘦而精干，药汤熏得他有几分小将骨感，顿时喜了。

“字面上理解：作战勇猛，大王会封赏。这些封赏很大，会根据立的功劳而定。”白起琢磨其深意。

寻踪访迹，我们今天在《汉书》中就能找到关于“商鞅变法”的记载：

“商君为法于秦，战斩一首赐爵一级，欲为官者五十石。”

译成现代文便是：将卒在战争中斩敌人首级1个，授爵一级，可为五十石之官；斩敌首2个，授爵二级，可为百石之官；各级爵位均规定有占田宅、奴婢的数量标准和衣服等次。

“孺子可教。你俩出去玩会吧，别误了练字骑马的时辰。”白铭义拿起白渊写的文章细看，许了一对小兄弟快乐时光。

幼年的白起或许并不知晓生与死的区别，更不明白被秦惠王处以车裂极刑的商鞅犯了何事，仅记得参军、砍杀敌军便能光耀白氏门楣。

“人之初，性本善。”无论是将来手握雄兵的白起，还是而今快乐健康的孩子，都不会知晓生与死的转换仅在弹指间。

儿提时的白起或许只想过为给父亲争光，争得一席之地后，让母亲扬眉吐气，封个诰命夫人，荣耀加身。倘若他知晓将来的一张军令，会令无数家庭妻离子散，可能最初的他就不会投身行伍，也可能从伍之后的他不至于在长平之战中坑杀40万赵国降卒。

而今玩闹的孩童白起全然不知白铭义为何把习文的白渊从父亲身边挪出，安置到了离白兴亮较近的院落独居。

“渊哥哥，起儿又来找你玩了。”白起黏着长辈们为其选定的辅佐之人，却无半点小主子的架子，只把白渊当成大哥哥。

昨日的棋局之后，白渊把棋局在白铭义和几个族里德高望重的家长面前演绎了一回，其中一位长辈认为白起有一回落子不当，责令白渊适当时指点。

“昨天我们下了棋，今儿再杀一回?”白渊挑了白子，将黑子让出。

有模有样，白起落座棋盘边，却未料到堂兄每落一颗子，皆说一段与沙场作战有关的小故事。他听得入了迷，索性投子弃局。

“不可。棋局如战场，怎能半途而废?你如此，不成逃兵了吗?”白渊循循善诱。

“继续。兄长，你最喜欢哪位大将军?或者哪个大人物?”心思全然不在棋局之上，白起将就着落子。

“各家各派自有精髓之处，兄长才疏学浅，不敢妄自断言。术业有专攻，凡事需竭尽全力。”白渊谦卑。

白起越发喜爱白渊，但凡下了学，不练武艺与骑术时，皆往哥哥的屋里凑。

可休闲的时光越发少，9岁生辰刚过，爹爹便将族人请到跟前。

“我们比试身手?”白起乐得开怀，“好哦!”

但接下来与眼前人比试，竟被打得身上青一块、紫一块。

他揉着胳膊上的伤，不依地向一旁的白铭义瘪嘴求饶。

“继续。你还能站直，就可以再打。”白铭义面无表情，仿佛9岁的孩子与二十七八岁的男子对打是件合乎常理的事。

“我不打了!他比我高，比我大，比我胳膊粗!”白起嚷嚷。

男子并不动怒，静静地看了会，忽然挥拳，重击白起胸口。

白起随之倒地。

“为什么?”白起气愤落泪。

“我先前与你说过什么?公子。我们是沙场比试，不是你死就是我活。”男子冷冷说完，转身，朝坐在正位上的白铭义抱拳，“白铭义，在下教公子的沙场残酷之课已完。”

“辛苦了。起儿，起来吧。”白铭义纹丝不动，端坐其位。

支撑着疼痛的身子，白起站起身。

从那天起，他明白一个道理：沙场很残酷，没有亲人与陌生人之分，要想活命，需全力以赴地拼杀。

即便过了很多年，成年后的白起忘了与他动拳脚的男子模样，仍记得最后一下挥拳时，男子凶横的眼神。

三

沙场之上，除运用兵器攻击与防备之外，最值得信赖的得数马匹。

白起 11 岁时，堂叔白山从很远的地方，将一匹未驯化的良驹运回。

下了学，白起欢喜奔至马场，乍看吐着粗气、狂野马蹄蹭地的棕黑色马时，便惊呆了。

“起儿，驯服它，它就是你的。战场上唯有它是你的伙伴，与你共进退。”捻须，白铭义目光炯炯。

欢天喜地点了头，待族长许可后，白起单手撑着马厩的木围栏，纵身翻越，拔腿跑至骏马边。

“套鞍，我想骑它。”跃跃欲试，他张望四周，却寻不到本该在马厩侍候的小厮。

“没有马鞍，你有 7 天的机会，倘若别人看上了此马，也可和你竞争。谁的马术高，谁便是马的主人。如果谁也不能驾驭此马……”抬手比画杀的手势，白铭义留下段骇人听闻的话，转身而去。

愣了良久，白起琢磨的仅是：驯服此马，保住马的命。

至于白铭义所说的别人也可参与竞争，在白起单纯的心中没有留下多少痕迹。

然而驯马对于 11 岁的少年谈何容易。

初翻上马背，他还未坐稳，即被野性难驯的马摔落。

反复多次后，白起满身伤痕，可良驹无半点能亲近之色。

揉着腿上的摔伤，他席地而坐，盯着奔至马厩边骄傲的野马，一筹莫展。

挨了约莫1个时辰，不服气的白起忍不住肚饿，一瘸一拐奔回了家中，脏兮兮地拜见了翻阅兵书的父亲。

“站如松，坐如钟，行如风。你看看自己，还不快回房收拾干净!”白兴亮激励儿子。白起飞快地跑回房，他搁下手中兵书，唤来小厮，嘀咕几句，再装作若无其事地翻兵书。

儿子驯服马了吗？白兴亮极想探知，然谨记族长叮咛：不可轻易指点白起。

白起毕竟是孩童，即便将来指挥百万雄师，此时的他依旧玩心难耐，与爹娘用了晚膳后，听说族里一堂兄捉了大个的蝈蝈，兴致勃勃串门去了。

小厮受白兴亮吩咐，跑了一趟族长的住所，返回时带来了消息：就在今夜，族长将另几个年龄相仿的白族子嗣带到了马厩边。这7天内驯马以白起为主，那些少年只可在白起离开马厩后，才能靠近良驹驭马。

斗了半宿蝈蝈，白起乐不思蜀地返回家门，思量着明日下学后得花人力气驯马，便请教了父亲一些驯马的门道。

“起儿，你必须拿下此马。因为白族长也给了别人机会，爹希望你……”族长明言不可向白起透露此事，然白兴亮爱子心切，依旧说了。

“爹，谁驯服了马，马是谁的。君子有成人之美，起儿对此事无异。”公平竞争，白起虽有小小的抱怨，但没有较真。

之后的3天，白起日日到访马厩，因从未遇见族长所说的族中兄弟，还颇为遗憾，觉着无趣。

“败给你了，畜生！我明日再来，非骑上你不可。”信誓旦旦，他摸摸马鬃，鬃毛丝滑的触感几乎让他忘却了因驭马所摔的一身伤。

马匹在马厩里奔跑着，似乎全无被驯服的迹象。

而就在当天夜里，一个世代为白族养马的族人之子白瑜一鸣惊人，他成功地骑上了马背，并将马带出了马厩，甚至于旷野中纵马狂奔。

“好！”白铭义得知此事，披衣前往马厩，亲眼见识白瑜的精湛骑术。

“见过族长。”白瑜抱拳。

“多大年纪？你父亲是……”瞧着有几分熟悉的模样，白铭义难以道出家仆名字。

“家父白眉，小儿白瑜今年11岁。”声音清脆，白瑜稚气的脸上露出骄傲的神情。

“好，明日入学堂。你将来就……就……就跟随白起公子吧。凡事皆多听多看。”起儿从军必须多准备帮衬之人，白铭义就此为白起选了名随从。

次日，私塾老师破天荒许了白起不必上早课，他欢喜地来到马厩边，却见家仆装扮的白瑜和另几名少年在骏马边玩耍，不由得发了少爷脾气。

“是我的马，你们走开！”白起怒吼。

“族长说谁驭得了马，马就是谁的。如今马是我的！”见一同玩耍的伙伴都因公子一言而低下头，白瑜据理力争。

“我不信！”白起嚷嚷，拉着白瑜往族长的住所跑去。

族长见一群孩子到来，颇为惊愕，然问清缘由后，给出肯定答案：“起儿，你虽是主子，但老夫有言在先，谁能驭马，马便属于谁。如今白瑜是马的主人，你无权过问有关此马的任何事。”

白起委屈地垂下头，他嘟着嘴，连告辞都忘了说，气呼呼地一整日徘徊于马厩边。

公子对马情有独钟，家仆白眉见状，告诫儿子：“事事以公子为重，将马还给公子。”

“不!”少年皆有好胜之心，白瑜岂会依父亲之言？

作为白族的养马家仆，白眉在儿子离开后，将驯服的骏马交给了白起，并承诺：等公子再年长些，定会把毕生驭马术毫无保留相授，同时也感激主子们让儿子入了学堂。

“起儿虽年幼，但向你保证将来起儿一定好好待白瑜。等起儿有了成就，不会少了白瑜的份。”牵着马缰，白起心里美美的。

“奴才替犬子谢公子提点大恩。”白眉说话间便要叩拜，却被白起搀住。

白起得了骏马，又有了白眉随后相授的部分驭马术，便兴致勃勃在马厩里待至炊烟四起之时。

临走前，他礼尚往来，摘下腰间佩玉递予白眉，说是拿了白瑜的良驹，这个玉佩就当谢礼。

少年的白瑜没有长成后的城府，在拿到玉佩不足1刻钟后，便做出了激烈反应，把一大包掺了巴豆和一些会使人送命的草药，投至马槽中。

辛辛苦苦训得的良驹一命呜呼，白起在征得族长、父亲等人同意后，彻查了此事。

虽知晓谋害良驹的人是良驹的主人白瑜，却因年纪尚幼，不能行处罚白瑜之权。

“族长，重重地打他!”白起誓为良驹报仇。

“作为马的主人，可决断马的生死。”此少年心思过重，好胜心太强，还是不要指给白起为侍从，白铭义一笑了之。

白眉痛斥儿子小心眼，不效忠主子，见族长、白兴亮等皆未对此有过多责怪，心中更是自责，当即抓起身边一张木凳，狠敲了儿子一记，算是给了教训。

之后白瑜仍旧在学堂识字，而白起也在半年后的一次玩闹中与他走近，再不提药死良驹之事。

多年后，封侯拜相的白起遗忘了不知名的玉佩，而白瑜却因此小事记恨一生，当得知白起与范雎朝堂失和，暗中投靠了范雎，并在秦昭襄王命白起为将攻邯郸，白起以病未痊愈无法出征时，立刻给范雎送消息：白起确有伤痛，然可上阵。

就是此次的告密给了范雎机会。

范雎巧妙运用信息，伺机向秦昭襄王进言，终造成了一代名将白起被赐死于杜邮的惨淡结局。

四

一群少年郎处得相安无事，若说情意，却谈不上太多。

以白族族长白铭义为首，大多支持培养白起，而忽视族中另一些年龄相仿少年。

私塾先生换了几位，每引经据典、谈古论今时，少年郎们便兴致浓浓，随即学堂引起论证之风。

并不为白族主系，可白起命格贵不可言，论政之时，便常以白起为主。

白铭义听了几回少年郎们的论政，觉得与时事尚有距离，就托了人脉，花了近半年时间，请来名满天下的鬼谷子王诩的弟子、饱学之士苏秦。

话说这鬼谷子，可是个了不得的人物，在那时活了近80岁，星象、兵法、善辩皆在他活着的年代，便赶超当时的大多数人。

因其隐居鬼谷，而得名鬼谷先生。

鬼谷子身世与学问的神秘莫测使得外人道不出他是春秋战国时期的卫国朝歌人，还是战国时期的魏国邺人。

但凡得他指点之人，都告诫后人：鬼谷先生高妙之处，非我等能及。

虽然鬼谷子已仙逝数十载，留下的多半为传世佳话，而当世传人之一苏秦也曾拜访秦惠王，考虑秦国立场，将苦心推敲出的“合纵连横”之术，结合秦之国情，建议秦惠王兼并列国、称帝而治。当时秦惠王认为时机不成熟，草草一句驳回。

而后，苏秦说服燕文公推行合纵连横，几经波折，齐、楚、燕、魏、赵、韩达成合纵联盟。然，六国国力强弱不同，国君们又各怀心思，这疏离的国事交往，又怎能让联盟长久维系？

秦国为搅局，派出使臣犀首离间，使齐、魏合攻赵国……

往事完尔，苏秦畏惧赵王，借口出使燕国，伺机离开，也由此发誓报复齐国。

于是，盛大而空前的首次合纵联盟瓦解。

此番再度入秦，苏秦的画像虽仍在通缉榜文之上，然，时隔20余年，榜文也就做做样子。

盘查的士兵压根没仔细打量过眼前人，便让他入了秦境。

一身布衣，苏秦低调行事，借着论政、讲学为名，寻适当契机，将数年来在齐国官拜客卿，所掌握的各种军事要塞图交给秦国，以求秦国攻打齐国。齐国遂受重创。

如此传说人物将到访白府，白起从最初的好奇，到请教白渊之后，了解了合纵连横一说，便一头扎进府中藏书阁，连续数日通宵达旦拜读有关文章。

半月之后，受白府相邀的苏秦未雇马车，信步走进白府大门。

众人简单见了礼后，开始了论政。

“据本公子所知，先生曾到过我秦地，也曾向大王推行过合纵一说。”白渊提起往事。

“合纵连横之说乃鄙人倾尽心力推敲出的学说。因事实而合，因无事而分，各国自治，互不干涉……”苏秦巧舌如簧。

白渊素来体弱，即便娶了妻室，得贤妻照顾起居饮食，也无法逆转康健问题，与其辩了几个回合，暂且歇息。

在场的其余白族子嗣，或而不熟悉合纵论，或而不屑于此学说，一时间议事厅内再无论政之声。

“苏先生，参与合纵的各国实力不均衡，合纵意见难统一，是否有以强欺弱之嫌?”白起推敲过各国政局，将一份从书中抄来的文章背诵。

苏秦听得哑口无言。

合纵之时，六国间确有诸多不堪之事，如楚派兵，韩得承担楚军大部分粮饷；燕国为保住联盟中的地位，向齐王赠送诸多贵重礼物。

他抖抖袖袍，不愿再听，苏秦义正词严：“道听途说之言，公子怎能为信?”

原先白起不太敢相信这篇署名为“无事人”所作的文章，可苏秦的言语倒令他相信此文非虚。

于是，借故小解，白起提前离开了论政之所。

再遇苏秦，则是论政结束之时。

“你认为鄙人的学说不值一提?”苏秦停步。

“本公子乃一介武夫，只觉苏先生的学问尚需完善。”白起不得不承认合纵连横确有可取之处，然负累众多，不难寻到突破口。

苏秦厌恶白起，但料定他乃六国之患。

而后，白起对遥远的六国产生了浓厚兴致，读了颇多的各国风土志，每逢听见城内某棋社或茶社有人论政，皆匆匆赶去。

白起之举引得了族长和白兴亮的重视，随即族长为白起的游学开始谋划，请了些有名的门客到府中与白起相见。

白起倒是较认真对待，偶尔能从他人口中听到些趣事也不错，遗憾的是多半的时光他仅是陪坐，听些无用论调而已。然过程中有一人的名字竟被数名门客提及并赞许不已，这令白起不禁感到好奇。

“先生，给本公子再说说蒙骜之事。本公子有意结识于他，不知先生可否引见?”白起的确是甚为好奇此人，想蒙骜年纪与自个儿相仿，又从齐国而来，在秦地毫无根基，怎能投军一日后授左庶长一职?

“吾等也是道听途说，并未与其谋过面。”门客搁下杯盏，讪笑了了。

对此人起了心，可白起问过返家的堂兄白恒后，才知蒙骜比自个儿年长三四岁左右，至于相见并切磋武艺，更无法达成，因为蒙骜所服役的军营镇守于遥远的苦寒之处。

“相见只能等来日了。”白起一笑了之。

“贤弟前途无量，蒙骜也非等闲之辈，将来你等极可能朝堂相见，不急这会把酒言欢。”白恒料定白起能为白族扬眉吐气，却不认为蒙骜能与之相提而论。

白起沉寂地点头，不言语。

“愚兄听闻蒙骜在军中武力甚强。过些日子府衙举办比武大赛，你若有心结识于他，也该在比试中小露锋芒。”白恒有意让白起在从军前有些名头，以便到军中之后容易受上司关注。

“愚弟领命。”父亲几度三番提及比武大赛，白起自是有准备的。

被白族颇为重视的比武大赛，因天公不作美，一拖竟是半月。

幸得地方官对此极重视，才在雨后初晴时摆了擂台。

白起不负众望，一路杀破重围，进入半决赛。

而黑马也出现了，此人就是在少年时期展露过小小锋芒的白瑜。

沙场无眼，即便是点到为止的擂台赛，白起也不敢轻敌。

站上擂台的他向对手白瑜抱拳。

拱手还之，白瑜苦练武艺良久，觉着如果能斗败公子白起，那自然就能在白族争得一席之地。

当听见比赛开始的号令发出，他猛攻、猛打，势要将白起在顷刻间赶下擂台。

幼年的药浴提升了白起的体能，少年时师从名师更令他武功了得，这等皆非白瑜可比。

他沉着应战，使得白瑜数次出招皆未能占到便宜。

以退为进，虚晃几式后，待白瑜露出破绽，他果断飞起一脚，将白瑜踹离擂台。

"好!"台下赞许声连连。

白起赢了白瑜，之后再接再厉。

决赛中，虽未能赢过年长他七八岁的盛年男子，却也做到了为白族争得小小荣誉。

然，此事竟让盛年男子的主子生了恨意。

话说这主子是谁，他可是秦惠文王和宣太后所生、当今秦昭襄王之弟高陵君公子悝。

派出仆人参赛，公子悝图的乃一乐字。

如今兄长秦昭襄王虽已即位，然手握秦国实权的仍为疼他的母亲宣太后。

他见家仆校场比试胜出，便傲慢露笑意，对着刚亲自比试、却输给了白起的公子婴朗声冷笑。

这公子婴也是皇亲国戚，其父华阳君芈戎乃宣太后胞弟，与公子悝同为"四贵"之列。

何谓"四贵"？秦昭襄王即位后，尊母亲芈八子为宣太后，昭王年少，太后大权独揽，用其弟魏冉为相邦，封穰侯；二弟芈戎，封华阳君。而宣太后的两个亲儿子公子芾封泾阳君，公子悝封高陵君，号称秦国"四贵"。

如此的身份，又何以忍下这般嘲笑？公子婴自然针锋相对。

“本公子念白起年幼，故而未倾尽全力。高陵君家仆人高马大，仅险胜白起，过上几年，这白起定把他打得满地找牙。哈哈哈……”公子婴面露鄙夷神情。

两位公子皆在秦国颇有势力，唇枪舌剑却殃及池鱼白起。

眼见口角之争愈演愈烈，半晌辩不出二人谁占上风，公子悝为泄愤，四处造谣，说白起乃名莽夫，徒有拳脚。公子婴也不示弱，命人街头巷尾疯传：白起来日必为栋梁之材。

“岂有此理！他等斗气，竟令本公子处于风口浪尖！适才去了趟武馆，竟不知谁做了庄，押重金赌本公子明年夺魁。”明年夺魁，白起势在必得，然被人拿来当乐子，却令他气愤填膺。

白族也为皇族，然先人公子白的时代已过去，倘若白起因此小事与“四贵”结怨，他日从戎得封赏时，难免会被他们从中作梗。

族长权衡利弊，指点迷津：“起儿莫怒，以老夫之见，此时你游学列国才是正经。”

“明年的比试，起儿还参加吗？”白起探究。

“再议，视时机而定。”一旁品茶的白兴亮笑语。

白族多少还算有点名头的人家，这“四贵”全然不给其颜面，若是遇上了家世更为寻常之人，岂不逼得人无法自处。

因果轮回，倘若“四贵”懂得收敛，或许他等就不会于范雎被重用后，落得个被赶回封地的宿命。

而咄咄逼人的公子悝更是奇了，何以为奇？

相传此次比试后，白起出城时被公子悝刁难，由此白起恨极了公子悝。

公元前266年，公子悝死在秦都城的教坊中，而白起碰巧那日去过教坊……

巧合？蓄谋？

谁人说得清，只道是有因自有果。

2

抉择

白族虽算不上尊贵，但门当也有相当高度，在秦都城的世家中亦有一席之地。

尽管白起前往各国游学挑此节骨眼上，也确实因此得罪了公子悝和公子婴，然行前之仪仍旧做得体面：斋戒、沐浴、到庙宇中祈福，一系列程序绝不落下。

动身前夜，白起等由白族派往各国游学的公子们集聚白铭义的书房。

“你等出去之后，学百家之长，返回时为白族光耀门楣。”族长振振有词。

“遵命。”堂下连白起在内站了12人，话毕，人人恭敬应声。

“来人，端银两。”行千里路，不可少盘缠；结交当地名学子，怎能不备饮茶论政的费用？族长命人端来了12只红木漆盘。

“谢族长。”凡接了托盘的白氏公子皆向端坐正位的族长抱拳。

之后，白起与坐于族长左侧的爹爹郑重话别，听了爹爹些勉励告诫之语。

饯行仪式于半个时辰内结束。白起返回了自家院落，清点了行囊，监督小厮把极重要的兵书、名人文章和用惯的兵器装入马车。

瞧见娘亲的房还掌着灯，白起整衣冠，轻叩房门。

白氏开门将儿子迎进屋，借着摇晃的油灯光亮，细看良久，叮咛道："起儿，一路保重，娘等你回来。"

"娘亲保重。孩儿不在身旁侍候，娘亲自个儿多费心。若爹爹不在，需要人帮衬的，就唤渊哥哥过来。"娘亲鬓间的白发比从前多了，白起心疼。

"渊儿是个孝顺的孩子，只可惜身子骨不硬朗。成亲有年头了，他一直病病歪歪，至今你嫂子也不曾诞下孩儿。他爹有意为渊儿纳妾，可渊儿说误了正妻，切不可再拖累其他女子。"白渊虽是白族最不起眼支系中的一位子嗣，可学富五车、性格温雅，容貌清秀，平日待人极好，从不与人红脸，白氏自是喜欢的。

与娘亲叙了会话，白起起身，回房后灭烛和衣而卧。

一

次日四更天，犬还未叫透嗓子，鸡也不曾高歌一曲，白族游学的子嗣们便各自到了车边，由几位德高望重的白族当家人送离了府邸。

出门讲时辰，可过城门得听皇上的。

不到开城门时间，即便出了府门，也只有排着队、等在城门边。

"呦，哪家的马车堵了本公子的路？来人，将马车推翻！"公子悝从城门守将处得知白起要出城，睡意蒙眬的他带着家仆匆匆赶来，找碴。

又是他！白起握了握拳，碍于身份，被迫低头。

下马车后，白起拱手见礼："见过高陵君，在下白起，今与族人们一道前往列国游学。"

"给本公子彻查白什么的马车。城里跑了逃犯，指不定就藏车里了。"子虚乌有，公子悝极为张扬跋扈。

开城门的时间到了，白族公子们陆续出城，唯有白起在城门边接受彻查，甚至连马车里的软垫也被扔出，并用刀划得狼藉一片。

"嗯，真的没有。食君之禄，为君分忧。本公子也是收到消息，并非为难于你。"日头当空，公子悝泄了愤，有意打道回府，却口不饶人。

"在下明白。"

公子悝浩浩荡荡的队伍缓缓地离开了城门边，白起气愤地站在马车旁，望着越走越远的人影，咬牙切齿。等自个儿出头之日，定要公子悝不得好死！

"公子，你……日头太大，若公子不弃，小生愿做东，与你喝杯清茶。"小心谨慎，一布衣书生上前见礼。

只见他生得模样周正，20 岁有余，好似行了许多的路，一双黑布靴磨得不成样子。

然，他发辫梳得一丝不苟，见礼姿势也颇有气度。

定睛瞧了瞧眼前人，白起耐着性子拱手："多谢公子美意，白起还赶着出城。"

"公子走好。"还礼，布衣书生犹豫片刻，递出在附近小摊买的软垫，"你那张破了，若不嫌弃，用这张吧。"

"在下已误了时辰，不急着出城，敢问公子下榻何处？我们喝杯清茶，畅聊一番。"锦上添花大有人在，雪中送炭才为知己，白起豪爽得很。

"歇在城东土地庙一带。"布衣书生颇为尴尬，土地庙一带乃穷学子投宿住店之地。

“在下白起，敢问公子名讳？公子到此，可是为谋差事，一展宏图？”此人谈吐不俗，白起越发有了好感。

“在下范雎。”布衣书生自报名讳。

几句相聊之后，二人就近选了个路边茶寮，侃侃而谈。

已游历过燕、齐、赵的范雎，毫不隐瞒将见闻道出。

白起听得心旷神怡，暗自记下各注意事项。

相见恨晚，又碍于白起将立刻离开，范雎赶忙向一旁代笔书信之人借了笔墨，写下些各国名将、名相的居所之地。

“白公子，你到了这些地方，方可买到他等所著的文章。哦，书局，对，有几家书局！我这就给你写下它等的名号。”范雎格外热心。

恰同学少年郎，虽未能有幸同窗，也不枉结识一场。

得了如此指点，白起自当礼尚往来：“兄台，你暂居于土地庙一带，虽说那处也有诸多名人骚客。倘若兄台不嫌弃，不如……”

话未落音，白起便瞧见白瑜领着几名小厮朝这边来，连忙起身招手。

待白瑜近了，这才继续了先前的话：“兄台，此乃我府中之人，不如兄台就跟着他在我府中歇息几日。我有一兄长渊哥哥定与你投缘。”

久旱逢甘露，潦倒的范雎当即也不推托，别过之后，随白瑜前往白府。

当时游学成风，虽多半为世家子乐此不疲，却也不乏有才的布衣之士从此道。

白瑜领着范雎进了白府后，禀告了白兴亮。

白兴亮听白瑜说乃是与犬子甚是投缘之人，便格外照顾。

至于范雎与白渊的相见，乃是几日之后的事了。

白渊谈吐不俗，见解独到，一番相谈后，令范雎心悦诚服。

范雎原打算在秦国都城游学的日子里多多切磋，怎奈白渊身子一直不大好，这番心思只能想想便罢，好在白渊在城内名声甚好，有了他的帮衬，范雎也认识了不少能人异士。

直到多年后，范雎与白起失和，范雎依旧不太为难白族之人。

年少时心无城府，得功名利禄后却各自为营，范雎最终在秦昭襄王身边大展宏图，却丧失了若干年前的坦荡胸襟。

许多年后的成与败，对于刚开始游学的白起而言太遥远。

他好似一匹从马厩里奔出的骏马，得了广阔天地，跃跃欲试地大展拳脚。

花费了近两月，却并未有幸结交名人，也不知如何完成游学。

眼见盘缠消耗不少，可学问半点没长。

某日路过集市，瞧见人杂耍卖艺，手痒的他在杂耍汉子嚷嚷“谁愿意上前比试”时，当仁不让挤到了前沿。

身手矫健的他十来招后，斗败了汉子。

汉子抱拳，大喊：“公子承让。”

他讪讪摇头，迈步欲离开。

“公子留步。”人群中走出一老者，虽穿得麻布衣裳，然通身竟有些仙风道骨之味。

“老先生，何事？”白起驻步。

“老夫不才，看公子所使拳腿也有些门道，不知师出哪位名家？”老者面容和善。

“提及恩师，在下这两下子辱没了他，不提也罢。”白起有心早些离开，以避免纠缠。

“公子何不出了城之后，往东走？据老夫所知，山脚下有一村落，那里山清水秀、人杰地灵，更有春秋时名满天下的几位名将之后。若你有幸见到，请他人指点一二，定能长进不少。”老者说完后，不等道谢，转身而去。

“多谢先生指点。”茅塞顿开，白起朝着老者的背影抱拳见礼。

或许这位老者慧眼识人，一看便知懵懂的年轻人将来必成大器，他的好心指点的确给了白起游历途中首次拜师的机遇。

经名将指点，白起不仅武力增长，连兵法也有了进步，并从同窗口中得知：游学除参加集会、论政、切磋武艺之外，需留心沿途一些名师开班授课的日子，如此才能自我提升。

懂了其中奥妙，白起自当遵循规律。

二

又过了半年，他来到了享有盛名的赵国都城邯郸。

话说这赵国都城邯郸，真乃非比寻常。

繁华城池的各酒楼、茶馆中聚集了四方能人异士，他等自发辩政，也不乏相互指点。

一路完善的白起自诩是已有本事的人，可连续几次与人比武切磋，皆输了。

“承让。”白起有些颓废。

“公子，比试拳脚，你输于在下。若公子不弃，请听在下一言。”遇上个爱指点的。

“请讲。”白起沉闷。

“我等先比试拳脚，你胜出。策马而骑，我俩不分上下。然，穿树林，你不熟悉地形。要想每每胜出，你做的功课不够。”胜出者理理衣袍。

“据本公子所知，你也非邯郸人，难不成之前去过比试的树林？”今晨参加比试，选哪块林子做场地乃临时决定，白起诧异。

“非也。在下曾看过宦者令缪贤府中传出的几篇文章，文章中提及邯郸郊外的多处密林。赞其奥妙之时，并讲述了如何在林中辨方位、寻出路之法。”言尽于此，胜出者牵着马往别处去了。

过了几日，白起寻了空闲，登门拜访了缪贤。

恰逢缪贤并不在府中，他有些丧气地留下了姓名而去。

又过了几日，他再度登门，终于见到了缪贤。

几句相聊之后，问起名讳中有“相如”或“目子”的门客，并坦言有意结识。

“府中确有一舍人名讳为相如，却无名为目子之人，公子想必要见的是蔺相如。你稍安勿躁，这便唤人将他请了来。”眼前之人气宇不凡，缪贤甚为喜欢，当即愿为门下有才能的舍人做个媒介，让两位或许来日皆能出人头地的年轻人相识。

听了传唤，年轻的蔺相如整了衣冠，快步前来。

得知来人乃远道而至，且途径多地，只因一篇道听途说来的文章而登门拜访，谦卑得几度拱手。

缪贤见二人聊得颇欢，便认真打量他俩：

自称白起的年轻人行坐皆有将帅之风，眉目也算清秀，一双眼睛甚是透彻，像能在瞬间看穿人心思；而舍人蔺相如生得较为白皙，其貌平平，却显出气度。

细听二人使用敬语的客套相聊，缪贤仿佛看见了赵国磅礴的未来，白起为将镇守边关，蔺相如乃重臣，一丝不苟为大王分忧。

“打扰大人，白起告辞。”天下无不散之筵席，白起不敢久扰。

缪贤含笑道：“既然你与相如一见如故，不如再游学邯郸，就留于鄙人府上吧？”

有心向大王引荐白起，缪贤怎能错过近观此人的机会呢？

闻言，蔺相如感激，见白起未有推托之意，主动代其见礼道谢。

此时的蔺相如离封侯拜相尚有日子，然愿意结交有气度之人，却发于心。

当夜，白起留宿缪府，并向蔺相如讨教学问。

蔺相如是何等能人，虽不能武，却学富五车。

白起与之结交深感幸事，甚至动了弃武从文的念头。

战国时，各种学术如雨后春笋般冒出。

白起结识了蔺相如，便常跟他以文、武会友，一时间长进不少，也能吟上几句诗词，做不到出口成章，却因豪气冲天，别有一番风雅。

这日，蔺相如约了些文人、剑客，为方便众人往来，把聚会地点定在了邯郸城外官道边的茶寮。白起原不打算同往，可听说来人中有传说的干将莫邪之后，爱武的他岂能错过，便同行了。

然，二人抵达后，等来的竟是十来个衣着有些寒酸的文人、行色匆匆的剑客。

白起瞧见他等模样，有些泄气，转念又想，英雄不问出处，等得志之后，定不是如此模样。

可谈到议政，来者虽显出见识广博姿态，然细听其论调，皆无半点建树。

白起后悔连连，有意提前离开，可瞧瞧蔺相如，见他温和聆听，只得耐着性子陪坐。

“兄台此言，相如还需再想想。”蔺相如再度客气。

“以本公子之见，目前形势以齐国为首，我等该齐聚齐国。以我等的才学，再配以齐国的国力，何愁齐国不能……”举止清傲、一儒家装扮年轻人边说边拱手，像是对齐王倍加赞许。

官道上贩夫走卒络绎不绝，尊贵之人也比比皆是。

但凡在茶寮歇脚之人，皆侧耳听上几句他等所议内容，如此一来，众人的论政更起劲了。

“各位兄台，在下行走各国，手上这把剑从未遇上对手。不知哪位愿与在下切磋，在下点到为止，决不伤人性命。”一剑客拔出名剑，寒光印着他的脸。

白起伸长脖子瞧瞧，暗道：可惜了好剑。

“在下墨家传人，愿讨教。”另一剑客拔剑。

听多了啰唆的话，看看比画拳脚，也可调节心绪。

白起全当喝茶配点心，连观赏也有些懒洋洋。

“兄长承让！”手持名剑者胜出。

“在下愿讨教。”又一个不怕死的挺身而出。

白起连看了几回不入流的比武，忍住喷出的笑意已是极为不易，更无法像蔺相如般喝彩出“好”字。

“哈哈哈……”路边停驻的一辆马车里传出爆笑。

两名斗得正欢的剑客瞬间收了架势，其中一人问道：“何人？若愿比试，在下甘愿奉陪。”

“论政，你等也只配在路边博人一笑，还不如个说书先生能给人解乏。武斗，比不上街头卖艺的半分。”马车的主人语气狂傲。

“羞辱我等！”两名剑客异口同声嚷嚷。

“走！”马车的主人吩咐车夫。

一声令下，车夫扬鞭，马车向前缓缓驶去。

士可杀不可辱，文采平平，武艺也不精妙，然志气高得很。

转眼间，书生追着马车跑，剑客翻身上马，朝前追去，转眼间拦下马车。

一冲动，剑客见马车停住，不容分说拔剑，朝车里的主人刺去。

蔺相如不愿生事，大声道：“不必如此，各有各建树，我等……”

话音未落，马车主人以未出鞘佩剑相挡，这会已撩帘而出。

只见他样貌挺拔，眉宇间有几分无可阻挡的贵气，一看身上穿戴便知此人身份不凡，嘴角勾起的冷笑从未停止。

“上！”剑客们不知谁嚷嚷了一声，顷刻间相应的仅少了白起而已。

白起不为所动，站在一旁观战。

斗了十多个回合，马车主人仍未将剑出鞘，再看，6 位剑客已处于下风。

“白兄，你别愣着。”蔺相如担心剑客们受伤太重，请白起出手。

白起碍于蔺相如之颜面，抖了长枪，正欲上前，就听车主人大吼。

“诸位停手吧，我李兑路过而已。”车主人乃赵惠文王跟前的大红人李兑。

李兑为赵惠文王立功不少，可说是文韬武略皆有独到之处，白起霎时间觉得不枉此行了。

“李大人，在下白起，愿讨教。”他欣然上前。

“罢了，今日本官有要务在身。”李兑摆摆手，转身坐回车里。

“驾！”车夫随即抖马缰。

众人知晓李兑在朝野的地位，书生们想着入朝为官还免不了与其共事，自不与之为难，剑客们自知身手远不如他，不再纠缠。

“器宇不凡！赵国真乃人才济济！我等输于李大人，情有可原。”一剑客捂着受伤的胳膊。

何时能与李大人切磋？白起将此当成了心愿。在之后的某个晚上，与蔺相如相聊时道出。

“说难则难，说易则易。”蔺相如脑筋极灵光，转而有了主意。

白起探究。

当明白蔺相如是让他到李兑府中做门客等切磋机会时，白起极为愿意，况且又有与蔺相如熟识的门客引荐……此计可行。

蔺相如极重视承诺，答应了替白起张罗之后，次日即登门拜访了李府，又过了三五日，白起便到了李兑府上。

负责打理门客衣食住行的何大仁对待白起甚为客气，白起住得倒也习惯，闲暇时听听青年才俊的论政，向他等讨教当今世事、趣闻，还熏陶了音律。

三

日子平淡如水地过去，转眼间白起作为门客，待了足一月。

某日用早膳时，白起从一才俊口中得知，李兑前夜里回过一趟府，这两日受赵王召见，住在宫里，估计过些日子他会有一段空闲。

得此消息，白起跃跃欲试。

“请问李大人何时回府？在下文采平庸，可武学倒有些建树。”他思量切磋武艺、讨教兵法的时候快到了，便找到了何大仁。

“既然公子有此意，在下记住了。等李大人回了府，在下定将公子的心意转告。”何大仁客客气气，当即在竹简上作了记录。

望眼欲穿等比试，最初白起认为李兑未回府，而后琢磨他受了赵王密函、有事需忙碌，直到某日出府办事，遇到故人，才知李兑一连几日皆在校场外的看台上选武艺精湛门客。

他不由心中埋怨何大仁忘了向李兑推荐自己，回到李府，他不寻何大仁，自个儿走到李兑所居的院落。

“你是谁？无召见，门客不得入内。”护院阻拦。

“在下白起，精通武术，想求见大人。”白起自报家门。

护院说了声“你等等”，转身进园通报。

李兑回应得极快，命白起入园相见。

抖擞精神，白起快步随护院入园，立在离凉亭足有20步的距离之外，他重复了先前自我介绍的话。

“哦，知道了。在府中住得还习惯吧？”李兑搁下乐谱。

“招待得甚为周到。在下不才，希望以武会友。久闻李大人武术精湛，兵法了得……”白起朗声回应。

“今日本官有要务在身，你先回去吧。”李兑起身，语气依旧客气。

抱拳，白起转身退出园子。

李兑坐回石凳旁，命人唤来何大仁，告知今日白起毛遂自荐的事。

“不知主子是何意思?”何大仁曾将白起求见的事汇报。

“好吃好住地招呼着，让他明白本官府里不养闲人，尽量让他早些走。”与一群不入流的剑客为伍，李兑一副不屑的神情。

“过几日便有机会，蔡大人想招些有身手的人看园子……”明白主子的意图，何大仁立刻寻了理由打发蹭饭的人。

“不必与本官详说，你安排吧。等等，蔡大人招护院……以白起的身手，为他另寻个小些的府。”蔡大人的护院需要些真本事，李兑虽不屑白起的武艺，但秉行一贯对待门客的和善，还是从白起的安全角度着想了。

天衣无缝的安排，谁料枝节横生。

何大仁召集了适合到蔡府做护院的数名汉子，因白起被主子定为身手平庸之人，故而没通知他。

白起在李府中常与人切磋武艺、论兵法，大家伙没瞧见白起，便有多嘴的主动问起。

何大仁毫不隐瞒：“蔡大人府中并不太平，等来日寻了更太平的，自会为白起妥善安排。”

门客们虽知晓白起身手不弱，甚至堪称强悍，但顾及自个儿前程，无人多言。短聚之后，一门客寻了白起，主动道出。

白起是何许人？怎受得了这般委屈！

年轻气盛、眼里容不得沙子，白起气势汹汹奔至平原君所住的院落，告知有事求见。

“大人不在，你晚些时候再来。”护院挡驾。

此时的李兑当真不在府中，性格耿直的白起换作平日会相信护院的话，而先前同人相告的内容令他丧失了对李兑的信任。

“走开！我白起今日非见到李大人不可……”话未落音，他横扫护院下盘。

护院踉跄倒地，嚷嚷：“来人……”

赶来的护院们也不问缘由，群攻了白起。

白起与众人斗得昏天黑地，只见他手握从护院处夺来的长枪，面对群攻，依旧威风凛凛。

在外与同僚相聚的李兑，因装醉而提前回府。

听闻有人堵在自己所居园子正门处闹事，便从园子的后门进了寝室。

可园子外打斗声不绝，他被迫披衣起身，去解决这场闹剧。

“住手！”人未行至正门边，声已先闻。

“李兑，你果真在里面！看招！”斗红了眼的白起眼睁睁瞧见李兑衣衫松散，料定他不愿相见，误会瞬间更深了。

“拿剑来！”李兑秉性孤傲，见有人如此挑衅，哪能心平气和？

两人对打，十几个回合下来，平分秋色，谁也不曾占到半点便宜。

“快保护李大人！”何大仁嚷嚷。

一声提醒，众护院争相出手。

有了众人的参与，白起自然转为下风。

护院们配合李兑制服了白起。

“哼！”白起气愤得别开头。

李兑盯着额头有伤的白起，心中思量：白起与一帮杂碎路边相聚，切磋武艺，若不是今日他惹事，自己都不会有机缘知晓他的真本事。

“放了他。”脾气如此暴躁，磨上些日子，再等时机而用吧。

李兑决定不错过白起。

白起解了困，与李兑正视。

前者若干年后令六国闻风丧胆，后者在几年后官拜相邦（汉初为避刘邦名讳改称相国，相邦地位高于丞相），二者皆为来日前途广博之士，此时对视，堪称目光藏剑，一起闹剧就此了了。

四

何大仁因白起惹了主子，连续三日没供应白起的饭食。

本就憋着一肚子气，白起误会何大仁之举乃李兑指使，盛怒之下再次到李兑所居的院落理论。谁想与一护院发生口角，而后把护院打成重伤，更是将几名赶来要制住他的护院打得歪倒在地。

惹了祸，白起赶忙抢了李府马厩中的一匹马，扬鞭而逃。

跑出一段路后，疑心骑着马目标太大，就把马放了，自个儿躲到了缪贤府中。

缪贤不知白起所作所为，便安排他在府中住下，与蔺相如等为伴。

三日后，蔺相如从外返回，寻到白起说起在外见闻。

“白兄，今相如听了件稀罕事。说是李府遇上了个找碴之人，这会李兑扬言掘地三尺，也要把人找出来。”这厉害的角色是白起吗？蔺相如担心挚友安危，故说得轻描淡写。

白起秉性直爽，当即把蔺相如带进寝室，掩门后直言相告：“愚弟得罪了李兑，一怒之下……”

全盘托出，他已做足随时离开邯郸的打算，只待合适时机而已。

选日子不如撞时辰，就这会儿出城吧。

白起转身拿了包袱，简单行囊捆于背上，抱拳，便要与蔺相如别过。

“白兄，稍安勿躁。在下不才，但为故人两肋插刀在所不辞。你在房中等会，在下到外面探探风声，你再做打算。”蔺相如稳住白起，匆匆出了府。

他原本只在附近溜圈子，欲撞个熟人打探一二，然，偏瞧见了士兵巡逻，心中不由打鼓：此一带极少有士兵通过，难道白兄的事……不可能！谨慎起见，到李府见见熟悉的门客吧。

这一去了不得！

熟人见蔺相如到来，左右为难：身为李兑的门客，本该为大人分忧，若私下里将大人的事告知朋友，忠义何在？

“蔺兄，送到此处，别过。府里出了些事，护院伤了，马也被抢了，大人烦心……此事都惊动了相邦肥义，想必此时抓人的榜文贴得满街都是了。”朋友送蔺相如出府，行至街尾，斟酌后，蔺相如隐去白起名讳，道出事情真相，却也合乎自己素来遵循的为人之道。

事情闹大了！

蔺相如转身而去。

“相如兄，相如兄！四处都在找闹事的人，在下以为，关城门前守卫比较松散。”朋友恐蔺相如为白起张罗而受牵连，没了先前的原则，紧追几步，告知。

“多谢。”蔺相如发誓：将来若有所成就，必将此人的恩情还之。

分别之后，蔺相如一介书生跑得两腿发软，把邯郸城的几个城门附近皆瞧了个通透。

回到缪府，告知了白起。

“以蔺兄之见，在下穿儒生服，和你说的那群人堂而皇之论政？”似乎可行，兵不厌诈。白起听完带回的消息，愿按良计实施，又恐骗不过李兑。

“白兄，你只管换了在下的衣服，按在下所说的路线出城便可。”蔺相如寻思。

白起在房间里熬时间，蔺相如则马不停蹄，办了诸多的事。

待一切准备就绪，白起一袭书生装扮，手摇羽扇，堂而皇之出了缪府。

行至蔺相如所说的枫桥一带，与早已等在此处的一大群儒生相会，再与他等同往东城门而去。

来到城门边，为首的书生向守军递出通行证：“我们四五十人都是往袁庄，参加论政大会的。”

混在队伍中的白起谨慎地东张西望，唯恐被揪出来。

掐着时辰，蔺相如估摸白起恰好行到了城门边，便翻身上马。

虽骑术不精，然剑客装扮，且身后背着长枪，骑马快跑也大体有模有样，至少混淆视听。

“白起！”果然有人发现，喊声如雷贯耳。

好！蔺相如暗叫妙。

他为了能让白起顺利出城，扬鞭驾马往树林跑去。

发现白起行踪后不多时，李兑收到消息。

他带了一队人马，急追疑似白起的人而去。

蔺相如的骑术本就不精，怎能敌得过善骑射的李兑？转而被押至马前。

“为何穿这身衣裳？叫你停，你偏骑得更快。”眼前人哪是白起！李兑怒吼，却不能因眼前人穿身剑客衣裳、背柄长枪治罪啊。

“在下正练骑射，顾着驭马，没听见君上的话。”蔺相如文文弱弱地说。

“大人，小人认识此人，他是白起的故人。”随行的何大仁禀告。

“你为何冒充白起?”李兑挑眉，暗道：中了调虎离山之计。

“在下没有冒充之意。斗胆问大人一句，堂堂李府难道只有一匹马吗？相传白起抢了匹马，就惹怒了大人。在下一直以为大人心胸宽广，从不计较这等小事……”蔺相如决意拖时间，给白起赢得出城的契机。

“巧舌如簧！本官哪有要处罚白起之说，寻他出来，是因他的本事非比寻常。”李兑为证明自身待白起如贵宾，便侧头命何大仁将白起在府中待遇道出。

“大人，既然一切皆误会，请快去东城门，白起由那边出城。”心惊肉跳的大事件不过一场乌龙而已，蔺相如坦然相告。

“驾！”李兑抖马缰，朝东城门而去，欲截住武学精妙的白起。

蔺相如与李兑闲话多时，白起早跟着队伍出了城。

走出一段距离后，他暗自离队，再按蔺相如所说，前往路边的茶寮，领了蔺相如先前在此存放的马。

翻身上马，白起深知：已逃过一劫。

一路狂奔，李兑来到城门边，知晓去袁庄论政的儒生们已出城，再度扬鞭，急追而去。

白起乃秦国人，李兑估摸着他最有可能的便是走官道回秦国。

同样有此想法的不止他一人，蔺相如跟着李兑的队伍，也策马往官道上去堵人。

“李大人，那个人好似在下的好友白兄！”蔺相如瞧见隐隐约约的身影，不由得感到颇为兴奋。

李兑抖马缰独自追了一段，边骑边朝前面的白起嚷嚷，大声说一些命他停下的话。

白起听见喊声，勒住马，却听不清喊的是何内容，犹豫是否折回。

李兑的一护院赶到了主子身侧，替主子传了话：“白起听着，只要回来，既往不咎……”

“错了！”李兑气馁：养了一群窝囊废！

护院嗓门大，喊出的话，白起听得明明白白。

他扬鞭抽马尾，一门心思逃出赵国。

“拿箭来。”李兑伸手。

若是李兑之前未有治罪白起的念头，这会真正地有了杀念。

毕竟白起令他想到了一个人：春秋时期能将楚国仇人鞭尸、协助吴王夺取中原霸主之位的伍子胥。

满弓而射，饱含了李兑害怕白起将来磨刀霍霍对赵国不利的所有情绪。

然，毕竟距离太远，即便有百发百中的盛名，李兑射出的箭也并未能取白起的性命，仅是贯穿了他的右肩。而此箭成了白起对赵国最深的怨，若无此乌龙事件，白起在长平之战中，不至于坑杀赵国40万降卒，但此乃若干年后的事了，白起便就此与赵国结下了仇怨。

3

从军

身负箭伤，策马狂奔，白起逃出邯郸地界已颇费周折。

追回白起之事过了 3 日，依然不见其踪影，李兑将顾虑告知相邦肥义。

“宁可错杀一千，也不放过一个。赵国再也经不起变故。”

杀!

朝廷内忧外患，公子章与大王之间随时会剑拔弩张，倘若再来个伍子胥之流，后果不堪设想。肥义痛定思痛，虽不完全认可得意门生李兑的话，仍加大了追捕力度。

次日，相邦肥义进宫面见赵惠文王，凭借引经据典，说得年仅 12 岁的少年国君感到了事态的严重性。只见他郑重地在通缉白起的榜文上添了一行字：砍其首级者，赏银 300 两。

少年帝王如此冷静，自古以来并不多见，若无这般本事与心境，他又怎么在公元前 295 年，处死王兄公子章、饿死父王赵武灵王?

一代英雄出少年，只是他手狠了点。

若无此番狠劲，他又怎能叱咤风云几十年，被史学家称为赵国为数不多的英明帝王。在位期间，重用蔺相如、廉颇、平原君、赵奢等文武大臣，政治清明，武力强大。

人无完人，时势造英雄，苦于生在最是无情帝王家。

赵惠文王亲自颁布的通缉令，加大了全国对白起的缉捕力度，遗憾的是仍未捉到白起。

二

人人皆说“天网恢恢、疏而不漏”乃情理中事，可我们不得不提到古人草草几笔勾画的通缉犯样貌过于抽象，致使底层的士兵无法完全辨认出榜文上所画的人。

白起就此占尽便宜，稍加修饰，比如买些牲口，装作贩卖牛羊的汉子，又或扛个不知哪来的大包袱，乔装为替人运货的脚夫。

总之连过了几郡，皆安然无事。

正当他庆幸即将离开赵国的最后一道城门时，意外突然而至。

话说通缉令下达了1个多月，白起生不见人死不见尸，李兑不得不反复梳理遗漏的细节，终于想起白起在离开邯郸时，中过一箭。

于是，他派人把缉拿白起的公告，添了上“身带箭伤”的特征。

执行的官员估摸着白起的行踪应该差不多已到赵国的几处边防城池，因而增强了城门边的进出盘查。

“脱了上衣，上头说了，白起身上有箭伤。”士兵瞧见个男子，开口即逼人脱衣裳。

躲在街角，白起看得心惊。

右肩的箭伤因连日来的赶路，多次撕裂溢血，幸得身子骨强健，才熬到了此处。

可脱去上衣，伤口必无法隐藏。

他想过趁夜等守军防范疏忽之时，凭借马术和自身武艺，一路打出赵国。

然，以一敌十，他无所畏惧；以一敌百，即便有伤，也勉强应付；以一敌千，胜算不大。

何况城门上有弓箭手防范，城门外不远处便有赵国的一处军营。

如此莽撞行径不可！

“客官，还添面汤吗?”路边小面摊摊主见布衣装扮的白起端着见底的面碗，频频咽唾沫，误以为没吃饱。

“哦。”白起心不在焉，琢磨着如何逃生。

摊主命闺女端了一大碗有些煮面杂碎的面汤，递给白起。

“啊?”白起猛然见跟前多了碗面汤，疑惑。

“壮士，我们小本生意，送不出面，但倘若壮士不嫌弃，喝完这碗有渣的面汤，也能混个肚饱。”说话的少女称不上绝色，大眼红唇倒是有几分动人。

白起素来不与女子相交，一段风铃般的话语听得他脸颊渐红。

侧头瞧煮面的摊主，觉着摊主上了年纪、支撑小摊不易，便随手从怀中摸出两文钱，搁在小桌上。

“这……”少女犹豫，询问爹爹后，断然拒绝。

“算是个打听费吧。在下盘缠不多，前日里遭了劫匪，被抢成了这般狼狈情景。在下敢问姑娘，哪的住宿较便宜?”白起或许憋久了，许久没和人说话，一口气吐了一堆。

女子不与男子多言，此乃当时的风气。

摊主听了白起问话，索性将煮面的活交予女儿，行到桌边。

“小的住在附近，隔壁何大娘开的就是小客栈。何大娘的儿子从了军，客栈没人帮衬，这不，小的收了摊子，还得帮何大娘到城外菜园子拉些瓜果蔬菜。若壮士不嫌弃，就到她的祥云客栈歇个脚。”

乡里乡亲，摊主惜何大娘独撑客栈不易，愿意为她张罗买卖。

“成。”白起爽快。

“凤丫头，过来，替大爷拎包袱，将大爷送到何大娘的客栈。愣着干啥？快啊！”摊主指派女儿。

少女凤丫头腼腆替白起拿了包袱，碎步领路，把化名为孙乙的白起安顿到祥云客栈，还帮着何大娘张罗了粗茶淡饭，端至房间。

“在下想沐浴。”白起用膳后，环顾房间，“可否在那摆浴桶？”

凤丫头点头回应。

半个时辰后，凤丫头、何大娘合力抬来了沐浴的大桶，之后二人又拎了数回烧热的水，把浴桶装满。

住宿环境虽艰苦，何大娘照顾得却极周到，白起也不知如何出城，诸多的原因令他在此住了近五六日。

“你们刚才说什么？你爹风湿犯了？今天面摊也不摆了？”白起在院子里遛弯，无意听见凤丫头与何大娘的对话。

“是。何大娘这边要的菜，晚些时候我等砍柴的张哥回来，和他一道去城门外的园子里摘。”凤丫头笑笑。

“在下闲来无事，陪你到城外的菜园摘菜吧。菜多吗？是用独轮车运，还是挑回来？”伺机出城吧，白起当即有了主意。

何大娘感谢壮士仗义出手，拿来了扁担和两只藤编的大筐子。

一炷香之后，换了一身农家装扮的白起，由凤姑娘领着，来到了城门边。

“凤姑娘，怎么今儿你去菜园子，你爹呢？”在城门边做买卖，守城的小兵多半认识凤姑娘一家。

“犯老毛病了。这是何大娘叫去摘菜的……”凤姑娘向人介绍白起，这才想起出发前没令身边人带证明身份的文书。

“去吧，去吧。这会抓的是通缉犯，通缉犯能给何大娘运菜吗？”一小头目抬手敲多话的士兵脑门，埋怨部下没见识。

白起暗喜：顺利混出城了，只等待机会偷溜。

然，这菜园子的位置太别致，竟是过了城门、还能与城门守军喊得上话之地。

他弯腰拔萝卜，心中叫苦连天。

出城、进城，他重新回了赵境。

何大娘见白起干活踏实，不禁想到从军6年、再无音讯的儿子。

眼下何大娘身子骨不硬朗了，若能认个干儿子，将来也有人养老送终，便有意让白起参与祥云客栈的事。

再说白起为了隐藏身份，他把自已说成爹娘早死的孤家寡人。

出赵境，不过是为了到齐国找条生路。

白起的身世之说，无疑给何大娘吃了定心丸。

面摊摊主瞧见女儿与白起越发投缘，私下里都与何大娘说起两个娃的婚事。

虽说白起没认何大娘为干娘，可何大娘打心眼把白起当成了干儿子，干儿子成亲必定有花费，即便几杯薄酒也得张罗。

“孙乙，我老太婆把村尾赵叔家的菜园子包了，一会你跟着凤丫头去见赵叔，以后那边园子的活就交给你了。”何大娘租了赵叔的菜园，承诺每年给上半两租金，欢喜地告知白起。

白起不知何大娘在谋划何事，一门心想着如何能从士兵的眼皮底下溜之大吉，糊里糊涂接下了料理园子的差事。

做得兢兢业业，没过两月，他的名声出来了，甚至连邻村的人都托关系找到何大娘，愿意租出园子、鱼塘，逃跑的机会随之而来。

“凤儿，这块佩跟了我多年，等来日我找人来接你。”不可表露真实身份，白起计划近日以出赵国边界打鱼为由，一去不回。

“嗯。这个荷包……”凤姑娘腼腆，将绣了几个通宵的一只鸳鸯荷包塞到白起手中，羞涩地跑远。

两人甜蜜地分别后，白起整装待发。

一日后，白起光明正大地离开赵国最后一座城池。

他乘船顺流而下，行得极为顺畅，偶尔拿出鸳鸯荷包自美。

再说何大娘这头可了不得了，不见心中认可的干儿子出城打鱼返回，恰逢次日又起狂风大雨，何大娘疑心打鱼翻了船，凑了10两银子，请了些渔夫往河边寻人。

此事惊动官府，当官的总比普通士兵多个心眼，盘查之后，忽然茅塞顿开：孙乙就是白起！

收留白起的何大娘下了狱；和白起眉目传情的凤丫头因有些姿色，被卖入风月场地；面摊摊主、凤丫头的爹本就常犯腿脚病，在阴冷潮湿的狱中得了伤寒，又不得医治，只三五日竟丢了性命。

死里逃生的白起不知赵国边城的事，远离赵国后，他继续游学。学了许多的本事，也越发的纯熟，想着自身年纪不小，动了回秦国投军的念头。

于是乎，他快马加鞭往家赶。

进白府后，拜见了爹爹，见过了族长和若干白族家长，也把在外的各种见闻一一相告。

“你有何打算?”族长白铭义征询。

“起儿想从军，但希望先成亲。”愣头小子丢不开儿女情长，白起也是正当年。

“爹替你看了几户人家，都是好姑娘。既然你有此想法……”男大当婚、女大当嫁，好事啊！白兴亮迫不及待抱孙子。

“起儿在外遇上个好姑娘，她善劳作，贤惠、好看……样样都好。先前起儿说起在赵国边境出逃，还是得了她的相助。”非凤儿不娶，白起倒是实心眼。

白兴亮无可奈何，毕竟儿子认了死理，但前往千里之外的赵国，他颇为慎重。

白铭义远比白兴亮本事大多了，培养多年的可造之材就这么个小愿望，且这女子还是起儿的救命恩人，便托人替他张罗。

等着当新郎官的白起日日精神百倍，练习马术，与有些造诣之人切磋兵法，可谓忙得不亦乐乎。

美滋滋地等着，白起连新郎官服都试穿过了。谁想到白铭义托的人传来消息——凤姑娘不堪其辱，跳了楼。

一时间白起气愤不已。这才知晓自他离开赵国后，凤姑娘父女和何大娘发生的诸多事。

“何大娘如今怎样？在下身上的伤，何大娘多少知晓些，她暗地里采草药不知费了多少神。”喜讯变噩梦，白起无所适从。

“还在狱中，具体的就不知道了。”中间人仅打听到这些，已全数相告。

白起留下百两纹银，请中间人想些法子，至少把何大娘救出，再等时机送到秦国白家。

虽未定亲，也无媒妁之言，但白起给凤姑娘与摊主立了衣冠冢，并在凤姑娘的墓碑上刻了“相公白起”几字，且放下话：三年内不娶。

二

既然成家无望，又身负血海深仇，本就打算从军的白起提前入了行伍。

入伍后，他话极少，操练则不偷懒，素来不参与打架找乐子。

短短三月后，白起的名字被他所在军营的好几位将军知晓。

“他们说你力气很大，跟本将试试身手。”一将军瞧见操练完、欲回营的白起，扬声唤住。

“遵命。”白起不卑不亢，等着将军选兵器。

将军并不选兵器，仅将铠甲脱了，朝白起勾手。

“用尽你全力。”将军自以为本事出众。

“是。”白起话极少，然出招够狠。

两人对阵了十来个回合，将军明显处于弱势。

“不错，小子！有两下子。”人人敬英雄，将军也不例外。

从地上起身后，他抖抖袍子上的尘土，正眼打量白起：有些气度。

小小的比试转眼被白起抛之脑后，他仍旧一丝不苟地参加训练。

然入行伍后，他所在的兵营迟迟未遇到战事，除了训练仍是训练，渐渐地，同期入伍的士兵懈怠了。

“往粥里掺这么多水，你有心饿得小爷上不了战场?”伙房开饭，一新兵拿伙房班盛饭的伙头兵找碴。

“这跟昨日的没啥不同，不都是粥吗?”伙头兵在军营中地位远比其他兵种低，可偏偏此人是个暴脾气，因而答话口气凶悍。

“呦，你小子毛都没长齐，敢与小爷嚷嚷。看拳!”士兵说话间挥拳，击向才十二三岁的伙头兵。

伙头兵年纪虽小，却生得粗大，有些蛮力，转眼就与士兵斗起来。

开饭时间，用餐的士兵不在少数，见二人打得热闹，纷纷伸长脖子观战，不知谁起了头开了赌局，说是用餐士兵赢：1 赔 1；伙头兵赢：1 赔 10。

原先大多士兵只看不嚷嚷，有了赌局，气氛瞬间不一样，不少人为下了注的一方鼓劲：

“打他的头!”

“扫下盘!”

“哎呀，你个蠢啊！躲，快躲!”

……

白起仍在桌边安静地低头吃饭，既不下注，也不观战，碗中的饭食用完，他才起身。

“谁给添饭?”添饭的伙头兵忙着打架，可总得有人顶职吧？他走到人群最前端，递出手里的空碗，“半碗就成。”

饭没添上，碗却遭伙头兵夺去，狠狠地扣在了对打的士兵的脑门上。

“啊！你是个帮手!”眼见输钱成定局，赌普通士兵赢的人不服气，拿白起说事。

“走开，我要添饭。”白起本欲躲开滋事之人，谁料刚侧了身，来人便挥拳，他只得抬胳膊相挡。

如此这般，白起意外搅入恶斗。

伙房战何时波及了几乎在伙房用餐的所有士兵，没人说得清，当一将军陪同极少来军营的监军路过伙房时，见伙房里乌烟瘴气，气得脸发绿。

“住手……”将军扯着嗓门连喊三遍，终于引起了下属们的注意。

身着秦国上等官服，手握折扇，相邦魏冉眸光如炬，不苟言笑地瞅着一群身负不同程度伤痛的底层士兵。

“监军大人，请随末将大帐歇息。”将军认为此处不堪入目，尴尬得不行。

“不妨。本相奉旨监军，既然撞见士兵打架斗殴，怎有充耳不闻之理?”语气平静，魏冉合了折扇，行到人前，以折扇抬起几个受伤不轻的士兵的脸。

“还不快给相邦见礼?”将军怒吼。

众人得提点，连同白起在内，人人拜见相邦（战国时秦国除相邦外，还设有丞相职位，魏冉之后，还担任过相邦职位的只有吕不韦）。

“不妨事，本相要问，谁起的头？谁第一个跟着闹事?”魏冉不在意虚礼。

有本事的人能有机会与位高权重者近距离相见，原该欢喜，可白起不喜反忧。

几年前游学，白起就是因得罪了赫赫有名的“四贵”中高陵君公子悝和华阳君芈戎之子公子婴，而匆匆离开家乡，这会竟遇“四贵”中最显赫之人，不由暗骂：老天玩我！

秦国人皆知，此四贵是惹不起的人，个个出身皇家，即便非大王这一系，也是实权者宣太后的近亲……想到此，白起额头溢冷汗。

“说你呢。抬起头来，回相邦大人的话。”将军见白起发愣，走到其跟前，腿脚碰碰。

“属下在。”白起应声。

“他们说是你第一个起哄，且第一个跟着动手。”魏冉半弯着腰逼近白起。

“属下冤枉……”即便当年得罪了“四贵”中的两位，纵使“四贵”间关系斐然，白起仍要自我申辩，不卑不亢把事情的来龙去脉给讲了。

魏冉静静地听。

待白起陈述完毕，魏冉转向将军：“将军认为该如何处置他等？”

将军一声闷叹：“伙头兵……你叫什么来着？说你呢。不就你跟伙头兵打架嘛。你40军棍，伙头兵20军棍。设赌局的，你们两个各30军棍。凡下了注的，各10军棍。其余人回营。”

“属下遵命。”士兵们叩首。

“且慢。伙头兵按将军所说的处置，将军处置的其他人和在场围观者，皆多受5军棍。”魏冉多加一句。

一声令下，众士兵面上显出不服之色。

然，出声的竟白起一人：“属下白起不服。”

“受5军棍后，关禁室。”拂袖转身，魏冉举步。

好端端受牵连，白起憋了一肚子气。

狠狠的5军棍打在身上，他眉头也不曾皱一下。

被关禁闭一日，白起始终阴沉着脸，他反复琢磨：魏冉相邦难道与公子悝等皆不讲理，是一丘之貉吗？

“出来！别磨磨蹭蹭！”关了一日禁闭后，开门的士兵朝白起嚷嚷。

静默起身，白起冷冰冰出了禁室，返回营房的路上憋不住心里的怨气，大步流星朝军中大帐走去。

“站住！这地方也是你能闯的吗？”大帐外守卫以长枪相拦。

“在下白起求见相邦大人。”白起抱拳。

闻言，正在大帐中批阅公文的魏冉扬声：“外面等着。”

等就等！白起一身硬骨头，干等两个时辰，仍纹丝不动。

魏冉通过传唤帐外守卫，知晓了白起的动静，又让他干等了一个时辰，这才撩帘而出。

“为何求见本相？”是条硬汉。魏冉心中颇为赞许，然，面色严肃。

“他们打架，属下被迫打来了。大人赏罚不分明，不该处罚属下。”白起理直气壮。

如此与相邦大人叫板，一旁的守卫为其捏了把汗。

“你气难平，想讨回公道，本相暂不解释为何处罚于你。你倒说说，欲意如何讨回公道？”魏冉心平气和。

“听说你臂力极大，白起想和你比试拳腿。”白起快言快语。

“掰手腕子？若你能赢得过本相，再比武艺。”眼前年轻人性格爽直，有心为秦国选武将的魏冉此刻有些动心。

白起也不推托，见一士兵搬来两张凳子、一张桌子，竟然率先落座！他卷起衣袖，把手臂搁上桌面。

魏冉笑着落座。掰起手腕来他全然没了相邦的庄重与儒雅，只见其牙关紧咬，眼睛瞪着滚圆，偶尔闷哼几句“哦”。

“老子赢了。”白起出了几身汗，好不容易把对方的手腕子按在桌面上，兴奋起身时忘了对方身份，不由得爆了粗口。

“敢对相邦大人不敬!”侍卫拔剑。

“无妨。小子，你叫白起，是吗？跟本相进帐，说说你为何当兵。”一丝不苟的奉承听多了，魏冉没把自个儿当相邦。

魏冉喜欢顺眼的人，哪怕对方有些粗鲁。

“呵呵。”白起憨笑，随相邦入了大帐。

毕竟白起游历列国三年之余，结交了三教九流，也有幸向名师、能人讨教过，谈吐自然不俗，见识也非常人可比。

提到赵国，他痛骂李兑；说起当官的，他大赞西门豹治邺有功；谈到纵横家，他首推鬼谷子王诩……

“好好好!”人不可貌相，海水难斗量。若先前魏冉还觉白起可做个冲锋小将，这会则能展望他封君拜将的未来了。

“比拳脚吧？在禁室里憋了一天，骨头痒痒。”白起亮出胳膊上的肌肉。

“本相不与你比试，换个人来和你斗一场。他可是有名的大将军，若你输与他，也是种荣耀……”领兵打仗必须武艺超群，魏冉想试试他。

稍作思虑，魏冉定下比试规则：白起与将军各骑一匹战马从营地大门而入，第一目标点为军帐里搁于红案上的玉佩，得佩后，迅速攀岩至帐外足10丈高的木桩顶部。另外，沿途会命令士兵想方设法阻挠二人。

“有意思!”白起最喜此类竞技。

一炷香后，到伙房吃了3斤肉、5大碗米饭的白起，精神抖擞骑上战马。

至于参加比试的将军刘勋，则一身荣耀铠甲。

二人相互拱拱手，算是见了礼，待他等来到营房入口处，听闻一声“开始”，皆扬马鞭、夹马腹，冲进营地。

沿途阻挠的每队士兵皆由副将指挥，个个训练有素、骁勇善战，且彼此懂得巧妙配合。

白起避过左侧攻来的大刀，又得弯腰避开从身后刺来的长枪。

幸得马术不凡，否则不知多少次掉下马来。

再看刘勋，也非等闲之辈，可谓与白起旗鼓相当。

二人通过前三排营房时，几乎分不出高下，到了临近大帐时，白起仅略快些许。

而入帐后，白起刚拿起玉佩，晚一步赶来的刘勋提刀相劈，抢佩。

先前收拾得干干净净的大帐，转眼遭二人打得狼藉：红案翻了，搁着竹简的书架倒地，就连散落地上的竹简也成了两人对付彼此的飞镖。

一路斗得昏天黑地，围观士兵数次喊“好”。

比试的两人抖擞精神，即便是在木桩上，白起已把玉佩拽在掌心，刘勋也不屈不挠尾随其一同攀爬，伺机将他从木桩上踢落，以求抢到玉佩……

“我赢了！”白起终于把玉佩挂在了木桩顶端，兴奋高喊。

“恭喜。”愿赌服输，刘勋输得心服口服。

设比局的魏冉由衷欣慰，赏了白起10两银子和几头羊，便回营歇息。

得了银子，白起乐了，请伙头军张罗了数十坛好酒，再把羊烹，与众兄弟同享。

凭着仗义、豪爽、身手不凡，白起在军中越发有人缘。

白起拿赏银招待同僚的事，魏冉不多时便知晓了，听后浅笑，不曾道出只言片语。

三

一个月后，白起半夜里被校尉推醒。

懵懂坐起身，他打了哈欠：“啥事？”

“收拾收拾。别看啊，就你。”校尉说完，转身走出营房。

纳闷的白起晚其一步出了营帐，来到集中之地，见仅十几人，可其中竟有自己认识的伙头兵唐胜、给过8两银子的马魏和曾比试夺玉佩的将军刘勋。

“此次由将军刘勋带队，你等同往10里之外的军营练兵。在那，本将可保不了你等，一切按那边的说了算……有事多做事，没事少说话。”军营主帅的副将训话。

“属下听命。”

莫不是要提升了？白起暗乐着。

乐归乐，随刘勋前往10里开外的军营练兵非一般辛苦，三更天起、四更天已绕城一周，五更天修筑城墙工事……一整日结束，白起累得险些忘了自个姓啥。

这样的日子一过就是6个月，丝毫没有结束的迹象。

白起自认快撑不下去了，马魏本就爱嚷嚷，此时恼怒得在营房里又与其余同僚斗起气来。

“马魏出列。这是你的马，自己骑着回家去吧。”刘勋奉此处营地主将之命，打发了马魏。

“兄弟们保重。”马魏也不含糊，走就走，谁稀罕在此处做苦役？当兵打仗，图的是光宗耀祖。他把马缰一牵，朝弟兄们拱拱手，就此消失在众人视野。

又过了两月，像马魏一般，或被打发还乡、或遣遣回原营地者大有人在。

与白起一同从原营地来的十几人，仅剩他、唐胜和带队的将军刘勋。

至于其他军营送至此处的士兵，也走了七八成。

眼见热热闹闹的练兵、修工事队伍变得冷清，大家伙越发心里没底。

正当众人有些心灰意冷之际，秦昭襄王次子安国君嬴柱由威名远扬的大将军司马错陪同，前来视察工事，并检阅在此训练的所有士兵。

安国君一连问了几个士兵，颇为满意，提出的问题皆关于防御工事，只是把各步骤系统化。被点中的士兵们回答得细致，他听后朝司马错征询。

司马错缓缓靠近，低语："君上，他等能不足一年内有如此领悟，我大秦有望。"

此营地乃相邦魏冉向秦昭襄王上奏所建，目的明确，培养选拔适合秦国的将才。

此次安国君奉旨督查，为的是检验该营地成效。

站在队伍中的白起极盼望能被点到回答，随着一轮轮的提问结束，希望泡汤。

稍后，安国君向带队至此营地的将军们提问，所问之内容五花八门，比如如何判断何时追击突围逃窜的敌军；在误中敌军圈套，无法与增援部队联系时，怎样依地势坚守……

"各自回营，通知伙房，今日加餐。用餐之后，你等加强防守，随时待命。"安国君提完所有问题后吩咐。

检阅结束，在场所有人气势高昂，人人大喊："秦国必胜！大王英明！"

此后，营地内如安国君所料较为平静，随时待命这一吩咐早令将士们跃跃欲试，直到次日二更天，才见下文：偷袭楚国边境一驻军 5000 人左右的边陲小镇。

从秦地出发的将士骑马趁夜而行，靠近楚边境时，改为步行。

之后队伍分作若干组，先头部队人数并不多，负责潜入小镇，探虚实，并寻机派人回来报信。

接着，第二轮偷袭开始，此环节需避开楚国对外宣称的几处固若金汤的城墙。此组目标地则为派回报信告之的驻军营地，火攻乃夜袭营地的主要攻势。

当火光冲天时，在小镇外等待的秦军奉命配合，发起对小镇的攻击。此环节主要是壮声势，拖住从城楼往营地赶的楚军，使得潜入营地的将士将营地粮草焚烧殆净。

另外，留下一部分人换上近日与楚国频繁发生军事摩擦的韩国军服，用于令楚军误以为韩国投靠秦国，有意扩张地盘，使韩、楚矛盾升级。此组士兵需极精锐，因为他等主要目的并非杀楚军，而是为入边陲小镇抢夺楚地征收的税银。

安排得可谓天衣无缝。按说最可能性命不保的乃潜入楚地的先头部队，和乔装韩人的劫掠税银的部队，但实际上战场时，人人皆有随时丢却性命的可能。

白起被编在潜入敌营烧粮草组，他首次参战，不曾有半点胆怯，越战越勇，凭借箭法了得，一弓出三箭，试图在最短的时间将粮草库点燃。

遇上楚军，挥刀砍，提刀劈，扬刀剖……斗得几乎红了眼，他的战果也不容忽视。

行动结束，众将士回营，自然论功行赏，白起杀 8 名楚军、带回 5 匹战马，觅得 3 柄削铁如泥宝剑，故封为左庶长。

庆功宴后，此次由秦国各兵营选拔至此的士兵们，各自回原先的营地效命。

刚升了左庶长的白起，在回到原营地后，与营地的几位左庶长境遇有所不同。

他有机会旁听军帐议事，也曾几度被派往附近的其他营地，参加比武。

公元前294年（秦昭襄王十三年），任左庶长的白起参与了秦国攻打韩国新城（今河南伊川县西）的军事任务。

白起凭借矫健的身手、斐然的臂力及精湛的马术，在战争中杀敌37人，夺骏马6匹，还带回1马车粮草。

此时的白起20岁有余，他也由此在历史上小露锋芒。

虽离之后的受封武安君相距甚远，然，在秦国底层士兵里，他建立了属于自己的名声。

又过了半月，相邦魏冉再次到白起所在的军营监军，白起感激魏冉的提携，便于入夜时分求见了正欲歇息的魏冉。

“多谢相邦大人对白起的栽培之恩。”入帐后，他抱拳见礼。

“既然诚心谢本相邦，怎不带酒来？”魏冉笑呵呵，也不拘小节，索性将外袍宽了，行到小几边。

“白起唐突，没带。大人处有酒啊。白起愿自罚三杯。”白起跟着来到小几边，盘腿而坐。

“感情你小子是到本相邦处蹭酒喝？”调侃一句，魏冉心情大好，命帐外守卫送来几坛美酒，又布置些许小菜，与白起对饮。

魏冉极清楚白起到军营训练、而后参加偷袭楚国边陲小镇及前些日子攻打韩国新城的表现，一番畅聊后，更是对其的豪爽满意至极，问及白起家室。

“我白起孤家寡人。”凤姑娘的死仍是白起心中抹不开的结。

“本相有一侄女，早被本相认作了义女，她模样生得好，若你有意，选个日子到相府提亲。”相邦魏冉看中白起才能，有意与之结亲，便把早些年选在身边的几名义女中一适龄少女相许。

连连摆手，白起搁下酒坛：“相邦大人，白起游学列国时遇上了个好姑娘，小名凤儿。她为救白起而死，白起给她立衣冠冢，且在灵前发誓3年不娶。如此这般，白起愧对相邦美意。”

语气坚定，虽有些语音不清，但眼中流露的真情让魏冉首次认同了白起的真。

白起拒绝魏冉下嫁义女之事，在之后他返回白族时，告知了父亲白兴亮。

白兴亮听完，微愕，叹息后：“族长有意替你张罗婚事，为父也为你做了主，不知族长是否将聘礼送到了城中柳家。”

话才落音，白起便跑得没了踪影，见了族长后，知晓聘礼刚出府门不久，便急急追去，将聘礼截在半路。

担心柳家姑娘因白族突然不下聘而清誉受损，白起亲自跑了趟柳家，说了凤姑娘的事。

柳家有些不满，却也不刁难，此事就此了了。

正当白起以为凤儿死后的3年不会涉及婚事时，白山奉族长之命，前往军营探望时，带来消息：城中美名远扬的才女苏倩听闻了白起的重情义，托父亲请媒人到白府说媒。

白起惊愕不已，之后寻了空闲，亲自往苏府而去，重申自个儿的打算。

苏倩隔着屏风，偷偷看了白起样貌，算不上俊朗，却喜欢得紧，婉转回话：“姐姐已过世1年有余，公子再陪姐姐1年有余，倩儿得空时会去看望姐姐。”

如此女子，白起稀罕。

于是，亲事定下，婚期则为凤姑娘的3年孝期满后。

此举一时间在秦国传为美谈，人人称白起重情义、才女苏倩知书达理。

4

仕途

圆满的小日子还需等待，对于白起而言，建功立业才是当务之急。

得相邦魏冉提携，白起偶尔会与魏冉麾下的将军们讨教用兵之道，也不乏与人切磋武艺，毕竟带兵打仗如果没有好身手，则一切皆为空谈。

将军刘勋论军衔，远在白起之上，可白起是谁？魏冉的座上宾，刘勋趁出营办事，张罗了几坛好酒，带回之后，急不可待领了两个小兵，往白起的营房里送。

“白兄，这几坛酒……”他自贬身份，以求与白起套近乎。

“刘将军，这声‘兄’可称不起。”受宠若惊，此时的白起仍旧一根筋，全然不懂官场中的微妙。

“我刘勋要换防了，还不知去哪，想必是苦寒之地。”落座木案旁，刘勋道苦水。

“将军，有话直说，白起不懂绕弯子。”军中排挤刘勋非一日两日，白起多少听闻了些。

说来话长，当日带队还首推刘勋，然，他带去的十几个兵仅回了两个，随之脸面荡然无存。如今名为将军，实则空架子而已。这不，上月军饷还没领到呢，说是库房支不出银子，让他等着。

“本将惭愧，当年领了几百人投军，死的死，伤的伤，现在就孤身一人了。前些日子的事……哎……也没谁再愿意跟着本将了。”往事不堪回首，从家乡出来时，刘勋凭借一身本事和威望，带了几百人投军。

“那些事怨不得你。当兵打仗，性命朝夕不保。再说前一阵他们看不到前景，自请离队。想开些。白起明白了，你先去吧，待有机会时，白起自会通知。”刘勋为人和气，堪称面面俱到，武艺精湛，白起与之交过手，自是佩服的。

刘勋见白起不说暗话，道了谢后，离开。

白起将此事记在心里，然一直苦于无适当时机替刘勋求相邦。

等了不足两月，刘勋当真被排挤得领了一队人，说是派去守要塞，实则是去一个鸟不拉屎的地方，仅军衔未降而已。

一

这日，朝廷委派一公公陪同个面生之人，抵达军营。

主将因此人在朝野中是个新人，怠慢得很，可这人点名要见白起。

当白起听见通传之声，颇为诧异。

“属下白起求见大人。”

来人是谁？官职几许？帐外自报家门的白起丈二和尚摸不着头脑。

良久之后，公公撩帘而出，含笑地打量后："公子，白起到了。"

"进来吧。"帐内传出一中气十足的男声。

白起越发迷惑了，微愣片刻，入帐。

可抬眼，只知见过，竟想不起他是谁。

"不认得杂家了？"男子样貌生得硬朗，可举手间亮的兰花指令人极不舒服。

"白起愚钝。"谁啊？白起茫然。

"我俩校场比试过，当时杂家还投在公子悝麾下。"男子自报姓芈，人称芈公公。

恍然大悟，白起瞠目结舌：好端端一壮年男人怎做了阉人？

"杂家如今的日子比从前……哎！坐下叙话。"芈公公亲自沏茶，恭敬递予白起。

说来话长，当年白起游学离了秦国，而此人则因在校场上虽比赢了，然多了口舌，被公子悝一怒之下阉了，他为求生存，忍辱负重，依旧跟在公子悝身旁。

一次陪同主子进宫，恰逢秦昭襄王遇刺，他凭借身手，救得了秦昭襄王。

由此，便留在宫中，侍奉大王。

官场中人对盛年被阉之人甚为不屑，也就有了芈公公到此之后受冷遇。

"都是在下害了公公。"提及往事，白起愧疚。

"你身手如何，杂家知晓。眼下有个机会，杂家需要往韩、魏走一趟，人带多了招眼，若人跟少了，杂家丢了性命，大王忧心。"芈公公道出目的。

"需要几人？"提起当初，可谓同是天涯沦落人。白起愿接此差。

"需信得过的 3 人至 5 人。"芈公公不含糊。

"何时动身？"白起快言快语。

“10 天之内，越快越好。”大王下了密旨，芈公公不敢耽搁。

拧眉而思，白起仅问了句“是否乃大王之意”，待芈公公点了头后，即推荐了自己极信得过的几人。

刘勋，东奔西跑，熟悉韩魏两国地形。

唐胜，武艺精湛，双臂力气极大，而样貌稚气，出行时不易引人怀疑。

白渊，学识渊博，能说多国乡音，然身子较弱，能否出门仍是未知数。

听了白起的提议，芈公公点头，当即有了计策：

白渊为游学公子，芈公公扮公子的护卫，刘勋乃马夫，唐胜任书童，白起……

“在下与刘勋交替着赶车，公子出门，多带个办事当差的，不易招人怀疑。”白起自选了角色。

“此事定下了。你说白渊身子差，杂家这就回宫里，请大王派御医过去瞧瞧。出发的时间嘛，就看白渊的身子骨了。”没想到学富五车的渊公子竟然乃粗汉白起的兄长，芈公公势要带上白渊。

拱拱手，白起见无可议之事，退出了营帐。

芈公公唤人收拾了物件，路过军帐时，他不在乎主将的不屑，愣是把主将唤到了马车里，这才读了大王的密旨。

“芈公公何时要调白起，由芈公公做主。”主将恭敬。

大王怎会如此重用芈公公？

“白起离营，你不阻拦就好。杂家回宫去了。若主将不嫌杂家多嘴，杂家倒想说一句，把你的薛副将换掉，另选能人。”芈公公玩弄着衣袍。

“请公公直言，恕末将愚钝。”主将一脸打探之色。

“杂家侍候公子悝时，在楚边境遇见过薛副将，当时他一副农夫装扮，不投店，而住到一楚国大夫家中。因杂家当年便知晓他作战勇猛，已官拜副将，故多看了几眼，也将此事禀告了主子公子悝。”芈公公摆摆手，示意主将离开。

“多谢公公。若公公来日有用得着本将之处，尽管开口。”受大王宠幸，不奇怪，主将认可。

一声叹息，芈公公倒不指望主将来日相报，吩咐小公公直接回了宫。禀秦昭襄王，探路之事已选定白起，及白起推荐的几人。

当昭襄王问起他要何奖赏时，他浅笑。

“奴才已是阉人，若不是大王仁慈，奴才在市井恐会日日遭人唾弃。奴才不要奖赏，只求大王派几个医术高明的太医，给渊公子调理身子。”生存不易，眼下的芈公公所求仅是平安度日。

秦昭襄王甚为赞许芈公公的处事能力，也认同其的忠心，便让芈公公自个选给白渊调身子的太医。

尽心竭力的芈公公配合太医，将宫里的药大把大把往白府运。

经过六七天的用药，白渊像是能出远门的样子了。

白渊凭借学识渊博，轻而易举寻到了远行借口，为了不引起韩、魏怀疑，他办了场声势浩大的以文会友、以棋相交的诗茶会。

白起有的放矢，凡堂兄与人对诗、接句子时，皆将那人的样貌、名讳、籍贯，细细记下。

“为何不是论政大会？诗茶会乃女子的东西。”有翩翩学子提出异议。

装扮成下人的白起规矩陪在一侧，暗暗梳理兄长的谋划：

周赧王十九年（公元前296年），魏襄王和韩襄王相续去世，韩、魏两国时局动荡。而今日请来的大多为此两国学子。若以论政为由，两国学子必攻击虎视眈眈的楚国和兵强马壮的秦国，故达不到白渊希望与他等交好、从而得借口到韩魏游历的目的。

“兄台的家乡人杰地灵，愚弟以茶代酒敬兄台。”时机较为成熟，白渊故意显出对韩国一不起眼小城的倾慕之色。

“渊公子言重了，在下道不清家乡的种种，不如清唱饱含乡音之曲。”被夸的韩国公子眉飞色舞，当众击瓮，朗声吟唱。

兴趣浓浓，白渊朝白起招手：“本公子记得你剑法不错，不如就合着音律，舞上一曲。”

扮作仆人，白起应兄长之声，谦卑拱手，心中暗暗佩服兄长：在大庭广众之下，自己舞了剑，出行时便不必掩饰会武功了。如此一来，行事更方便。

“好！”歌舞为诗茶会助兴，不少学子喝彩。

“哎，苦于本公子身子常年不爽，否则定去你等家乡走走。”差不多了，白渊掐准时间。

“公子，您近日气色极好，眼下秋高气爽，不如趁着这两位公子返家之际，出趟远门。”等了良久，刘勋见寻到插话的空当，赶紧抢了白起扮演的角色。

“这……远行需做诸多准备。两位兄台归乡心切，若本公子拖延了兄台们的出发时间，如何了得？”已寻到前往韩国的借口了，魏国呢？白渊暂忍。

“在下乃楚国人，也不急着回楚，若渊公子愿意，在下陪同渊公子到楚、魏、韩、赵四个与秦相邻之国散散心。”一位来自楚国国都郢的周公子毛遂自荐。

“多谢周公子。”白渊当即应了此事。

达到大张旗鼓出行的目的，白渊在诗茶会上便再不提出游之事，吟诗作对、诗词歌赋，他远胜众人。

学子中有不少得到了白渊的指点，直至聚会接近尾声，仍有不少人期待下一次向白渊请教。

当夜，白渊因主持诗茶会而体乏，由娘子服侍，早早歇息。

白起难得回府，自然要与儿时的白族朋友们小聚。

“起公子，白瑜也练了身手，还识字，这趟渊公子出外游历，小的也想去。”极想出外见识的白瑜请求。

给兄弟们斟了酒，白起领的是王旨，哪能随意应允？遗憾地摇了摇头。

“白瑜不会拖累你们，烧饭、洗衣，我样样会。”白瑜不甘心。

“等下回吧，下回本公子能做得了主的时候，定让你去。”无可奈何，白起只能给白瑜一个未来的希望。

“白起，过来。”二人话刚落音，芈公公缓缓行来，人未到他等跟前，就耐不住性子地招了手。

白起向族内弟兄抱拳，匆匆朝芈公公迎去。

白瑜继续与弟兄们喝酒，极不屑堂堂男子竟然时时刻刻兰花指，便等其离开后，借着酒劲，模仿起了芈公公的姿态。

“大胆！你怎能模仿大王跟前红人！你死，还要将全族的人拖累吗?”喧哗声甚大，惊动了族长白铭义。

娘娘腔乃公公?

白起从军，突然返家，还带回了他军营里的弟兄，如今府里又住进大王跟前的红人公公……诸多的线索令白瑜揣测：白起、白渊可能在替大王做要事，心中瞬间起了嫉妒之意。

受王密旨办差，本就不得多言，然，招人误会便无可厚非。

白瑜与白起本就面和心离，更经不起世事变迁。

常言道：千里之堤毁于蚁穴。白瑜无疑是埋在白起身旁最难防范的一只蚁虫。

万事俱备，只欠东风。正当一行人定下出行之日时，秦昭襄王急召芈公公回宫。

疑惑的芈公公面君后才知：公子悝与公子芾建议联合赵、齐，攻伐韩、魏，以确保一举拿下两国。

“大王，以我秦国实力，攻打韩、魏任何一国，皆不需支援。无端端拉上赵、齐，势必将战果与二国分享。”芈公公权衡利弊，中肯进言。

“秦统一天下乃祖辈夙愿，孤恐错行一步，误了先祖们之信任。”话不在多，合君意最为难得，秦昭襄王背着手，踱步。

“大王，何不召魏相邦进宫？魏相邦深得太后、大王信任，定是与您二位心意相同。”芈公公知晓大王的为难。

秦昭襄王年幼即位，故朝政最初由母亲宣太后及舅舅魏冉执掌。

接着，宣太后之胞弟芈戎也加入了这一政治中心，而后，三人把秦昭襄王之胞弟公子芾、公子悝拉入其中，此为秦国不可一世的“四贵”。

名为秦昭襄王天下，实则这4人中任何一人对昭襄王之见解有所非议时，秦昭襄王皆难以推行。

芈公公跟着公子悝身边时，曾常听公子悝痛骂魏冉。

因而芈公公以为：魏冉与公子悝看似亲密，实则貌合神离。且另一层面，宣太后在“四贵”中最倚仗魏冉，若魏冉力挺秦昭襄王此举，必能顺利实施。

“知孤者，芈公公也。”秦昭襄王甚喜。

食君之禄，分君之忧。芈公公听此言，心中明了：待某日“四贵”皆无法于朝堂呼风唤雨，自个儿或许就会成为秦昭襄王的一个痛，毕竟大王承受的委屈，自个儿太清楚了。

半个时辰后，由芈公公亲自传王之口谕，把相邦魏冉唤入了宫中。

秦昭襄王毫不隐瞒有意讨伐韩、魏，仅是选不定先伐韩，还是先打魏。

待魏冉将二国的诸多国情剖析后，秦昭襄王这才道出公子悝和公子芾的主张。

“大王，老臣以为，不必联合赵、齐……”

又是他俩！无才无德，好大喜功！魏冉深度剖析了不必联合的理由，当即叩拜请命，说等攻伐之日定下时，他愿亲自领兵上阵杀敌。

“相邦乃孤最倚重之人，不可亲临战场。孤可是一日都少不了相邦。”

成了。秦昭襄王双手搀起相邦，说了几句贴心的话，陪着他到母后的宫里一同用膳。

待大王离开，芈公公匆匆出宫，往白府去了。

等大王之意的一干人见芈公公含笑，瞬间安下了心。

二

一切按计划实施。

三日后周公子应约而来，同来的还有另几位学子。

于是，众人稍作整理，离开了白府。

渊公子美名远扬，所到之处必约当地文人墨客小聚，论政、吟诗，自有一番乐趣。

白起则暗中观察当地地势、山势及周边河流，后与芈公公将所见所闻细细记下，以便返回秦国时面呈大王。

以文会友，渊公子甚至引得几处楚国名门望族设宴，盛情相待。

这日，一干人行至楚都城郢，白起惊愕于郢的繁荣。白渊因劳累下榻客栈。

周公子知白渊身子经不得熬，便早早为其张罗。

这才安顿了白渊，芈公公便坐不住了：“公子，小的与他等到外置办些干粮。”

“去吧。小起，换几匹马。”白渊吩咐。

“是。”二人领命而去。

“小的……公子做何安排？”刘勋自出门起，便无事可做，紧跟着渊公子，像足了家仆。

白渊指派唐胜闭了上房的门，于走廊外候着，以防有人打扰。

一切妥当，这才与刘勋并排而坐，客气沏茶相待。

“刘将军非池中之物，来日必能功成名就，只……”欲言又止，像是卖着关子。

“请渊公子指教。”见如此说话，自有高见。

“在家靠父母，出门靠朋友。刘将军从家乡带出的人，死的死，伤的伤，你需多等待，等到族人羽翼丰满，届时你等有一番作为。”白渊剖析道。

一言不发，刘勋认同此番说辞。然，他这一世乃至后几世也没能出人头地。

当刘族羽翼丰满、人才辈出之时，竟是刘勋子嗣中的某位名为刘邦者登上九五之尊，此乃后话了。

两人叙话之时，白起于驿站换马，无意中和一脚夫聊得投机。

有心的他得知脚夫乃当地人，且祖祖辈辈住在附近，有意和脚夫称兄道弟，并买了两壶酒往脚夫家里去。

酒过三巡，脚夫话多了，提到了离郢极近的城池鄢：“郢不足百里处便是鄢，鄢西部有座山，山上有条河，名叫长谷水。相传大禹时，长谷水曾泛滥，把鄢淹透了。”

白起大笑，为脚夫斟酒：“道听途说来的事，何以为信？老哥，继续喝。”

脚夫越发喝高了，平日就喜侃大山，这会儿更是力证自个儿的话，便唤来邻居。

“我给俩人评评理，大禹那时，长谷水未泛滥过。记得我爷爷那会儿，长谷水河流上游建过堤坝，蓄了不少水，后逢雨季，堤坝被冲毁，把附近淹了。庆幸堤坝规模不大，估计长谷水泛滥淹城之说由此而来。”邻居娓娓道来。

白起连给这位邻居敬了 3 杯酒，见在此处不觉已待了 1 个多时辰，便起身告辞，摇摇晃晃上马。

然，跑出村落，白起无半点醉意，快马加鞭奔鄢而去，之后往鄢西部的山寻村民所说的长谷水河。费尽周折，于长谷水源头瞧见当年楚国人所修的堤坝遗址。

返回后，请白渊细细作了地图，带于身侧。

此次机缘巧合，给了白起日后水淹鄢城的契机。

若脚夫等人知道泄露长谷水之事会引来楚国大难，定不会结交秦人白起。

陪同的周公子并不知一行秦人的实际目的，依旧殷勤带路。

考虑到白渊身体较弱，改陆路为水路，还常为如何前往新的目的地而请教当地人。

最终，白起等人所行路线为最便捷之途，不仅平稳、快速，而且避开了楚国官方所设的众多要塞。

“渊公子，我们已经游历了楚、魏，现入韩境，依旧避开重兵把守之地吧？虽说各国交战不为难游学学子，但各国交战，难免殃及我等。就拿前方城池而言，驻军十余万，据悉，新任的统兵大人最恨赵人。”周公子力求一行人旅途平安，事事考虑周全。

“此行顺利全倚仗周公子，自然按周公子所说行事。”白渊点头。

游历之事行得极为顺畅，最后一站赵国，白起因与赵从前发生过诸多不愉快，格外谨慎。途径赵之都城邯郸，几度过缪府门前，也不敢入内与挚友蔺相如相见。

“渊公子，你等今夜即将返回秦国，我等便往别处去了。这一席践行宴后，只盼来日再相聚。”周公子等人在分别前设宴。

“在下只能以茶代酒，表达感激之恩。”白渊举杯。

次日五更天，白渊等人匆匆踏上返回秦国的归途。

为了不耽误时间，他等仅打尖不投宿，入秦国境内后，芈公公口传大王密旨，沿途城郡尽其所能与之行方便。

风餐露宿，5 人风尘仆仆入了王宫，面见秦昭襄王。

芈公公呈上沿途记录的要闻，毫不贪功，把白起夸奖一番。

刘勋因保护众人有功，调回原兵营。

白起本就在攻打韩国新城一战中功不可没，如今潜入他国、绘制军事地形图，更表现不凡，升为左更。

唐胜年纪尚幼，却大有可造之材前景，魏冉力举将其留在白起身旁，待来日重用。

唯有对白渊的赏赐，秦昭襄王度量不出，索性赐其单独与之同席用膳。

白渊谈吐得当，心怀天下，他一针见血指出秦昭襄王一统天下之目前难题：

其一，秦国励精图治，兵强马壮，然昭襄王手中直系部队不多，故发兵受牵制。解决此问题不难，一个字“忍”。

其二，秦之兵马胜于其余六国中任何一国，然，若六国联盟，秦将难以获胜。解决此难题，可用消耗战，顾名思义，耗六国之财力、兵力，而秦国内继续推行鼓励农耕、生育，奖励军功之政策。

“孤秦有渊公子乃幸事。”秦昭襄王大赞其才能，赏了诸多金银珠宝，又叮咛芈公公常派太医为白渊调理身子。

返回军营，白起势头不减，当得知校场比武时如能夺得军旗即可领兵之时，便踊跃地报了名。

比武这日，电闪雷鸣，放眼校场，厚厚的雨瀑早将参与比试的人浇成了落汤鸡。

再看身着盔甲的白起，几个回合下来，头盔早已不知去向，先前束在额顶的辫发散落，和着雨水、汗水贴在脑门上。

他模样虽然不甚好看，但舞起大刀来依旧威风赫赫，策马疾驰时，他一路砍断道旁那些以草扎成的假人。

抵达最后一关攀半人粗的大柱夺军旗时，有一将领已攀爬至旗杆半腰，于是乎，他果断挥刀，砍向大木桩。

看台上一片沸腾，从未有人以此法夺军旗。

正当众人惊愕之时，旗杆拦腰而断，他于军旗落地的瞬间，飞身取之。

喝彩声突然爆发，此后连绵不绝，甚至与其有过节的公子悝也称其为“秦第一猛士”。

主将定了，前锋选了，战术则须等朝廷定下所攻城池，才能作决断。然，朝廷中有臣子认为攻韩为易，也有人提出伐魏能获取更大利益。

魏冉几度进宫，与秦昭襄王密谈，无果。最终他到访军营，传白起相见。

“大王意在东方。三家分晋，而后才有韩赵魏三国，然三国实力素来不均，魏与赵矛盾诸多，却相依相存。与我大秦相邻的另一国楚实力强盛，韩与楚相交，自是得不到好处……”白起从春秋说起。

魏冉捻须而听，颇有赞同之色。

白起拱手又道：“属下前些日子前往我大秦之邻国。魏之昌盛远胜于韩，国强则兵马强。属下以为攻韩胜于攻魏。”

他分析得妥妥当当，魏冉听后，赞许不绝。

“若你领兵，主张攻打何处？”魏冉探究。

“伊阙。”白起谨慎思量。

琢磨，魏冉不语。

行至帐中悬挂地图处，白起驻步于韩国羊皮图前，指着图上标注的伊水（南洛水支流）道：“伊阙位于洛阳以南，地势险要，且伊水流过。这伊水由南至北，我秦军可利用水之便捷，不惊动韩魏，抵达伊阙的缓坡之上，遥望两国联盟之军，伺时机而动。”

魏冉对白起的见解颇为赞许，遂有意助白起为主帅。可谁知之后与之秉烛把酒时，白起竟谈起游学列国之见闻。

“你可知身为军人，却有在赵国李兑府上做门客、与缪贤舍人蔺相如称兄道弟的过往，会招致非议，有心者诬陷你为细作。”魏冉听到此，厉声打断。

白起愕然。

搁酒盏，魏冉连连叹气，问及白起游学的时间，甚至探究其与大秦哪位在朝为官者有交情。

“谈不上交情，过结倒有两人，公子悝、公子婴。”白起极不愿提往事，然，事关重大，不敢隐瞒，稍后详说了校场比试，芈公公胜过自己一说。

“此事由本相邦为你做主。”魏冉胸有成竹，姑且暂停商议战术之事，疾奔公子悝府邸，事后又入宫与芈公公相见。

经魏冉的一番打理，杜撰了白起从未出过秦国国境，15 岁年纪投至公子悝麾下，并与芈公公校场切磋武艺的经历。

抹去白起过往种种，后世之人仅知白起 15 岁从军，而不晓他曾游学列国。

三

待事事妥当，魏冉上奏秦昭襄王，主推白起为将。

公子悝附议：“臣收白起之时，便知他有报效朝廷之心。”

捻须而思，秦昭襄王用白起替代向寿出任攻韩主将。

得了王谕，白起喜不自禁，私下里又与芈公公续了旧情。

“白左更，以你之本事，自不会受埋没，杂家在大秦等着你凯旋而归。休怪杂家多言，白左更还需往杂家的旧主公子悝处走一趟，答谢他当年收你投军之恩。”旧主易生心结，芈公公思虑周全，点到为止。

此时的白起如上弦之箭，势在必得，虽记下了芈公公的提点，然，他将当务之急定为练兵备战。

不几日深夜，秦昭襄王下口谕：次日三更天拔寨攻韩。

领旨后，白起为鼓舞士气，命传令官再次宣读大秦推行的军功制。

训话毕，伙头军端来丰盛饭食。

士兵们盘腿而坐，半个时辰后，众人喂饱肚皮，原地歇息。

三更天，白起一声“拔寨”之军令，早已整装待发的将士们精神抖擞，向韩国行军。趁夜行军，白起所带部队借夜色避开耳目，哪怕潜入韩境，也不曾引得韩瞭望台上士兵注意。

“主将，属下思量不必留人手于秦韩边境。既然行得如此顺畅，不如把增援之兵调来，待作战时……”刘勋提议。

摆手，白起皱眉：“刘将军此言差矣，若魏、韩联军沿边境包抄我秦军，切断我军后路，来个瓮中捉鳖……将军是久经沙场之人，不必我多言。”

刘勋惭愧，归队。

周密布置，白起将秦军安置于有利地形，抢占作战先机。

正当秦军各将领跃跃欲试，欲往韩魏及东周之军攻击之时，白起不慌不忙，登高处眺望韩魏两军。只见韩军营地在前，而后才是其盟友魏军。

他细细想来：韩军战力不强，但凭借强弩、坚甲、盾牌、青铜头盔、铁幕之优良配备，提升了综合军事实力。但另一方面，韩军主将暴鸢和魏军主将公孙喜，因各自追随主子不同，故彼此间貌合神离，为保存实力，军事上互相推诿，谁都不愿先与秦军交战。

“主将，发兵吧。”秦一将军叩请。

“我大秦军队仅十万有余，远不及韩魏加东周联军，此战需避实击虚，各个击破。”白起深度剖析。

至少以一敌二，如何做？主将白起用兵慎之又慎。

凝眉而思，白起精选少量秦军，命每名士兵扛3面旗，且旗子顶端扎数根飘带，令人远远看去，仿佛千军万马，声势浩大。

如此之后，他一声令下“发兵”。

队伍行径有素，又有战鼓助阵，其声势果然令韩军误以为秦军主力到来。

魏军主将公孙喜见秦军将进攻目标定为韩军，以为暂时可保存实力，故吩咐：静观其变。

站在高处观战的白起遥望两军，只见韩军从容派兵，未闻魏军有发兵之状，指派挥旗者传令：“拖住韩军。”

主攻韩军的秦军得令后，边打边跑，将韩军的阵容拉散。

韩军主帅暴鸢见有望获胜，沾沾自喜，穷追不舍，好大喜功的他吆喝：“我等斗败他们，冲入秦营，捉主帅！”

谁料白起已行了第二步作战计划，亲自领秦国之精锐主力绕至魏、韩联军后方，趁其不备攻疏于防范的盟军魏军。

“什么？秦军来了？”魏军主将公孙喜大骇，来不及拔寨，领众将士仓促应战，并派信差前往韩军处求支援。

各国间貌合神离，韩国主将暴鸢误以为揪住秦军主力，断然拒绝信差：“我们也遭到了猛攻，自顾不暇，哪里还有力量前去增援？”

本着各个击破之原则，奉命堵截魏军的秦兵将他等堵于伊阙山狭隘地区。

地形之小，令魏军摆不开阵势，故主将无法统一调度。

地形险厄，魏军亦抢不到有利地势，作战时魏军于是吃了不少大亏，不久之后，其惨败便已成定局。

魏军主将公孙喜誓死应战，甚是英勇。

但，已无力回天。

盟军瞬间溃不成军，韩军因此军心大乱，主将暴鸢故作镇静，然，脸上晦暗之气已泄露其信心不足。毕竟韩国军队的侧翼因得不到盟军庇护，已完全暴露于秦军眼前。

以白起为首的颇具规模的秦军所向披靡，韩军未得到主帅暴鸢布阵，以致置身于战场之上而被秦军左右夹击。转眼间遥望战场，只瞅得秦士兵的衣衫，而瞧不到太多韩军身影。

乘胜追击乃白起作战必用之招。他早料到韩、魏两军撤离路径，故命旗手发信号，让守在边境线边的秦军分出七成入韩境，另外三成则鸣战鼓，作出随时准备增援之状，以告诫韩魏主将：秦军将源源不断涌入韩境。

周密安排，用兵如神，故秦军大胜。

全歼韩、魏、东周联军24万人，杀韩主将暴鸢，俘虏魏军主帅公孙喜，占领伊阙（今河南洛阳龙门）及5座城池。

获胜的白起威风八面，得知抓了魏军主帅公孙喜之时，便命人将其押至旧地——韩国新城。他以为新城乃发家之所，有故地重游之意。

本就负伤在身，又疲劳得体力不支，当公孙喜于韩国新城见到白起之时，已没了为帅为将的气势，然一身傲骨也容不得他跪地见礼。

"降吧。我大秦有公孙先生大展宏图之位置。"白起有几分赏识傲骨之人。

公孙喜不言语。

"公孙先生何必屈就于魏国？当日将军曾追随孟尝君南攻楚怀王，西伐我秦之函谷关，想将军也是历经百战之人。我大秦不记旧恨，可谓秦王宽厚。"白起惜才。

"哎！"公孙喜仰天长叹，"先王待公孙喜恩重如山，如此兵败，末将有何颜面活下去？"

"哼！"白起怒了。

公孙喜站直身子，指着正位上的白起，义正词严：“魏国有百万雄兵，纵今日败仗，还有不计其数勇士可为我国讨回公道。况且，魏王聪颖智慧，亲贤臣、远小人，朝堂之上一派欣欣向荣。你这等无知小辈敢来劝降？不知天高地厚。”

劝降不成反遭其辱，白起摔盏。

“来人，拖出去，祭旗!”他一句话决断了大将公孙喜的生死。

伊阙之战，秦军大胜，韩、魏两国门户大开，随之韩、魏割地赔款。获胜之秦军班师回朝，金銮宝殿之上，秦昭襄王以“奖励军功，实行二十等爵制”为根本，犒赏三军。

白起身着戎装，殿前觐见听封。

秦昭襄王面露喜色，大赞秦国人才济济。

群臣听罢，齐呼“大王万岁”。

如此声势浩大，令韩魏派出的求和使者胆战心惊，自然不敢多言。

秦昭襄王越发喜庆，宣旨：“白左更用兵如神，为我大秦立下赫赫战功，今升为国尉。”

“末将谢王恩典。”白起虔诚叩拜。

“传孤的旨意，通令全军，新入行伍者需以白国尉为表率……”秦昭襄王欲再接再厉推行军功赏罚制。

由此，白起15岁从军、在军中苦心磨炼，而后任左庶长，参与攻打韩国新城之战及伊阙之战的种种，在秦国流传开来。

就连茶馆说书先生也把白起的故事编成段子，不厌其烦地念叨。

白起红了，虽比不得魏冉封侯拜相，却也成了秦国家喻户晓的名将。

可官场有固定的规则，初出茅庐、战功频频，怎能处处逢源呢？

再说此一时彼一时，公子悝又能任白起如虎添翼吗？

5

雏鹰

秦国并非无将，纵然比不上白起后来者居上，也有勇士若干，出生公族者更比比皆是。

朝堂、市井将白起的功劳大肆宣讲，位高权重者或一笑而过、或心存不满。话说魏冉替白起张罗出的旧主公子悝就有些咽不下这口气。

这日，“四贵”联盟设宴，甚至连宫里的芈公公都被请到了场，偏偏没给白起发帖子。这种事原本不会惊动于他，然有封请帖竟到了白府。

一

“小的乃公子芾门下，今奉君上之命，求见渊公子。”派来的信使彬彬有礼，说话间谦卑得紧。

白府管家不敢耽搁，忙将此人领至白渊的书房。

信差恭敬递上拜帖。

“四君意在咸阳摆宴，请的也是秦之栋梁。小的主子泾阳君久仰渊公子才学渊博，故命小的来送帖子。小的想渊公子前些日子舟车劳顿，若把宴定在较远处……还请渊公子就近指一地点，我家主子自会与其他主子相约，在那摆宴。”帖子上所写乃宴请的客套话，信差所传则是泾阳君公子芾的心意。

这公子芾在朝野颇有势力，他为宣太后之子、秦昭襄王之弟。秦昭襄王七年（公元前300年），秦昭王曾经派他到齐国做人质。这等身份，齐闵王岂敢得罪，好生招待，唯恐生了差池。思前想后，总觉不妥。1年之后，齐闵王把泾阳君送回秦国。

如此位高权重之人竟体恤白渊的身子经不住，想把“四贵”宴请权贵及才俊之筵定于白府附近。

含笑端盏，白渊莞尔。鉴于身份，不敢问这权贵乃是哪些人，是否包纳朝野与四贵相交的重臣。仅打听：“可有与本公子相识的哪些俊才?”

“小的只是来传话，主子请的何人，小的自是不知。”信差滴水不漏。

泾阳君体恤白渊身体，然，白渊不敢妄自尊人，当即回帖，说自身还能在咸阳城里溜几个圈，一切赴宴事宜尽凭几位君上做主。

信差拿了回帖，退出书房。

白渊估摸半个时辰后，若几位君上有意请以白起为将的白族之人，这会也该收受到邀帖了，顾差人前去相问。

一炷香后，于军中任右庶长的白恒差人回话，受到了高陵君公子悝相邀，仅赴宴地点未定。

又过了半炷香光景，白山派人传来口信：未受邀请，但军中很多将领受邀。

然，入夜时分，白起才命人回话：不知此事。

“详说。”白渊以为：白起论功劳在白恒之上，比军衔，远胜于白恒，而白恒受邀，为何堂弟不知此事？

回话者哑然。

唤来娘子，白渊更衣，稍作整理，乘坐府中马车前往城外军营。

虽已关城门，然，秦昭襄王有令：若白渊有急事，可出示曾进宫时所赐令牌。白渊有王赐令牌在手，自然出得了城门。

出城后，他不敢立刻前往军营见白起，而是前往秦国王宫权贵等素来祈禳祥瑞的半山上的道观中，以养心为名住下。

渊公子在秦国享有盛名，道长自然安排独居院落。

“你换上本公子的衣衫，焚香祝告。本公子扮作随从，以下山采买为名离开。”万事需谨慎，白渊巧妙安排。

一盏茶光景之后，白渊身旁一亲信身着儒生服，于庙堂的厢房内念念有词。听着亲信轻摇法器之声，乔装的白渊趁夜下了山，由一名家仆陪着往军营而去。

灭烛，合衣躺下的白起听闻家仆传话，哈欠连天起了身。

谨慎小心，白渊和家仆同进了堂弟白起的营房。因帐内除了自家3人外，还有侍候白起的小兵，故恭恭敬敬拱手：“小的二人奉白老爷之命，想问问公子选中了哪幅画像，老爷说公子需早些订下终身大事。”

眼前叩首的乃堂兄白渊，他怎杜撰出自己娶二房之事？难不成……白起心思缜密。装作是气急了，他把摆在案上的物件扫落于地。

“你先出去！”他望向侍候的小兵，转而对白府来人吼，“你俩留下。本将倒要问问，这续弦没过门……”

侍候的小兵见此乃主子的家务事，赶忙退出营房。

恐隔帐有耳，白渊上前低语：“起儿，几位君上所办之宴，请了诸多的人，就白族而言……”

听堂兄之言，白起哗然："我昨日到魏相邦府中议事，曾与华阳君芈戎相遇，可并未听说他等设宴。"

"堂弟糊涂。这四人关系错综复杂。你只与魏相邦交好，难免其余三位不满。我且问你，自出征得胜回来，你可去拜见了公子悝和公子婴？"白起拧眉。白渊暗叹：魏冉性格较豪爽、心思缜密，情急之下的反应却比公子悝慢半拍。若公子悝以话搪塞，魏冉定不能第一时间作出反应。

听堂兄细讲后，白起闷声不语。

"这会你拜见另外几位君上也不妥，定显唐突了。以愚兄所见，不如趁过些日子的狩猎，向宣太后示好，以表忠诚。"白渊想"四贵"的中心乃宣太后，故用了此招。

四人或为宣太后之兄长，或为宣太后之子。白起频频点头，长叹："带兵打仗，我白起自觉不难。在朝为官，哎……多谢兄长提醒。"

"你且歇息吧，愚兄走了。切记，不可与公子悝等三人交恶。往后你回咸阳，在他等几人府前寻理由落马步行。"朝野权势之争，素来兹事体大，堂弟若行错一步，即便将来得志，也难免祸起萧墙。白渊事事为堂弟思虑周全。

感激涕零，却碍于白渊假借礼佛为名半夜出城，白起不敢相送。

待堂兄走后，他再度灭烛，躺于床褥之上。将近日的种种在脑海中细过：芈公公一心为大王，公子悝、公子婴都与自己曾有过节，如何才能化干戈为玉帛？白起连连叹气，除寻理由在"四贵"府前下马步行外，再无其他法子。

军营生活枯燥而充实：练兵、比试，日日如此。自堂兄提点后，他留心观察，才发觉魏冉来兵营的次数略减，后与几位同僚相聚，才知魏相邦并非不前往各军营，仅来白起所领兵的军营变少。

心中惆怅，他苦寻解困之法。

二

这日，司马错奉旨巡查。

“末将参见司马元帅！”他领众下属见礼。

“起吧。本帅奉旨巡查军务，不必行这等虚礼。”司马错理理大胡子，进军帐后端坐正位。

有问必答，凡被司马错点到的人和事，白起皆一丝不苟将军务汇报。

或而指正，或而提点，或而褒奖，司马错秉公行事。

眼见午膳时间到来，白起等人领司马错于伙房用膳。

食不言，寝不语。司马错吃下5斤肉、8碗饭、两壶酒，也不过一盏茶工夫。

“本帅饱了，回营歇息。待黄昏时，检阅兵士。”摸摸肚皮，他豪爽至极。

白起命人将他安顿，自己也回营房歇息。

然，不足半个时辰，身穿中衣的白起突然有了遛马的兴致，也不披外袍，直接去了马厩。

来到马棚边，他瞧见一匹趾高气扬的好马，心中甚喜：呦，这马不错！弯腰抓了把草料，抬手喂马。

摸摸马颈，光滑的皮毛令他心情雀跃：“来人，套鞍。本将要骑它一骑！”

话音刚落，一嘴边叼草、年仅十七八岁的男子凶悍嚷嚷：“下来！哪来的杂毛，敢动小爷的马，不要命了？”

极少有人与白起正面冲突，这等凶悍岂能让他不恼怒：“你毛都没长齐，还称爷！”

年轻男子气急了，冲上前，不等站定，挥拳击向白起胸部。

抬手格挡，白起猛攻其下盘。

“你敢跟爷动手！”年轻男子凶神恶煞。

“揍你，怎样？爷打仗时，你还在吃奶呢！”白起轻蔑。

二人语言不和，霎时间打得昏天黑地，渐渐地没了拳法、套路，在地上肉搏。

“二人分开，重新来过！”听下属来报，他的次孙司马靳与这军营里一将军打架，司马错睡不着了，兴冲冲赶来观战。

“分开就分开。”想在爷爷跟前露一手，年轻男子司马靳起身，退离白起约5步。

拍拍衣衫上的尘土，白起侧头看看，来人竟然是司马错，不愿在上司跟前丢脸。他倒有大将之风：“小鬼，挑个兵器吧。”

一语末，司马靳拾双棍，美其名曰“刀剑无眼，棍不杀生”。

白起自认比眼前人大了些年岁，虽选了刀，却主动让其3刀。

观战的司马错席地而坐，拿起腰间酒壶，饶有兴趣等着。见他这位次孙与这兵营将军白起开始打斗，忍不住频繁提点：

“喂，攻他下盘！”

“躲开，兵不厌诈！”

“虚晃一招。”

……

一时间二人比不出高下，却因身边观战的司马错频繁出言，终于气得收了架势。

“不打了？”司马错遗憾：看得正来劲，居然没了。

白起正欲上前言语一二，却见司马错转身而去，索性停在原地，朝不相识的年轻人招手：“小鬼，谁的麾下？”

“他的。”指着爷爷背影，司马靳满心不服：爷爷太不给面子，帮着外人欺压自己。

“你都参加过哪些战役？上过战场吗？”白起搭上司马靳的肩，

将其当成后辈。

“从军三四年了，就干一件事，替爷爷打理他的马。你是将军？战场啥样？我只知军营的模样。”有些身手，名将之后自然豪爽。

白起将司马靳带到营房，绘声绘色讲起出征的事。

神往之极，司马靳听到妙处，大声叫好。

“我来将军这，怎样？”司马靳年轻气盛。

“这……”白起怎能做监军的孙子的主？一时间难以应答。

突闻军务报来，白起便命唐胜领着贵客司马靳帐外玩耍去了。

入夜后，校场比试，司马靳竟请缨出列。他年纪轻轻，然身手不凡，斗败了军营里几位将军，甚至与刘勋打了个平手。

“好！”司马错甚喜。

“大帅，司马靳想留在此。”初生牛犊不怕虎，司马靳一语惊人。

“白国尉以为如何？”司马错将做主权交给白起。

“若大帅割爱，白起愿收司马靳。”白起起身抱拳。

“司马靳，还不快拜见白国尉？”司马错大方。

由此，司马错的次孙司马靳投到白起麾下。最初因其资历较浅，与唐胜同为护卫。

数年后，几经沙场，司马靳升任白起副将，参与长平之战，并坑杀赵长平军数十万。

公元前280年，名将司马错奉命带兵攻楚，之后引发旧伤，退出朝野，再不能庇护司马靳。

将相失和后，范雎向秦昭襄王参白起时，副将司马靳与白起一同在杜邮被赐死，后葬于华池。

今日之缘分成就司马靳驰骋沙场数十载，也给其未来埋了祸事。所谓“祸兮福之所倚，福兮祸之所伏”，不过如此。

三

白起日日练兵，从不懈怠。秦国各军营亦如此。

秦军所向披靡，秦昭襄王自是得意，打败与楚相邻的韩国，足以敲山震虎，便高调发信与韩相邻的楚国。信中，他告知楚顷襄王：秦国的军势空前、国力雄厚、人口众多，参军者踊跃。且大胆挑衅：“楚背离秦，秦有意攻之。然大秦大度，许你整顿军事，再兵戎相见。”

“岂有此理!”楚顷襄王读信，气得摔盏踢案，痛骂秦昭襄王非仁义之君，甚至将秦武王等历代秦先王都咒骂了一通。

其实秦楚两国颇有渊源：

早在公元前312年，楚军败于丹阳、蓝田之役，得胜的秦国便由此欺压楚国。

公元前303年，齐、韩、魏因楚国联合了秦国，共同发兵攻楚。楚怀王为自保，派太子熊横到秦国作人质，求援。秦王权衡利弊，派军援楚，击退三军。

不料1年后，楚太子熊横故意与秦国一大夫频繁发生矛盾，在矛盾激化时将大夫杀死，而后借此逃回楚国。

公元前300年，秦国伐楚，令楚军阵亡两万余名，并斩楚将景缺。此次楚国兵败，楚怀王害怕不已，寝食难安，终将太子熊横派往齐国为人质求和。妄图以韩、齐、魏三国实力，令秦国忌惮。

公元前299年，强势秦国再度发楚，一举夺下楚8座城池。

秦昭襄王得胜后，叱责楚怀王：硬生生将秦欺压楚国之事杜撰为兄弟情深；再把黄棘定下盟约、楚太子为秦国人质之事，说成熊横在秦国做客，拜为上宾……

如今，楚怀王过世，当年的太子熊横已执掌楚国大权，成为楚顷襄王，然触及与秦有关的往事，依然气愤填膺。

“召集群臣，于书房觐见。”楚顷襄王欲立刻伐秦。

众臣会聚王宫御书房，各抒己见。主战、主和……议了足足两个时辰。

“众卿家暂停议事。”痛定思痛，楚顷襄王熊横以为：目前倾楚国之实力与秦昭襄王一斗，必伤及楚之根本，“选出使者，前往秦国和谈。”

楚国备厚礼，秦昭襄王更得意至极，召见由楚国携带厚礼而来的使臣后，挑了一两个物件赏予芈公公。

“谢大王赏赐。”芈公公诚心拜谢。

“你为何不退下？”他欲言又止，秦昭襄王以为定有后话，索性问了。

“大王，民间结了亲家，才为一家人，至少有姻亲可寻。如今秦、楚两国皆为大国，战事不断，楚国畏惧我大秦，时而与齐交好，时而向周天子进言，不如将我大秦美人送予楚王。”分析得妥妥当当，芈公公有意再平楚顷襄王气愤情绪。

浅笑，秦昭襄王指着芈公公的鼻子：“你倒是个吃里扒外的，这楚国的礼物经你这么一折腾，竟成聘礼了。”

“大王英明，奴才手中的两件宝物不过是秦楚结秦晋之好，大王一时喜，随手赏的。”芈公公满眼献媚。

过了几日，秦昭襄王往宣太后宫中请安时，恰好遇到高陵君公子悝。

“王弟素来懂得风雅，府中可有绝世美姬？”与宣太后平坐，秦昭襄王有心问道。

高陵君公子悝一时纳闷：“倒有几个美人，才进的府。不知大王做何用途？”

宣太后乃秦国掌权之人，忽闻大王冒出如此古怪言语，自然也要相探。

“楚顷襄王熊横送来礼品，孤想以美女还之。”秦昭襄王丝毫不透露献此计者，乃身边侍候的芈公公。

妆容华贵、上了岁数但依旧保养得当的宣太后含笑点头：“哀家见过当年的熊横太子，说起来他也是个不错的人。大王此想甚为周到。公子悝听命，你速选秦女若干，并将画像送来与哀家把关。”

乍听去，太后与楚顷襄王亲密无间，实则执掌朝政多年的宣太后有意在公子悝选的秦女中安插细作。

公子悝好大喜功，早就眼馋魏冉官拜相邦。领了选美人之旨，请命欲把送美人入楚一事也揽入囊中。

“你可有送美人入楚的合适人选？”秦昭襄王原有意令芈公公走一趟楚国送秦女，然深知王弟公子悝深得母后欢心，若此时驳了王弟之意，必与母后更为疏离。

宣太后有意在公子悝选的美人中安插细作，却不愿与之透露，这怎能把送秦女入楚之事交予他呢？

“罢了。一件办完，再议下一件，你们说得哀家头疼，散了吧。”宣太后摆摆手。

秦昭襄王、公子悝拜别而去。

宣太后睡至晌午，命人拿腰牌往魏冉府中走了一趟。魏冉并未跟其进宫，仅是向宣太后写了两个字：白起。

看着竹简上的二字，宣太后拨弄护甲。

“太后，您在宫中待久了，日日赏眼前的风景，不如出去走走。”侍候多年的姑姑笑着进言。

“哀家心系社稷，这身子骨也老得走不动。贸然出宫，大王不安心。”宣太后起身，行到字画前，目光流连忘返。

“太后，老奴往内务府取物件，恰好遇上司马错元帅。以他的身手和威望，您出宫不过个把时辰，想来不会有意外。”姑姑绕着弯子递话。

此言甚得宣太后欢心。

一盏茶后，换下朝服的宣太后由十来名禁军陪着，从秦宫东侧门而出，“不偏不巧”遇上了离宫的司马错。

骑于良驹之上，司马错并非眼拙之人，见赶车的及护在车两旁的男子威风赫赫，再看马车遮得严实、且无任何标志，心中明白挡在前方之人非比寻常。

“何人马车挡住本将的路？”他故意吆喝，配合挡路人的神秘作派。

宣太后端坐车内，附耳与身旁姑姑低语几句。

姑姑含笑点头，之后撩车帘而出，下车行到司马错前，温婉见礼：“官爷，我家夫人想与官爷说上几句话，打听……”

姑姑不语，展开手掌，露出“白起”二字。

浑然一震，司马错花白的眉毛微拢，眼前妇人身着的衣料乃宫中上品，模样不俗，想不起来自哪宫，却觉见过。

不愿搅入宫廷中争斗，他抱拳见礼：“本将急着回府，若你家夫人……”

话未落音，宣太后却听到了这番言语，扬声打断：“老元帅，久违了。”

听出乃宣太后嗓音，司马错欲翻身下马，却遭身侧姑姑按住手臂，只得于马背上拱手，隔着车帘见了礼：“夫人，末将在附近有一别院，收拾得倒也轻巧……”

“走吧。”身侧姑姑打断。

司马错恭敬地在前方领路，遮得严实的马车于身后紧紧相随。

一行人低调入司马别院，司马错顾及太后之尊贵，入院后亲自牵马车，待车停至书房前，才恭敬相请：“夫人，到了。”

身着云缎，发髻仅插一支珠钗，然宣太后之气度，明事人仅瞅一眼，便能断出此人尊贵。缓缓步下马车，她优雅叹气："出了皇城，都没踩到土疙瘩。你这老臣，越来越不懂规矩。"

司马错笑而不语，赶忙于前方掀了门前垂帘，待宣太后入内，吩咐："严加防范，任何人等不得入内。"

入书房，宣太后并不急于道出目的，而是与其闲话家常，说起惠文王时伐蜀的旧事，又不经意感慨：那些老臣们还有几人如司马错般康健，能为大秦效力？

司马错陪着太后说过往，却多了句赞叹"如今更是人才辈出"之言。

"明人不说暗话。你乃三朝老臣，哀家想打听个人，你觉得白起如何?"宣太后喝着司马错亲自煮的茶，稍稍皱眉：他的手艺似乎一直未有提高。

与宣太后回话，需有据可循，不可妄言。司马错毫不隐晦膝下一孙儿司马靳跟在白起身旁，也把道听途说来的小故事如白起曾游历列国等道出，不忘赞许魏冉为秦国选拔人才鞠躬尽瘁。

心明神清，宣太后最终明白：白起最初并未投于公子悝麾下，魏冉为秦国保举人才，才不得已杜撰。

司马错见太后并不怪罪，又详说了白起的军事才能。

"他有何局限?"宣太后探究。

"用兵如神，自然杀戮不可预估。"司马错婉转。

"哀家最喜听实话，如今能与哀家说实话的人也不多了。既然你知白起的出身，那将来必有人在此做文章。我大秦历代先皇以统一中原为己任，看来白起得多打几场仗，才能堵住快快之口。"以实力取胜，宣太后拿定主意。

"太后圣明。"司马错添茶水。

从司马错处了解了白起后，宣太后离开了司马别院，往白起所驻扎的兵营附近转了一圈。寻了处高地，登高眺望，等了良久，终瞧见兵营内操练士兵。

“娘娘，老奴眼拙，辨不出一群人中谁是白起。”见天色已晚，姑姑担心太后的身子。

“回去吧。”宣太后另有主张。

兵营训兵，士兵威风八面，集合、分散、操练等速度极快且勇猛，列阵甚为新鲜。久居于朝廷，她偶有暗访、观察都城附近的将军们训兵，而眼前的操练与别处不同，甚为眼生，因而推断：训兵要么为白起，要么是兵营的另一位新秀。琢磨待向魏冉一问便知。

四

这边宣太后才回宫传唤魏冉，那边白起已结束了练兵。刚回军帐，他便接到秦昭襄王宣入宫觐见的口谕，赶忙换了朝服，带了三五名侍卫，进咸阳城去了。

“白国尉在此稍候，大王正召见其他人呢。”芈公公和气，摇着拂尘，碎步迎来。

白起规规矩矩，不敢多问大王召见的乃何人，跟着芈公公进了耳间，耐心等候。

只是御书房内这会儿还未圣断出结果，虽定下即将伐魏，然，由谁为主将，又以何战术出击，久议无果。

秦与魏相邻，魏国则素来受秦之威胁。如今魏国国君魏昭王更比不得前几代，自在位开始，年年遭秦昭襄王的兵戎相见。

魏昭王也算是经秦昭襄王战火的洗礼而生存的国君了。即位元年（公元前 295 年），秦军攻占了魏国的襄城（襄城县位于中原腹地，东倚伏牛山脉之首，西接黄淮平原东缘，为今许昌市属县）。中国人迷信万事开头好，魏昭王偏偏是位霉神。

到了第二年，秦军再次挥师，魏国又败了。

魏昭王即位第三年，秦国攻韩，韩求救于魏国，魏昭王与东周、韩国组成 24 万联军，可不幸的是：全军覆没。这便是我们常说的“伊阙之战”。

如今秦昭襄王又有意向挥兵东进，目标再次定为魏国。

“臣弟愿领兵伐魏。”高陵君公子悝抱拳请缨。

“臣有意请命。”华阳君芈戎不愿落居人后，毕竟魏国国力不强，带上些人马攻之，必胜。

“孤人以为，母后离不开王弟，朝中之事还需华阳君帮衬魏相邦。你俩皆不可出征。”这二人已位高权重，若再立战功，秦昭襄王以为更难夺他等兵权。

“哦……奴才手滑了，搅扰了大王与大人们议事，奴才该打。”掐准时机，芈公公在秦昭襄王近旁打出暗语，立刻把端在手中的杯盏滑落。

“贼头鼠脑，何事?”秦昭襄王装作不悦。

暂且停下收拾地上杯盏之活，芈公公低语：“白起白国尉奉命进宫，在外等着向大王禀报我秦军参与伊阙战役的阵亡将士们家中抚恤金发放进展。”

秦国版图博大辽阔，士兵来自各处，每逢大战之后，阵亡将士的抚恤金都要历经数月、甚至隔年，才能基本发放完毕。

主张伐魏的魏冉，因朝中武将、公子们为贪功请命，久久未发言。此时听芈公公提到白起，思虑：白起乃新起之秀，又曾指挥伊阙之战，如今拜为国尉，他并不是大王顾忌的任何一派成员，而与自己较为亲近。何不力荐他为主将?

“大王，白起为伐魏主将，如何?他出身行伍，又有作战经验，曾在伊阙战役中，以少敌众。何不借他之名，将伊阙战役后续做个整套?”他分析得妥妥帖帖。

秦昭襄王久等此言，如今魏冉恰好掉进了套子里。思谋远虑的他不言语，而是看向了公子悝。

前些日子，白起逢过自个儿府前，皆牵马而行，甚是恭敬。公子悝以为白起获胜，也长自家颜面，抱拳："白起确有几分能耐，对我大秦更是忠心耿耿。"

白起牵马而步行的，又岂止高陵君公子悝一府，泾阳君公子芾、华阳君芈戎都受此待遇，故二人也认为白起对自家格外尊敬，于是附和了高陵君公子悝。

相邦魏冉举荐，高陵君公子悝力荐，泾阳君公子芾、华阳君芈戎附和，如此强大阵容，其余武将岂敢相驳？

片刻之后，御书房内众人再无异议。

秦昭襄王朗声："既然众卿家都以为白起适合，芈公公，宣白国尉进谏。"

受召见，白起缓步而来。叩拜国君之后，才知秦有意伐魏，只是定不下第一目标处为何地，便分析了魏之疆土及秦兵的行军速度，又考虑到魏昭王可能向两侧的韩、赵两国求助，力荐攻安邑。

"白国尉所说甚是，正合孤家心意。"秦昭襄王圣断。

一出由秦昭襄王自导自演、芈公公巧妙推波助澜的大戏，终于落幕。

白起当之无愧被推为主将，率兵伐魏。

出征前，他沙场点兵，再次重申大秦推行的"奖励军功，实行二十等爵制"，鼓舞士气。

"大秦必胜！大秦必胜！"士兵个个磨刀霍霍，期盼沙场建功。

一声"拔寨"，白起跨战马，威风八面，领兵出营。

有战术，臂力超群，用兵如神，以各个歼灭为宗旨，他率部十万有余，日夜兼程赶往魏国。

抵达魏境后，白起派出先遣军队登山伐木，并将山石连同砍断的树木滚入河中，以阻断魏军用船载兵彼此援助或通风报信。

待水路堵截完毕，他着手陆路，将所带军队分作3批。

首批部队主攻安邑城。为造声势，鸣战鼓，扛军旗，一路行军有阵。

军队出发后半个时辰，他派出第二路部队。此队伍人人骑战马、背弓箭，携火油。待首批军队发起对安邑城猛攻，安邑城外所驻扎的魏军援兵紧急集合之时，秦军射火箭数千。一时间，魏营火箭密集如雨，魏军虽已集合，却难以应对铺天盖地的火箭，死伤无数。

估摸安邑城附近魏军营地被烧，魏军自然会点烽火，请求附近军营派援兵、送粮草。白起立刻派出第三队兵马，火速赶往各路口应战。

安邑城被攻，安邑城附近兵营遭袭，陆路被切断，水路遇堵截，转眼魏国兵败已成定局。

大胜之后，白起率秦军再接再厉，一路横扫，所过之处皆夺城池，断魏旗。秦军越战越勇，令魏军闻风丧胆，甚至有魏军弃甲而逃，不予抵抗，郡守捧印领郡内官员于城门前，向秦军称降。

白起领兵大获全胜，咸阳城王宫内秦昭襄王连收捷报若干，不等白起班师回朝，已向白府恩赏数次。

白族族长白铭义、白起之父白兴亮率全府一干人等，屡次叩谢王恩。

“如此甚好。起儿果不负白族细心培养。”族长白铭义于宗祠感慨万千。

“起儿能有今日之成就，托祖宗之福，也蒙各位鼎力培养。”白兴亮向众人见礼。

叩拜祖宗的白族子嗣，唯白渊不语。堂弟白起入伍没几年，已有今日造化，本该欢喜，然他隐隐不安。带兵打仗，他以为白族首当其冲推白起为先，然，在朝为官，堂弟似乎不胜权术。

待完成祭奠祖先仪式后，白渊长跪于宗祠之内，直至点的香燃尽，才度量出为官之道的奥秘。而后，起身，整衣冠，求见族长。

“何事?”白铭义命内人奉了茶水，闭门。

“堂弟贵为国尉，并不是他最高的荣誉。渊儿认为，该在堂弟班师回朝之前，往四君府上拜见一回，特别是提拔堂弟的魏相邦和旧主高陵君。”白渊温婉道来。

捻须而思，白铭义征询：“渊儿以为，何人往四君府上拜会最为合适?”

“身体发肤受之父母，这此人当属堂弟之父。”白渊推荐。

“起儿凭借实力驰骋疆场，若没了渊儿的周密计划，任他是只雏鹰，也难以高飞。”白铭义甚喜：兄弟齐心，合力断金。

次日，白铭义打点拜礼，命白兴亮亲自往四君府上拜见。

穰侯魏冉因是推荐白起为主将之人，见到白兴亮，自然和颜悦色。

旧主高陵君公子悝见送来的礼物虽不稀罕，却着实费了番心思，便客气相待。

至于华阳君芈戎、泾阳君公子芾觉得白族也算懂得处事，相应地回了些礼，毕竟来日白起入朝，众人也是同僚，便不予以为难。

打点了秦“四贵”，白兴亮返回白府，把与“四贵”面见的情况详细告知白铭义，此事才算了了。

白铭义反复思量，唯恐行事间出现疏漏，影响白起前程。半个时辰之后，派人去唤白渊商议。谁料白渊早已出府，此时正于道观中向道长请教道义。

“渊公子乃有心之人，竟对这道观中焚的香起了兴致。”道长讲经之后，与之闲聊。

“前些日子在下奉命进宫，恰好听闻太后娘娘睡不安稳。而今闻着这香味有些安神，故想讨个方子。”白渊摆下棋盘，让出先行黑子予道长。

道长落下首粒黑子，命身边徒儿捧来一盒道观中秘制之香，却不愿相送配方。

“在下谢过道长。待来日将这盒香托人捎给太后娘娘，定不忘道长的美意。”白渊从容落子。

道长浅笑。

当夜，白渊住于道观中。次日，更衣沐浴，诵读经文。在山上待了3日，这才恭恭敬敬地捧着道长所赠之香入宫。只是他并未求见宣太后，而是把这盒香给了宣太后身边侍候的姑姑。

“太后或许午睡已起了，渊公子是否当面请个安?”姑姑问白渊。

含笑摇头，白渊递上一小盒与献给太后的香有所不同的香：“这是给姑姑的。太后事事操劳，在下闲人就不去搅扰了。”

“老奴送公子。”进退有度，不贪图名利！姑姑倍加赞许，亲自将白渊送出了太后的宫。

“姑姑留步，太后娘娘离不开姑姑。在下告辞。”出太后的宫不足十步，白渊向姑姑道别。

姑姑拿了香，并未立刻呈予太后，而是唤太医鉴定。待太医给出定论——此香宁神补气之后，便擅作主张给太后焚起来了。

“这气味新鲜，哪来的?”宣太后很是受用。

“渊公子送来的。他恐打扰娘娘，把香送到，便走了。”姑姑拿出未燃的香，呈予宣太后一观，并禀告此香出自道长之手。

“他倒是会做人。往后这孩子再来，甭管哀家睡了与否，领到跟前。”歪在软榻上，宣太后满眼赞许。

白起在外战功赫赫，白渊为其小心打点。二人精诚合作，终于迎来了白起辉煌之时。

班师回朝，白起所带之军还未抵咸阳，秦昭襄王已命安国君嬴柱率众臣于城门边等候。

6

转折

咸阳城百姓在安国君嬴柱的带领下，翘首盼英雄。

众人久候近两个时辰，才见得胜还朝的队伍缓缓行进视野。

威武的“白”字旗由士兵扛着，马背上的骑兵个个威风凛凛，率队的白起更是容光焕发。细看他，脸上有因战争而留下的伤痕，战袍也有些破损，然，气度不凡，阔唇边荡起的喜悦之色显而易见，炯炯的目光直视前方。

“击鼓！”城门边等候安国君手势的鼓手听见了命令，扬声。

声未落，轰隆隆的鼓声奏响了。

一时间，欢呼声此起彼伏。

跨在高头大马上的白起挺直了背脊，待行至安国君跟前，他抱拳行礼：“白起率部攻魏，终不辱我王使命，现得胜还朝！”

安国君嬴柱含笑点头，随即赐予酒水，并道：“敬英雄！”

秦昭襄王如此看重此次出征，为表彰得胜的将士，竟派安国君嬴柱接风，此事在朝野疯传。然，也命芈公公传来一道圣旨：仅允许白起携不足百人进咸阳，其余士兵迅速返回军营。

王命不可违，白起赶忙接了旨，命以刘勋为首的众将军将大部分人马带回军营，亲选了百余或作战勇猛、或参与了谋划战役的将士同入咸阳城。

按理说封赏该在几日之内便有下文，然，白起等人竟于指定的驿馆待了近半月，却仍未听见召见或封赏之言。他疑惑地前往魏冉相邦府。

“侯爷出外办事去了，白国尉可留下话，待侯爷返回后，小人定转告。”穰侯府管事客气相待。

“可知侯爷几时返回?”昨天来了一趟，没见着，今天又是同样的话，白起迫不及待地打听。

管事摇头，解释为：作为下人，怎敢过问侯爷的事?

话极在理，白起便又一次留下话后，离开。

刘勋等把将士安顿入了营房，想着攻魏的主将白起迟迟未归，便向军营告了假，往咸阳城来。

“大王还未召见，你等怎来了?”白起见到部下，欣喜中透着无奈。

“兄弟们……活着还好说，死了的安家费，我刘某代他等问问。”瞧瞧同人，刘勋低声。

“进屋说话。”白起把几个特铁的领进了寝室。

入房，闭了门，他不再掩饰情绪：“可是听到了风声?”

“前一阵大王派去攻打北边的，已领了封赏。”刘勋将从军营里带来的消息相告。

“白国尉，穰侯可有话捎与你?”另一将军征询。

白起摇头，细想驿馆管事等极客气，而等候大王召见、封赏之事遥遥无期。

众人把酒言欢，再不提此事。

一日后，白起便向驿馆主事告了假，说是离家有些日子，想趁着清闲，回白府侍奉爹娘。

管事不敢擅作主张，请示了吏部，许了白起的假。

不死心的白起在返家前，又往相邦府走了一回，

穰侯府的管家依旧回答“侯爷出去了”。

他客气地再次请管家递要求相见的话，怀着颇多揣测离开了相邦府。

待白起走远，管家转身往书房奔去，见到主子魏冉，拱手：“侯爷，白起又来过了。小的还是按您的吩咐，说侯爷出去了。”

穰侯魏冉稍稍点头，摆手，命管家退下。

白起战功赫赫，其战略本领异于常人，大秦本该按祖训封赏，然，他初出茅庐时日尚短，当初力排众议任用。而今若封赏不足，必寒了白起及众将士的心；如果重赏，定会于朝野掀起波澜。

魏冉搁下书卷，行至窗边，斗胆揣摩大王心思：大王或许很犹豫如何赏。

既然如此，自己也伺机而动吧。

“备车，本侯要进宫面见太后。”他扬声。

二

如此周密心思，白起自然无从知晓。他策马扬鞭，返回白府，才见过爹娘，拜会族长白铭义等，不足一盏茶，白府便于府门边燃放爆竹。

“起儿，你有今日之成就，需不骄不躁，稳住心境，才能再展宏图。”白铭义教导。

“起儿谨遵族长教诲。”白起本就为话少之人，也不过回上一

两句。

“大王的封赏何时能……我儿得胜还朝，倒是大张旗鼓接了风，却久不闻军功之赏。”白兴亮直入主题。

“不可知。”王心难断，魏冉避而不见，白起愁眉乍现。

众人说着话，所谈皆为白起行军打仗之事，就闻小厮通传：白山从平阳老宅赶了来，这会已进了府，正奔书房。

白起当即起了身，迎到书房边，就听白山爽朗的声音响起，赶忙拱手见礼：“久不见叔叔。”

“见过白国尉。”论辈分，白山乃白起的叔叔；谈军衔，白山仅为五大夫，白山自然更为恭敬。

“在家只论辈分。”白兴亮听叔侄俩寒暄，跨过门槛，扬声。

含笑，叔侄俩并排入书房。

自商鞅变法起，大秦实行二十级军功爵制，最低级为公士，其上乃上造，之后是簪袅、不更、大夫、官大夫、公大夫、公乘、五大夫、左庶长、右庶长、左更、中更、右更、少上造、大上造（大良造）、驷车庶长、大庶长、关内侯，其顶级为彻侯。

白族为能光大门楣，精心培养若干男儿入行伍，早白起数载从军的白山如今仅为五大夫，乃同族右庶长白恒手下。

“你们两兄弟有日子没见，山儿，可曾听白恒说过有关起儿的封赏一事?”白铭义看看另几位族中大家长，问出心底的话。

“回各位大家长的话，白山就为此事而回。据白恒说，朝中众臣为我族白起的封赏，已在金銮殿争持了数回，大王仍未有圣裁。白恒的意思是让起儿稍安勿躁，耐住性子，切不可于心烦时，在咸阳城内喝酒闹事。”起身后，白山方回话。

“怎不见渊哥哥?”虽说白恒、白山同在军营服役，但白起更倚仗十三堂兄白渊。

一声叹息，白兴亮悠然：“自你带兵打仗以来，他常往庙里去，说是超度战场上死去的将士。估计这两日你是见不着他的。”

“渊儿心善。”白山感慨，问了些有关白渊身体的事，便又将话绕回朝中局面。

原本便没想过在族中得到指点，如今白渊不在场，白起更不对此抱有幻想。

吃了族长白铭义赏的饭，便与爹爹白兴亮回了自家院子。

想着十三堂兄既不在朝为官，也不曾投行伍，便拿了些俸禄，往隔壁院子去了。

白渊不在院中，白起把银两交给了白渊的内人。

听闻堂兄近些日子离不开汤药，白起有些愁眉不展。

“堂嫂多费心，我家哥哥素来如此。”嫂子不易，白起听闻过嫂子衣不解体连续照顾堂兄不舍昼夜之事，心中颇为感激。

白渊的娘子内敛，含笑：“能遇上相公，乃妾身修来的福气。侍奉汤药本就是分内之事，你哥哥估摸遇不着你，让我带句话：不可妄加杀戮，尽量适可而止。”

因兄长不在院中，白起不方便多加搅扰，听了嫂子交代的话语，便迭迭称是，早早离开。

回咸阳后闲了数十日，他自然不疲惫，回了自家院子，陪了会娘亲，又因无睡意，遂提刀往后院操练。

“白起出列！”他扬声嚷嚷，仿佛置身军营。

自个的声音刚落下，便向前3步。

“左转。”他继续自我命令。

“猛刺！”

挥刀便砍。

“趴下！”

……

“是公子？小人听着喊声，还以为有许多人呢。”极想从戎，却因身份低微，只能留于府中，白瑜这一回终于逮到机会，他悻悻然搭腔。

早不在意当年喂马起的争执，恰逢白起手痒得难耐："白瑜，我俩一边说战术，一边比武艺。如何?"

读了书，识得字，白瑜却未能像白起及其他白族公子们游学列国，又不能奉族中之命投身行伍。做得再兢兢业业，仍不过为家仆一名，他极想在族中公子前露一下身手。

"公子，承让。"他选一长枪，摆开阵势。

两人对打，白起虽不算遇上了旗鼓相当的对手，倒也活动了筋骨，一炷香之后，热汗淋漓的他已感到极为畅快。

"你武艺精进不少，也背得些兵书，留在族中，屈才了。"他有感而发。

"哦……倘若公子愿收小的，小的自当肝脑涂地。"白瑜早有谋划，就等伯乐，遇上此言，如同久旱逢甘露。

"成！等本将回营时，你跟来。"白起当即收了。

单膝跪地，白瑜拜见上司。

双手搀起，白起细看眼前人，思量他来日定有番作为。

倘若人有预见未来的能力，白起就不会收下野心勃勃的白瑜，更不会将其当成心腹，任其与朝中重臣往来，那后来白瑜便无接触说臣范雎的机会。

事有因必有果，戎马一生的白起还在刚出道时，就为未来埋下了极不安分的因素。

话说白起收下白瑜，白瑜便兴匆匆回家禀告爹爹白眉。

为白族驭马、驯马为生的家仆白眉听闻此好消息，立刻拿了银子给婆娘，要其为儿子准备行装。

看着爹娘欢喜的模样，白瑜想象着辉煌的未来。

在族中住了两三日，白起不敢再耽搁，别了父母，于祖宗牌位前上了香，听完以白铭义为首的大家长训话，返回驿馆，等大王召见去了。

白起才于房中用过午膳，便有人送来帖子。

“你家主子是何人？”他瞧着送信的，狐疑接了帖。

“白大人看过帖子之后，便会知晓。小的仅是送信的。”来人恭恭敬敬，回话之后，退至一旁。

几分好奇，几分不解，白起读拜帖。

此人只说相见于城外5里的枫桥亭，却不署名，思量再三，白起点头：“告诉你家主子，明日黄昏白起赴约。”

揣摩一日，他始终分不清相邀之人是敌是友。

幕黑之时，换了便装，出城，往枫桥亭而去。

行至凉亭附近，忽闻琴声而至，所弹奏的虽为市井普通之曲，却因技法超群，大有气势磅礴之态。

“故人来了？在下有礼。”白面有须，目光柔和，苏秦罢了琴音，煮茶相待。

“原来是你。”白起讪笑：苏秦私密入秦所为何事？

“请。”苏秦隐情斟茶。

明人不说暗话，两人以茶代酒，静默片刻，苏秦道明来由。

“白起今生效忠秦王，绝不会往他国谋职。苏大人此行游说白起，算是徒劳了。”白起心中甚为疑惑：苏秦在齐国贵为客卿，为何竟替燕国当说客？

“燕王极好贤能之人，又重视兵士培养。白大人不必急着拒绝，何不从长计议？”苏秦请白起点曲。

“苏先生可知以我秦王对你……若白起将先生到了秦国之事广而告之，先生恐怕出不了秦境。”白起摆手拒绝。

抖袖起身，“哈哈哈”苏秦大笑，竟无一丝惧意：“大人定生疑，我苏秦为何替燕王求才。想当年，苏某虽学成，然无法施展所长。燕文公不拘一格任用苏某，大人如今战无不胜、攻无不克，功劳有目共睹，却迟迟不见封赏。此与我苏某当年有几分相似。”苏秦动之以情，重提旧事。

“志不同，不相为谋。苏先生肯为白起入秦境相见，白起自当守口如瓶。”留下话，白起拂袖而去。

苏秦游说白起投奔燕国之事，白起多年不得解。

公元前284年苏秦遇刺，重伤卧病榻时，他上奏齐王，请求以“帮助燕国在齐国从事反间活动”为名，将他车裂于市，并悬赏行刺之人以使贼人出现。

齐王觉此计甚妙，故用之。

然苏秦死后，他为燕国破坏齐国的大量事件陆续遭披露，当时远在秦国的白起才豁然开朗。

从此之后，白起再未听过如苏秦般时而飘摇、时而激昂的琴声了。

即便秦昭襄王秦宫摆宴，传唤顶尖乐师，所抚之乐也差苏秦千里。

或许伯牙断琴是因他在钟子期之后，未遇上苏秦这般懂琴的知音吧。

这乃后话，距今为若干年。

二

再说回今日的白起，他既不能回军营，也无缘面君，整日里待于驿馆之中，甚是烦躁。

这日，芈公公一身员外郎装扮，乘着辆破旧马车，低调地到了驿馆。

管事只当来人乃白起家中仆人，便命人通传了一声，也未见他一面。

“杂家给白大人贺喜来了。”不等通报，芈公公推门而入。

芈公公无事不登三宝殿，此次来定不寻常。

白起急忙起身，斟茶相待。

“白大人可曾听说过甘茂？”茶虽粗，芈公公品起来，却令旁人觉着此茶非比寻常，妙不可言。

自幼念了私塾，白起忽闻甘茂之名，也不由一震，想甘茂非寻常人。

甘茂，姬姓，曾就学于史举，习百家之说，经鬼谷子传人、纵横家张仪和秦国右丞相樗里疾引荐给秦惠文王。

公元前312年，甘茂不辱使命助左庶长魏章定汉中地。曾官拜左丞相，而后与纵横朝野的向寿、公孙奭在数处分歧颇多，在攻魏国蒲阪时出逃齐国，并任齐国上卿。

公元前305年，奉齐王之命出使楚国。秦昭襄王曾传书楚王，要求送还甘茂。

此乃旧事，距今已有十余载。

“末将愚钝，还请芈公公直言。甘茂逃便逃了，想我大秦泱泱大国，何惧一个甘茂？”甘茂驰骋朝野短短几年，就已居于高位，想必确为人才。

然如今他已年近花甲，白起思量不出自个儿的喜为何与甘茂有关。

“大人，甘茂能写会画，文武全才。且记性极好，读一遍书卷，便能复述，读二遍书卷，必能倒背。”芈公公故意卖关子，点到为止。

然白起从未见过甘茂，听其事迹极少，如此凤毛麟角信息，难以度量其话深意，故愣在当场。

见眼前人眉目见愁云难散，芈公公长叹：“甘茂与曾在魏惠王初期出任魏国相的白圭乃忘年之交……”

提及白圭，得从他不满魏惠王初年的政治腐败说起。

此人极富商业头脑，且眼光卓识，几次上奏魏惠王，要求剔除政治陋习，然，魏惠王并不予以采纳。痛定思痛，白圭终于弃政从商，并把经商的理论概括为“智、勇、仁、强”4个精辟之字。

虽说白圭长居于魏，后也到访过齐，甚至游历过楚，偏巧他与甘茂极其投缘，且传授甘茂以治水利、绘画等特殊技能。

当日甘茂在秦国时，曾不加掩饰地推举白圭为贤能之人，更有向秦昭襄王引荐白圭子嗣的想法。

听了此番话，白起心中酝酿的想法呼之欲出：甘茂极可能将大秦的秘密，通过白圭的后人告知了魏国或齐国，毕竟甘茂离秦一事曾在列国中引起过轩然大波。

“甘茂曾给大王献过自绘的秦国地图。”芈公公伸手讨要了茶壶，自斟自饮。

白起闻言心中一震，他手撑桌面，头凑近了，声音里透着凛冽：“这秦国地图甘茂可有备份？他给了谁？”

“白大人……杂家说过，甘茂记忆力超群，他无须备份，脑袋里装满了地图。一张、两张、三张，随便绘……”芈公公一边说着一边兰花指摆了又摆。

白起豁然开朗，当即抱拳：“末将这就进宫请命，前往齐、楚、魏……敢问芈公公，甘茂现居于何处？”

“听说死了，埋了。”芈公公侧了头，斜了眼，觉得与白起说话累，远比不上同白渊相聊。

白起不语，静候下文。

“杂家为大人求了道恩典。大人带几个信得过、胳膊腿脚齐全的，往魏国去一趟。若探子带回的信息无误，甘茂埋在大梁城外青山坳里。从大梁过去，行至丁字路口向右走。”看在相交的分上，芈公公提点得倍加仔细，且告之：寻到墓冢后，开棺，把随葬品取回，切不可打开任一盒子。

白起感激备至，有意送芈公公出驿馆，但他终于还是决定低调行事，故只唤来贴心的唐胜，恭敬地把芈公公送上马车离去，这才了了。

白起精心谋划了一日，次日即召集唐胜、司马靳，又带上几名身手利落的下属，这才匆匆忙忙离开了咸阳城。

一行人披星戴月，日夜兼程，往魏国而去。

凡遇盘查，几人皆低调行事，递上早已准备妥当的文书，极力隐瞒一干人等来自秦国军营。

魏国的各关口比不得秦国严密，他等行至大梁倒未费多大周章，可在大梁问了几人，也不知芈公公所言的青山坳为何处。

“老爷，想必那人听到的是以讹传讹的话，把什么山给传偏了。”奉命再次打听仍不得甚解，唐胜归来时摇头。

在外需时时小心，事事留意，芈公公在白起等人的口中总称“这人、那人、那厮”等。

白起招手唤茶寮摊主上前，他抛出一坨银子：“我等是来寻事做的，听说甘大爷府上待遇极好……”

看看银子陈色甚差，摊主打量这一干人，见个个生得威武，却穿着寒碜，再瞧瞧他等到了摊边不点茶，仅要了几碗凉白开，就估摸这些银子乃他们牙缝里挤出之物。

摊主恭敬地退还了银坨子，于桌边站定：“几位问的可是甘茂甘大人？他死了已有年头。”

闻此言，白起故作惊愕之状。

“非小人妄语，甘大人确实死了，墓地便是顺着眼前路向前走，过城门后往右拐，看见河，沿河堤向下游去。小的没去过，听说甘大人就埋在下游的一座庄子里。”摊主将道听途说来的见闻告知。

“我等既然来了，就去拜祭一回。也不知甘府的人是否允许我等前去祭拜。”装模作样，白起有意向摊主打听：甘茂为何要埋在自家山庄里？

做小本生意的摊主从无缘与达官显贵搭得上话，知道的已全数道出，再欲问之，他也只能摊手讪笑。

按摊主所指，白起一干人等上了路，过了城门，才领悟探子带回的消息：所谓的丁字路口，就是城门内的路全然不算。

至于顺河流向下游走，却费了不少神气。

其一，河堤边并无路，杂草丛生。

其二，河本不大，然支流颇多。

他等无奈，只得将每条支流走了一遍。

沿第四条支流行了1个半时辰，终于瞧见些村落。

“老爷，如今天色已晚，我等贸然进村，必遭人怀疑，不如于草丛中寻个安身之所。”跟着爷爷几年，多少有些见识的司马靳听闻村里传来的犬吠声，乃适时进言。

“我等此行看似顺利，实则大费周章，内人还等着我们带回的图纸。”芈公公想必着急了吧？白起皱眉。

“其实不难，老爷与小人扮成叔侄进山打猎，可啥也没猎到，天黑迷路，往村里寻个落脚点，买些食物充饥。如此说可好？”唐胜鬼精灵。

白起点头认同，命其余人等原地散开待命。

自个儿领了唐胜，背着弓箭，往村里去。

僻壤之村，穷困潦倒，这些年又逢魏国国运不济，更显凄凉。

白起好不容易叩开一老汉的门，掏出怀中值不了几个钱的玉佩，说是想换碗甘薯饭充饥，并望留宿一晚。

老汉仅将门开启了条缝，递了掺野菜、搁了甘薯的汤羹出来：“壮士，没有米，只给起这些。银两……我也不要了。”

白起能屈能伸，把糊糟糟的食物一口气咽下半碗，心疼地将余下的递给唐胜。

“叔，你吃。侄儿不饿。”瞅着已不堪入目，闻着……唐胜忍着不揪眉。

白起知道唐胜入行伍后，长期吃着大米饭，喝着值几个钱的好酒，口味不差，白起心知这等食物显然令唐胜难以下咽，为不遭人怀疑，白起索性把余下的半碗也全数灌进了自己的肚里。之后他满足地摸摸肚皮，恭敬地递回了碗。

“老人家收下玉佩吧。看你家也不宽敞，就请指处能遮风雨、躺得下我叔侄之处，让我俩能有地方过个夜。即便是墓地，或废弃的庙宇，也无所谓。”看似体谅，实则白起心中谋略颇多。

一番话合情合理，听得老汉动容：“从村边的路往下游走，有个土地庙，你叔侄可在那过夜。切不可图大，走到旁边的山庄去，那里面没啥东西，就一墓地，隔三岔五便有盗匪光顾。”

老汉定睛看看玉佩，思量此物甚是通透，来日送给闺女做陪嫁。

因心中感激，老汉定了定神，就拄着拐杖领叔侄俩出村，直至送到往土地庙去的路上，才告别返家。

待老汉走远，白起命唐胜往先前下属落脚的草丛去寻他们，等众人赶来后，便一同奔土匪、强盗过夜的山庄而往。

瞅见山庄已不足百余步，一干人等便寻了隐蔽之处，藏下身仔细观察。

“司马靳，你带两个人摸进去。一则看看有多少盗匪在庄里过夜，二则寻出甘茂的墓在何处。若遇突发之事，不必恋战，尽量全身而退。”白起眸光凛冽，谨慎下令。

司马靳抱拳领命。

待他几人进了山庄，白起拍拍唐胜的肩：“为防山庄里盗匪数量超过预期，你和他俩背上弓箭，到山庄后上屋檐。一则观察地形，二则在司马靳等遭遇意外时，以弓箭掩护他等离开。”

“得令。”唐胜领命，转身之际，碰碰白起，“叔，那碗没米的粥味道咋样?”

白起一笑了之，不与还有些童心未泯的唐胜多语。

在原地约莫等了1个半时辰，却仍未见唐胜、司马靳等任何一人返回，白起就不由得焦急。

“你去附近多找些枯叶、树枝，堆至这条路的风口，点燃后，你小心躲藏。剩下几个跟本将绕到后院，寻个侧门进庄。”白起疑心派入庄内之人全数被俘，有意用引蛇出洞之计把部分盗匪引出，自个儿寻时机救下属。

精心谋划，却无用武之处。隐蔽的山庄内盗匪数量不多，更没一人捉到唐胜、司马靳等。

先入山庄的司马靳小心避开在正堂里分赃、在长廊边歇息的盗匪，径直穿过废弃的花园，往后院而去。

而奉命登顶屋檐的唐胜等，瞅着前院全是些破旧不堪的屋子，又没听见打斗的喧哗声，便沿着墙头，也走到了后院。

站得高，看得远。唐胜等在高处瞅见司马靳几人，就思量：后院皆两三人高的树木，且面积较大，即使司马靳等在林中出事，自个儿身上的弓箭也帮不上任何忙。于是翻身而下，与司马靳等同入密林。

此时，他等一行6人已在密林中迷路，堪称叫天天不应、叫地地不灵。

不知情的白起领着下属沿山庄的墙角，行至后院一带，瞅见一处低矮墙根，便翻墙而入。

进到山庄内，放眼密林，他一时间傻了眼。

想着自个儿身手不凡，就大胆学鸟叫，希望引起回应。

白起等人用此暗号不下十回，耳尖的唐胜听闻后，立刻回应

“布谷布谷”。

听见对暗号，白起甚为疑惑：如此看来，下属并未被俘，难不成迷了路？

“我们记清入林的路，走！”他吩咐身侧人后便率先举步入林。

一盏茶后，白起见着了唐胜、司马靳等，稍作询问，还真是验证了猜想。

滚滚浓烟随风飘入山庄，司马靳不知此乃白起的谋划，颇为警觉：“不好，异动了！”

“无妨，这是本将的调虎离山之计。”白起摇头解释。

放眼密林，觉得如此胡乱寻找恐怕毫无意义，他便在时间上定了约束：若半个时辰之内寻不到墓地，即离开，稍后再想他法。

滚滚的浓烟能令司马靳误会，当然也可混淆前院盗匪们的视听。

“走吧！逃啊！不知道哪个不怕死的要来了！”拿了赃物在院中喝酒的盗匪估摸来者不善，不禁嚷嚷。

一语末，盗匪们猖狂撤离。

出山庄后，恐人多目标大，他们便像以往般分散而逃。

放了火的白起部下躲在草丛里正在等同伴归来，却听得一人操本地口音骂骂咧咧，自然分外警觉。

“他领到钱，逃了。老子一个子没分到，不管了，撒泡尿，泄泄愤。”说话间，一盗匪解开腰带便往草丛里尿尿。

本躲在附近不想张扬的白起下属听闻盗匪一阵嚷嚷，耐不住性子，迅速窜至盗匪身后，扬手对其颈脖一劈。

盗匪哪经得住这下子，霎时间倒了地，昏死过去。

寻了结实的藤条，白起下属把盗匪绑得像个粽子，扔到一旁。

白起等无功而返，见到下属，知晓抓了个活口，当即来了兴致。

本欲寻水泼醒，可出门在外所带的饮水极少，尤其是唐胜舍不得。

“你把他弄醒!”白起皱眉。

唐胜嬉笑，一泡尿尿于盗匪身上，顷刻间，盗匪醒了。

从前干些杀人掠货的买卖，可遇上凶神恶煞的一帮威武汉子，盗匪没了气魄，说了好些上有老、下有小的骗人浑话，才有白起问话的空当。

“几位爷找甘茂的墓地？不难找，就正堂左手边的屋子……”盗匪极想活命，有问必答。

原来这山庄本是一魏国贵族的别院，后来此贵族获了罪，其子嗣又败了家业，一时间愁钱，便将年久失修的大院托人出售。偏偏甘茂对此院落有兴趣，以低价购置。

据说甘茂活着时，每月必来此破败山庄住上一两日，而临死前，竟指定将他葬于此山庄曾住过的屋子里。

听了这番话，白起将信将疑：“带路！若有半句虚言……”

无须再多言，盗匪点头哈腰，连要求松绑也不曾敢，只是老老实实弯着身子领路。

跟着盗匪，白起等轻易走进了正堂左边的屋子，瞅着屋内成圆形的大墓，顿觉诡异。

“就这!”盗匪肯定。

白起纹丝不动，立在原地。

一干人等警觉。

“很容易开的。我们已经掘过了，里面没啥货。”盗匪抬脚碰碰墓碑。

见状，白起命人给他松了绑。

为活命，盗匪当即将从前盗墓时拆松的大石块移开。

恐此事有诈，司马靳请缨，得白起应允后，跟着盗匪入了墓室。

墓室构局寻常，距地面不过两丈高，一盏长明灯将这个墓室照得隐约可见。

棺木放在一凸起的台子之上，周围皆是歪歪斜斜散落的小箱子，估摸这些箱子从前放了些随葬的金银器皿，点了壁上的桐油灯，就能清清楚楚看到棺木。

至于棺木旁的箱子，早被翻得没了物件，歪歪斜斜散落一地。

看清之后，司马靳拽着盗匪出了墓室，并把里面情形详细告知了白起。

“此刻已拂晓，待天大亮后，你到城中买副棺木，熬到再次天黑时，我们偷梁换柱，把原本的棺木取走。”白起的话极少，吩咐后，带着一干人押了盗匪离开山庄。

除司马靳领了两名下属往城中买棺木，其余人皆跟着白起躲在山庄附近。

“没人再偷了，能偷的都偷完了。”盗匪嚼着白起赏的肉，啰唆开来。

“后院为何密林重重？是甘茂有心布置？”白起心生狐疑，想着昨日在密林中寻不到路，觉着甚是怪异。

“是原来的山庄主人做的，说是奇门遁甲。相传甘茂也对后面的林子兴趣浓浓……具体怎么回事就不知道了。”盗匪狠啃手中的大肉块。

心头豁然的白起不再打听。

入夜后，因前日后半夜出了失火一事，往日晚间寻山庄过夜的盗匪无人再来。

白起等轻而易举地从墓冢中取出了甘茂棺木，又把盗匪给杀了，划伤了脸，放入新买的棺木中。趁夜色，踏上返途。

一路上，众人以镖局护送有钱人家曾在外埋葬的棺木行事，因是丧事，过各城门时，盘查并不严谨。算不得畅通无阻，也可称行得顺畅。

三

返回咸阳，白起急匆匆入宫，求见芈公公后，告知：甘茂的棺木已运回，且押送途中从未打开过。至于墓冢被盗数次，盗匪们是否开启过，就不得而知了。

“大人此事干得漂亮。”芈公公抖着拂尘，问清棺木目前停在何处，便往秦昭襄王跟前复命去了。

居于御书房之中，秦昭襄王得知甘茂棺木运回，甚喜，咬耳吩咐芈公公带上几名心腹，立刻接收棺木，并开启。

一日后，白起等到了王旨。

“国尉白起伐魏功不可没……”传旨的公公声音尖锐。

听赏的白起喜上眉梢：“臣……叩谢王恩。”

“大良造，恭喜。”传旨公公双手搀了白起。

“小小意思，不成敬意。”白起哪敢得罪大王身边红人，赶忙奉上喝酒吃茶的银两上千。

“大良造稍作歇息，明日入朝吧。”公公喜形于色，奉承几句，往王宫而去。

白起荣升大良造，此事震惊朝野。

当魏冉等重臣在朝堂之上瞧见白起之时，甚为疑惑。

“白爱卿，请起。往后你需与其他同人为我大秦尽忠职守。”秦昭襄王坐于宝殿高位之上，声音平缓，不起波澜。

“臣遵旨。”白起心中甚喜，想着往后官途定顺利之极，毕竟公子白之后，他是白族入朝任高官的第一人。

朝会散去，旧主高陵君公子悝率先道喜：“大良造可喜可贺。”

白起心中对此人计较颇多，碍于颜面，不敢得罪，含笑还礼：“末将能有今日，多亏当日高陵君指点。”

“无妨，无妨！”高陵君大笑，大言不惭，说是培养出了秦国的猛将白起，又将亲信芈公公献予了大王。

谈笑声颇大，引得不远处领着小公公往这边走的芈公公听得分明。

只见他定了定神，上前见礼。

“今本君设宴，芈公公、白大人都要过来喝两盅。”高陵君喜笑颜开。

“杂家倒是想去，可今日离不了宫，就此谢过了。”芈公公浅笑，因奉着皇命，匆匆离去。

白起看着芈公公的背影，心中疑惑：甘茂的棺木中可有随葬的秦国地图？若有，为何大王赏赐时，笑不及眼底；若无，大王却在自个儿办完此差后，给了封赏。

带着狐疑，听着高陵君自鸣得意的夸夸其谈，他出了宫门。

与前朝大臣们别过，芈公公匆匆去了趟敬事房，为秦昭襄王选了几个伶俐乖巧的小太监，稍加鞭策之后，回御书房面君。

“大王，你也用几口点心，熬坏了身子，谁能撑起我大秦江山？”拂尘插于腰带之中，芈公公以手背拭了拭盛着小点的托盘温度，接着往秦昭襄王跟前递了递。

“孤只得了半张图纸，另外半张在何处？”秦昭襄王摆手。

“或许那些盗匪开棺，把随葬的丝绸麻布划破，才使另半张地图遗失吧？”芈公公想着拽着甘茂左手掌心里的麻布图纸，推敲而语。

“他心思缜密，那半张地图……你退下吧。孤静一静。”既然能绘出小半个秦国的地图，就不可能未绘另一半。

谁拿走了？秦昭襄王愁云不展。

7 扬名

秦之疆土位于六国西处，与其说遗失了半张地图，准确而言乃是遗失了秦国军事防御图。

秦昭襄王苦思冥想，对比相邻各国国力，显然最为忧心者乃是楚国。

思量几日，秦昭襄王终到访了宣太后的居所，说了些家常闲话，便转入正题：给楚王送美人一事。

“哀家倒是看过选定的女子，觉得模样有些动人，只是拿捏不定由谁出使。既然为和亲，这礼仪不可缺。”执掌朝野多年，宣太后每句话皆是点到为止，颇具深意。

将秦女送予楚顷襄王，其意不言自明：“美色侍君，伺机祸乱朝野。”

若能效仿西施，为故国探听消息，离间君臣，则是妙处；倘若办不了，也算羞辱了楚顷襄王。

“母后，高陵君已向孤请命，有意出访楚国。您意下如何？”秦昭襄王含笑请教，其实他极不愿命“四贵”中任何一人出访。

某些话不必说，用心自能体会。

自登基之日起，秦昭襄王实权旁落，上有宣太后把持朝政，下有魏冉、芈戎等“四贵”联合众臣，左右国事，此次出使楚国，他有意另选旁人。

度量轻重，宣太后周密思虑：高陵君公子悝此时风头过旺，想他前“麾下”白起官拜大良造，芈公公入宫后虽未做成后宫总管，也是大王离不开的人。但将此差交予效忠秦昭襄王的臣子，她极不愿意，故周旋了一回。

“让芈戎去吧。他办事老练，个性沉稳。前些年出使赵国，也是圆圆满满。”宣太后非“四贵”及他等门下不用。

“母后此言甚妙。”秦昭襄王心中不满，却不露半点痕迹，当即宣了芈戎。

芈戎到来后，秦昭襄王与宣太后同用了晚膳，这才以“有些折子未看”为由告辞，讪讪而去。

二

朝廷内部虽有纷争，然扬国威时，秦昭襄王依旧部署周密：

其一，将选出的头号美人封为郡主。

其二，芈戎启程时，带了近 4 万秦兵，叮咛不可扰楚国安宁，仅驻扎在秦楚边境的秦境内。

当一切准备就绪，临行时，他派魏冉将一干人等送出咸阳城。

骑于高头大马上，魏冉举酒祝词，说了些秦楚永结秦晋之好的话，之后又将目光投向即将率部驻扎在秦边境线的将军：“你等扎营后，需多燃篝火，日夜巡逻，以防有心之人破坏两国联姻。”

冠冕堂皇之语说得绘声绘色，人人都懂话外玄音：显示秦国兵力强大，但凡楚顷襄王出言不逊，或有怠慢，便以此为由，挥兵伐楚。

浩浩荡荡的送亲队伍离开咸阳，一路洋溢着喜悦之情径直往楚国而去。

当抵达秦楚边境时，芈戎按秦昭襄王之意，派出信使，策马往早已赶赴魏国边境的白起而去。

信使见到白起已是1日之后的事。白起接过信使带来的锦囊，拆开后，阅之，当即回话："本将知晓了。你转告华阳君，本将定不辱使命，只等楚顷襄王定下大婚日子即可。"

信差得了回应，赶忙抄近路追赶已入楚境的华阳君芈戎。

反复斟酌密函，白起骑马离开营地，往离此有十几里的司马错驻军之处而去。

赶到司马错营地已是拂晓，他报出"军事要务，白起亲自到访"，司马错赶紧起身，于大帐内相见。

"白大良造，请。"司马错抱拳。

"将军，大王密令，在楚顷襄王与我秦女大婚之日，我等需拿下魏国的轵城（今河南济源东南），并飞鸽传书华阳君。华阳君当告知楚顷襄王，由此扬我大秦国威。"白起转述密函详文。

司马错蹙眉不惊，只是于案上缓缓展开羊皮图，看了良久，指着轵城："我率部攻东城门，你抢占西城门。此战须速战速决，必倾尽全力，故已派不出太多人手堵魏国援兵。"

据探子带回的消息，轵城与附近各城池的通路易守难攻，且离轵城最近的魏国兵营派兵援助，行军也得花上大半日。

白起思量：待会与司马错定下攻东城门、西城门的战略后，能从自己麾下派出人手抢占要道，堵魏国援军。

二人磋商了战术，末了，司马错又绕回两军几乎倾巢而出、无力顾及截堵魏国援兵的话题上。

“全凭大将军做主。”似乎司马错大将军心中早有堵截魏国援军的人选，白起拱手。

司马错十指缓缓拉到距此军营颇有距离的向寿营地标图之上：秦昭襄王对向寿信任有加，向寿又深得宣太后信任，请向寿参战，攻下轵城后，朝廷必将一片欢喜。

“向寿大人。”他提议。

白起心中微震，看着离自己与司马错军营皆有距离的向寿，他心里估量：向寿营地离此较远啊——此乃联合作战的禁忌之一。明明是两军，至少自己麾下派兵截堵关口并不为难事，偏偏司马错硬要拉上向寿，难不成司马错有意将功劳分一杯羹给向寿？他将信将疑。

抬眼，他迎上司马错肯定的眼神，验证了“分功劳”的猜想：“全凭大将军做主。”

“既然如此，攻伐策略也需有向寿大人参与。他乃你我两军的后盾啊！”司马错说话间整了衣袍，扬手唤人入帐，未等白起表态，命侍卫备马。

片刻之后，白起再跨良驹，随司马错往离此足有几十里之遥的向寿统领的营地奔去。

白起抵达司马错的营地不足 3 个时辰，而从司马错营地赶往向寿营地，足费了一昼夜。

当二人风尘仆仆抵达之后，又逢向寿率部入附近山林拉练，白起不由得心存怨气：作为主将，离开营地，若军营遭受偷袭，主将……

“两位大将军稍候片刻，属下这就派人去请向寿大人。”副将认得司马错，知他前来，必有要务。

司马错客气一句，歇于营帐中。

副将快马加鞭，本着跑死良驹的行军速度往山林赶。

晌午时分，向寿赶回了营地，摘去头盔，向等在帐中的二人抱拳见礼。疾走几步，他立定于军事图前，刚要开口，忽闻侍候的小卒征询用膳之事。

“既然二位将军已用过膳，本将不饿。”他凶悍摆手。

司马错笑而不语。

白起则清晰听见向寿的肚子“咕咕咕”地响过几声，沉默地看向军事图。

“司马将军，你攻东城门，以你的兵力，不足为惧。东城门往西的山涧有个要塞口，我将派部在你发起攻击的前一日偷袭，得胜后飞鸽传书予你。白将军……”初次与白起联合作战，向寿虽得知白起抢占西城门，却不知晓他需要自己如何援助，故没有立刻道出心中方案。

“向大人，西城门附近有两处连通轵城与其他城池的道路，请将军相助。”将截堵援军的所有事情都交予他吧，白起指着两处通道。

“本将将鼎力协助。”向寿应下。

之后，几人深入探讨战略战术。

向寿为防轵城附近城池内藏有探子未探到的魏军，征询二人：“本将麾下兵力充足，可派出几路人马潜入轵城附近城池制造骚乱。你等意下如何？”

“甚好。”司马错觉万无一失。

思量后，白起认可。

万事俱备，只欠东风。

然三人虽密切关注楚王大婚动向，华阳君芈戎也极力促成，可楚王硬生生将日子定在了半月之后。

白起阅读公文，心中恼火，暗道：楚顷襄王狡诈，竟然将婚日定在正月的最后一日。

“将军，为何不喜？定下伐魏之日，我等到时速战速决，打个漂亮仗。我还想着领了封赏，娶门媳妇呢。”建功立业，唐胜等不及了。

闷哼，白起点着下属的脑门：“魏之严冬，风雪乃寻常之事，楚顷襄王将婚期定在正月，这个时间极不利我秦军伐魏。虽说年关魏国洋溢着年味，多半疏于防守……来人，向朝廷申报冬衣。”

“将军，你今年娶媳妇吧？”唐胜毕竟年幼些，偶尔脑袋转不过弯来。

“本将要申报冬衣。”白起低嚷。

耸耸肩，唐胜只得传了令。

待冬衣事宜办完后，白起拿出前些日子收到的家书。

爹爹在信中问及何时迎娶苏倩，想行军打仗之人，即便班师回朝，也身不由己告不到假。眼见苏倩已 18 岁有多……今年吧，待攻下轵城，回家成亲。

一声叹息，他又不免为祥云客栈老板娘何大娘担忧。

几次书信寄与蔺相如，蔺相如回信皆告知：还在打听。想相如身份低微，一时间得不到消息，情有可原。然，再等下去，何大娘的身子在牢狱中……白起又一声叹息。

等着打仗的白起、司马错、向寿日日训兵，唯恐散漫了军务，令将士御敌时不能所向披靡。而到访楚国王宫的华阳君芈戎则看来闲来无事，由楚顷襄王亲点的大夫陪着东走西逛，遍游都城一带的名胜。

“本君乏了，就附近逛逛吧。今日定不听你建议——哪偏往哪走。”华阳君芈戎装作看厌了山山水水。

楚大夫只得含笑拱手，说是华阳君若歇够后想再逛，命人唤他来即可。

送亲前，宣太后将芈戎召进王宫，下懿旨：

其一，在楚境私访锻造业的顶级工匠，并将他等混入队伍中带回秦境。

其二，不惜一切手段拿到楚的生铁冶炼技术。

秦昭襄王在此之后也下了密旨：秘密探查楚国矿产具体位置。

华阳君芈戎领了3道密令，怎有心跟着楚大夫招摇过市？

“来人，前些日子你们弄来的工匠，查过底细了吗？”他唤来亲信垂询。

“都去过他等的家乡了，除两人家乡无亲属，其余都是拖家带口，信得过。”亲信低声。

“先将他等的家属想办法送回我大秦。”家属在手，工匠自然听话，华阳君芈戎命令。

话音才落，另一护卫门外请示：“君上，今日可前往呼尔山吗？”

多方打听，华阳君芈戎得知呼尔山看似寻常，实则盛产铜矿。

耳听为虚，眼见为实，必须去一趟。

“让人穿了本君的衣裳，躺到寝室里。本君换身寻常衣裳，从后门出院，你等把马车停在巷子深处。若楚大夫请示，就令替本君的人推说喝高了等，把本君的宠妾送进寝室。”揉揉眉心，华阳君芈戎觉着万无一失，才催促侍卫办差。

华阳君下塌馆驿的动静，楚顷襄王何止是关注，简直记到了心尖上。

“什么？芈戎今日说身子不爽？那厮狡诈……”楚顷襄王在殿内踱步，“相邦……”

“华阳君芈戎乃秦派往我楚境的使臣。我楚王宅心仁厚，华阳君患病，大王何不派太医前去看看？”楚相邦为大王排忧解难。

一炷香后，楚王宫派出3名御医，随楚大夫前往驿馆，欲为华阳君芈戎诊病。

早料到楚顷襄王会出此招，芈戎身旁露脸数次的公公嬉笑：“君上不必看诊，多送些美人，他的病就好了。”

“哦！”楚大夫长长地“哦”了一声，英雄难过美人关！细想：芈戎这些日子逢美人，必买。

芈戎混淆视听，偷着“闲暇”为宣太后、秦昭襄王办差。

这档子事，远在边关的白起等不得而知。

二

日盼夜盼，终于等到年关到来。

正月初五，芈戎派人送信于白起：婚期已定下，正月二十六。

“好！”白起拍案：近几日，风雪已停，不见再落，地面干爽，适于行军。不由感叹，“天助我大秦。”

然，冬日之天气说变就变。

正月二十三，向寿派先遣部队潜入魏境之时，风雪交加。

下属出发半日后，飞扬的白雪已能阻断20步之外的视线。

部队时而顶风而行，时而顺风而走，行军倍显艰难。

攻克易守难攻的隘口，别说发起攻击，就算是徒手攀登，也实为不易。

向寿副将指着离要塞最近的高峰，估摸弓箭射程：“你等不惜代价爬上去。待到达顶部之后，射出红色绸带的箭。”

下属领命。

以往这般攀爬只需20余人，这回副将派出了40余人，以防士兵脚底湿滑，落入山涧，无缘问顶。

等了1个时辰左右，副将收到了红绸讯号。立刻派两路兵马，一队从山左侧走栈道而上，若暴露，就以吸引魏军注意为己任；另一队绕至要塞后山，自寻登山之路。

两路人马登上要塞后，暗藏不动，由已占据离要塞最近高峰的士兵发火箭，待火箭点燃要塞，制造出混乱之时，两路人马才现身，与魏军作战。

“你两路人马需在1个半时辰内抵达山上，并部署好。因为据探子报，每两个半时辰左右，要塞必派人往附近的高峰巡查一回。届时，高峰被攻之事，必泄露。”副将提醒。

“得令。”两路人马出发。

副将所带入的部队剩下人数不多，他亲领了一路人马守在原地，派出另一队堵住要塞右侧的丁字路口，以防要塞有魏兵突围，逃出此一带泄露了秦军伐魏的先机。

向寿副将用兵如此了得，其主子向寿又岂是泛泛之辈。

他亲领人马不足3000，却得在离西城门二三十里处，截断通往其他城池的两条道路。

“大人，此位置向左乃融城，向右为薛都。”熟门熟路的探子见到了离两城距离相仿之处，赶忙禀告。

“王央，你带一干人以杂耍为名进融城，在正月二十五后半夜火烧府衙和城东西南北各方位大府。你需多少人马，只管报来。”

稍稍估算，王央给出人数：“400人足矣。”

点头，向寿认可，唤另一下属上前：“你在融城往轵城来的官道上倾倒两里路的灯油，若融城派兵往轵来，你只需放火即可。需要多少人手?”捻须，向寿笑得极富深意。

下属报出100人。

“多了，30。”向寿纠正，目光扫过另一亲信的脸。

见状，亲信出列：“属下愿带400人入薛都，效仿王央。”

点头，向寿应允。

之后另指了50人给一校尉，命其截断薛都通往轵城的官道。

安排了如何截断轵城与融城、薛都之间的往来，向寿将剩下不足两千人带着上了路，目的地甚为明确——距轵城行军需花大半日的魏国军营。

此军营驻军超4万，若单凭武力搏之，必是以卵击石，死无葬身之地。

顶风雪赶路，向寿等人来到距兵营三五里的村庄一带，停住脚步。

“叫探子来。”向寿选一高处，遥望村落。

听传唤，探子上前回话。

“这几个村庄人口约多少？身强力壮者多吗？”向寿眸光凛冽，希望减少双方伤亡。

探子长期游走此一带，了解得通透：“离我等最近的山村，适龄男子多半入伍，现有人口两千余人，旁边大府约400余人……”

向寿心头细加探子报出的数目，颇为满意：七八千魏人……

不错！向寿觉着心头酝酿的战术可行。

稍后他将下属编成若干小队，同时向村落、山庄、大府发起攻击，并让行在前面的士兵喊口号：放下刀枪，不反抗者，不杀。

正月里，处处洋溢着年味。

向寿带去的两千人出其不意突袭各处，即便大府有身手不凡的护院，也因无准备而措手不及。

秦军大喊“不抵抗者不杀”，因而此轮攻击，秦军死伤不到40，魏人也不过死了100余人。

得知战果，向寿颇为欣慰，随即精密部署：

第一，命所有魏人能拿起针线者，以最快速度绣秦旗，再选部分制作秦国士兵兵服。

第二，用麻绳捆了身强力壮的魏国男子，扔入柴房，命麾下士兵严加看管，以防逃走。

第三，精选体格较高大魏女若干，命随从将她等训了站姿，待假意叫阵时，这些女子举秦旗、穿秦国兵服冒充秦军。

"大人，我秦国士兵上阵杀敌，领封赏，才能光耀门楣。您越发的娘娘气，不杀魏人，领这破差……"一跟在身旁的亲信窝火：大秦实行二十级军功爵位制，不砍下别国人头颅，熬到何时才能发迹?

"动动脑。大王是秦国的王，宣太后、穰侯、华阳君、高陵君、泾阳君他们才是秦国的尊贵。本官不过是打了几场仗，蒙大王垂爱，宣太后不弃，几位侯爷、君上还处得来，才在官场上说得了话。放眼本官麾下的士兵，但凡参军几年、现在还有命活着的，哪家不是良田若干亩、丰衣足食？富还是贵，你自个儿斟酌吧。"向寿点拨。

长久以来，他早已掌握了一套为官之道：求财，保住眼前尊贵，不再抢功。常言道：功高盖主，若引得大王猜忌，连宣太后和四贵也会有所忌惮。

"大人英明。"身旁亲信豁然开朗。

"本官已向司马将军讨了个人情，待他获胜之时，会上奏朝廷，说是以防不能迅速夺下轵城，把本官麾下三成兵借了去。到大王赏时，你等就把三成兵力得的封赏平分给大家，下去吧。"出发前，向寿已命两亲信在五更天把三成兵力拉入平日训兵的山林。

一切就绪，众人期盼的楚顷襄王迎娶秦女的大婚终于到来。

沐浴、更衣、拜宗庙，再由王宫发软轿一顶，派吹鼓手若干，将住在驿馆、由华阳君芈戎保护的秦女接进王宫。

楚顷襄王非头一回成亲，但在此之前，从未娶过如此心有芥蒂之人。

听文武百官道贺，他装得喜笑颜开，实则内心憋屈。

"礼成……"公公尖锐的嗓子宣告了楚顷襄王婚事已成。

"众爱卿，孤今日甚为欣喜，晚间摆宴再与你等不醉不归。"内心惊涛骇浪翻腾不已，但楚顷襄王愣是将语气中融入了喜悦。

"华阳君，下官送你回驿馆歇息吧。"还未到晌午，楚大夫以为不可怠慢了秦使。

笑着举步，华阳君芈戎心系白起、司马错等伐魏取轵进展。

三

千里之外，负责攻东城门的司马错于拂晓发动猛攻，火箭、撞城门、搭人梯，一波波的秦兵蜂拥而出，睡梦中的轵城遁入战火之中。

“上！上啊！”轵城守城将军催促赶赴东城门城楼支援的士兵。

遭受突袭，魏军守城之兵积极应战，凭借居高临下发箭的优势，纵使秦军作战勇猛，1 个时辰后，能有幸登上轵城东城楼者屈指可数。

但凡秦军登上城楼，即使性命在顷刻间遭魏军取之，也给魏军制造了极大的混乱。

再看前赴后继扛巨木撞城门的秦军，几人才倒下，另几人便接过了扛巨木的活。

“轰！轰！轰！”巨木撞击之声从未绝耳。

“司马将军，发动攻击已 1 个时辰，我军……”司马错一副将因未看见成效，请示。

“上投石机。”骑于战马之上的司马错非常冷静，只是大手一挥。

秦之投石机并不多，且投石距离有限，轵城城楼甚高，投石机所掷巨石极可能仅砸中城楼三分之二的位置。此举壮声势有余，对于攻城楼意义不大。

司马错为拿不下东城门忧心，东城门魏国守军则因秦军源源不断发起猛攻而苦恼。城中已从西城门拨了两次人前来支援，就目前而言，魏军尚占优势，但秦军怎会一夜之间出现在城池之外、且人数众多，令魏国守军惊骇。

“再去向西城门借人，同时，请西城门派人往附近兵营求援。”

东城门魏国守军下令。

将部队编成小股，摒弃官道，穿山林、涉水，此刻的白起早已集中队伍，悄然驻扎于轵城西城门外3里的河岸一带。

他仰望天色，按部署，司马错已对轵城东城门发动攻击1个多时辰。

据探子探报，东、西城门统兵素来摩擦颇多，东城门受攻，估摸西城门仅派出两成到三成兵士增援。按商定战略，司马错攻东城门两个时辰后，自已将率兵攻伐西城门。原本兵力充足的西城门因增援了东城门……两个半时辰定能攻破西城门。

“全体集合，时刻准备应战！”他沉稳等待。

从城楼传出的厮杀声划破长空，令冬日的魏境蒙上了一层晦暗之色。奉命前往附近军营请求增援的魏兵，刚出西城门不足半个时辰，便被白起派于城门不远处的突击队砍了。

“将军。”唐胜见时辰已到，请命。

“攻城！”白起举长枪，行在队伍前，扬声发令。

“大秦必胜！”士兵们气势高昂。

“唐胜听令，你率兵撞城门。”白起指派。

“末将得令！”早已磨刀霍霍，唐胜意气风发领兵。

“骑兵听令，你等直冲西城门左侧，待离城门300米时，迅速撤退，并将身上所带的多余衣服全数扔掉，并纵火。”白起欲制造火龙，以增强军队士气。

“将军威武！”骑兵急抖马缰。

“盾甲兵听令！你等小心防范，保存实力靠近西城门两侧，伺机登攀城楼。”白起手指前方不远处，“伙头军登上高处，登上那座山，快速升火，烤死去的几匹战马。此刻风正往轵城吹，我们让风把肉香传入城池之中，以示我大秦胜券在握，准备庆功宴。”

两路士兵领命出发。

“鼓手上前，你等行至那块凹陷的崖壁边奏乐，再叫两个嗓子响亮的嚷‘秦国打来了，快逃命吧’。如此声响必能传入轵城，引得城内混乱。”白起浓眉微皱，心知此计定扰乱轵城军民之心神。

鼓手数量极少，但个个都有好嗓子。白起一语末，十余人得令离开。

“司马靳，本将命你等烧制掺有异味的糖浆，准备热油，此刻装车了吗?”白起统筹全局，为久攻不下买单。

司马靳指指队伍右侧的20几辆车马，抱拳应答：“随时可用。”

白起大喜：“你率部将这些东西运到离轵城最近的河流上流，全数倒入河里。”

污染水源乃兵家用兵作战时为获胜使用的奇招，若换作几千年后的今日，白起此举等于将轵城全城切断了生路。

战国时，民众大体饮用井水，仅指望河水灌溉和饲养牲畜，如今正为严冬，田地里并无需要灌溉的作物，白起命下属污染河流，实则乃若数十余日拿不下城池，以此法将全城困住的备用战术，如果攻城速战速决，则此举毫无意义。

跟在爷爷司马错身边的司马靳深知：军队作战需分工协作，总需人为大部队服务，或者做些防患于未然之事。当白起于军帐内问及谁人肯领此任务，他明知此差是去沙场杀敌、拿人头换富贵的美妙前程，仍主动请缨。

“剩下人马七成由本将带领，三成及返回的骑兵交予刘勋。”白起指着早已按捺不住的刘勋。

刘勋上前：“末将听令。”

“待会儿本将待城门有所松动，领兵攻城。你则等城门打开后，进城。不必在西城门处恋战，尽快从城中赶往东城门，协助司马大将军，里外夹击，一举拿下东城门。”司马错的人马输自己这边近三成，然，作为先头部队攻城，压力不小。白起信得过刘勋的作战能力，故将重任交予他。

宏观部署，细致实施，凭借建功立业不畏生死之心，秦军对魏发动的掠城之战仅用了不足6个时辰，大体落下帷幕。

轵城郡守跪于府衙前，被迫投诚。

“白将军，你代表我秦军收下轵城投诚的降书。”战袍上染满血污的司马错中气十足。

白起抖抖马缰，骏马傲慢地鼻孔出气，行至轵城郡守前，马蹄狠蹭几下，才停步。

白起接过降书，高举：“大秦必胜！”

数千数万的秦军随之响应：“大秦必胜，将军威武！”

向寿意气风发地跟着喊了几嗓子，之后笑看司马错，不语。

“向大人交代本将的事，本将记在心头。”司马错收到别有深意的眼神，用话外玄音回应。

向寿再次含笑点头，待白起归队后，向寿低语：“白将军，是否该速放信鸽，将得胜之事禀报大王，并告知华阳君？”

白起闷应一声。

华阳君芈戎收到秦军攻轵城大获全胜的消息，已是楚顷襄王摆宴宴请群臣之时了。

看着婀娜舞娘伴着旋律舞动纱绫的华阳君心不在焉，频频责备楚国没有精彩歌舞，不能真正怡悦耳目。待亲信送来密函后，他顿然发现楚国歌舞虽和秦大有不同，却也别有趣味，霎时瞧得眉开眼笑。

“本君恭贺大王与秦结万年之好！”他整华服，高举酒盏。

被迫迎娶秦女的楚顷襄王憋住一肚子气，可恨国力逊于秦国，他不得不低头：“华阳君千里迢迢为孤送来美人，孤当饮此杯。”

楚王饮酒，众臣需陪。

这楚王才放下杯盏，大家便急急喝了一盅。

“大王，秦楚从此乃姻亲之好，我大秦为确保楚边境不受他国侵扰，故一举拿下魏之城池轵。此番送予大王的大婚贺礼，还望大王笑纳。”敲山震虎，华阳君芈戎料定：在楚顷襄王大婚之时，以武力证明秦之实力，必惊得楚国朝堂万丈波澜。

军事示威，楚顷襄王怎会不明白？

装出大悦模样的楚王，命人从王宫库房取若干稀罕之物。

不多时，娉婷侍女由楚王一宠妃领着步入众人视野。

细看这群身姿妖娆的女子，人人手中捧一托盘，而每只托盘上皆盖着红绸。

“此乃孤送予不远千里而来的华阳君的小礼。”华阳君好财，楚顷襄王有意以钱财收买。

华阳君含笑道谢，高调揭开红绸。

见第一只托盘里是些鸟蛋大的珍珠，他一笑了之。

再看第二只托盘，稀罕的玉雕之物，他拱拱手，算是谢过楚顷襄王。

第三只托盘是些名贵字画。

第四只乃楚秘制的熏香……连揭近10只托盘上的红绸，不过如此泛泛之物，华阳君芈戎再提不起兴致。

“大王赠予本君的小礼物已不同寻常，可见大王在本君返回时，让本君带给我秦王的礼物定非同寻常。前日本君听闻王后娘娘曾说珍珠寻常、钱财俗气，本君当日一时兴起，讨教一回，娘娘告知这千年古琴为高雅，黑色明珠乃高贵，深海埋的檀香木显尊贵……”楚国有大把的好东西，华阳君芈戎借着秦国国威，明抢。

坐于楚顷襄王下位的楚王后面色晦暗，当日她确有此类的话羞辱华阳君芈戎，却不想这厮竟用这番话来抢楚国的稀世之宝。

“哈哈哈……华阳君真是博览群书、见识卓越之人！你竟然猜到了孤回赠秦王的大礼。”恨极了王后多嘴，楚顷襄王笑僵了。

“本君不才，竟能猜着。本君和诸位楚国大人都想见识一番这等稀罕之物，还请楚王给我等这个机会。”华阳君芈戎恐宴后楚顷襄王找借口将此事搪塞，当即索要。

被迫娶秦女，婚宴之上得知秦军大败魏军、夺魏之城池轵，此时又被华阳君芈戎强抢国宝，楚顷襄王暗暗发誓：与秦国之仇，不共戴天。

楚王在郁闷中熬日子，秦王在捷报连连里享受夺城掠地的喜悦。

四

大胜的白起、司马错高调班师回朝，咸阳城沸腾了，大秦沉浸在即将逐鹿中原、称霸天下的憧憬中。

领了大王赏赐，白起以成婚为名，向朝廷告假。

如今的他非默默无闻之辈，乃入得了朝堂，与王侯将相能谈天说地之流。

再说苏倩，本就是小有名气的才女，又等白起为凤姑娘守孝3年期满，而后因未婚夫君效命朝廷、征战沙场，再推迟婚事1年。

这两人的婚事引得街头巷尾一阵骚动。

成婚前日，白起到凤姑娘的衣冠冢前祭拜了一番，还将苏倩托人捎来的祭文焚之。

本以为大婚乃白族的寻常事，毕竟白起军衔较低，可伯乐魏冉不请自来，旧主高陵君公子悝竟邀了华阳君芈戎之子婴公子做客观礼。

这等贵人来到白族，全族顿觉蓬荜生辉，故加强了守卫，以防贵客在府中出什么意外。

堂内洋溢着丝竹之声，喜乐不断。正在这时，白府外忽有一人疾驰而至，落马后朝守门的小厮抱拳，匆匆相问：“在下打听一人，白起可在府中？”

“今日就是公子成亲。”小厮只道来人为宾客，伸手索要宴帖。

“在下乃赵国邯郸镖师，缪贤府上一舍人托在下给白起白公子带来书信一封。舍人蔺公子有言，此信需白公子亲自拆阅，并把回复由在下带回。”镖师简短明了，此行押镖，蔺相如仅是搭了趟顺风车，如今正镖已交，他需半日之内离开。

小厮见识有限，不懂朝野为官奥妙，见事情紧急，便领着镖师入了喜堂。

待白起与娘子拜了堂，他快步上前，匆忙之中竟将话说差了：“赵国缪贤给公子写了信，公子需快看，看后让镖师把回信带走。”

白起与缪府并无太多交情，听到此人名讳，心知定是蔺相如写来的书函。

正欲张望镖师在哪，赵国镖师便急切迎了上来。

接过信，白起瞧见了信封上出自蔺相如笔下的“白起亲启”4字，喜形于色，遂将新娘子交给喜娘，向众宾客抱拳，匆匆道一声“失陪片刻”，话未落音，人已出了喜堂，往书房而去。

缪贤乃赵惠文王身边红人，在赵国享有盛名。

据闻此人从未出过邯郸城，白起生在秦国、长在军营，之后征战沙场，论理也未出过秦界，如此两人为何有书信来往？一时间，有些见识的宾客面露疑色。

洞察旁人神态，族长白铭义心有不安。

“荒唐！”高陵君公子悝重重搁下茶盏。

“哈哈哈……”穰侯魏冉在听闻茶盏声后足有半盏茶工夫，才朗笑出声，“白起乃我大秦后起新秀，难不成缪贤想离间白将军与大王的关系？”

“本君告辞。”高陵君公子悝心头懊恼不已：当初就不该卖穰侯面子，对外宣称白起早年投于自己麾下。

若高陵君公子悝附和魏冉一句半句，虽不能堵泱泱之口，但白起的升迁也不会一等再等。

几度戎马出征、同赴沙场的其他将领军衔一升再升，然他仅得赏赐，却不晋衔位。

沉浸在喜悦中的白起对未来的仕途毫无预见。

当从信中得知蔺相如几经周折，打听出祥云客栈何大娘被押于邯郸城郊一监狱中，通过疏通有望救出时，白起立刻回字“不惜一切相救”，并包了千两银交予镖师用于打点，同时再三嘱咐：“你回邯郸后，请将此信速交蔺公子。”

小小插曲仅给了白起仕途一份尴尬，由此之后，街头巷尾总有揣摩之声，甚至把白起与凤姑娘的佳话拿出来作为引证：凤姑娘乃赵国人，白起为秦国公族，这两人本该遇不着、见不着，更别提生死相许，可真真切切的衣冠冢就立在那里。

白起守孝也是不争的事实。

“岂有此理！”白起动怒，提前销了假回到军营。

“将军，何必理会那等传言！”唐胜为知情人。

“末将倒是有一主意——用军功堵泱泱之口。”司马靳给出建设性意见。

“本将不在乎那等传言！建功立业才是正举。”白起沉稳点头，一派枭雄气概。

白起我行我素，不胜为官之道，这般耿直的秉性既是福、也是祸，以至祸起萧墙也无法第一时间知晓。

这或许就是导致他最终遭范雎进言，被赐死于杜邮的宿命。

8

君臣

建功立业乃男儿本色，意气风发的白起在几日后上朝时，闻秦昭襄王苦于调不出兵再次伐魏，就主动请缨。

“可从河东地区调精兵 3 万，此举不影响河东守军驻守边关。再从我秦西南任何一军营调 5 万精兵，何愁不能再伐魏？”前些日子，白起与司马错、向寿共同谋事，从二位大人口中得知了些秦军其他军营的驻军情况，故有了这番上谏。

市井疯传白起与赵国关系匪浅，然秦昭襄王心中对此计较不多，今白起能轻而易举从秦国各地驻军中道出奥秘，这一情形令秦昭襄王不禁再次想到了逃出秦国、死于魏的甘茂。

随之，他脸色黯淡。

之后的朝议内容寻常，早朝散后，一干臣子恭送秦昭襄王离开，退出大殿。

白起上奏请命，虽未得秦昭襄王应允，但他没有多想，只是觉得或许是时候未到，迟早他就会再次带兵一显身手的。

白起虽为后起之秀，然，每战必胜，又连升数级，朝野中自有新贵愿意相交。与同人聊了几句，白起不再为市井间关于他与赵惠文王亲信缪贤交好的传言纠结。

瞧见芈公公快步疾走，他误以为秦昭襄王宣他进御书房，匆匆迎上。

“大良造有礼。”芈公公仅道了声问候，便奔向寿的背影追去。

“啊？大王宣本官御书房觐见？”难不成大王忽来了纵马的兴致？向寿笑而跟着举步。

二人来到御书房外，芈公公站定，虽然就站在门口，仍不忘礼仪，弯着腰通禀：“向寿求见。”

一

向寿未曾想到此番秦昭襄王宣见与纵马、把酒毫无关系，而是问起了一位已逝故人——甘茂。

提及甘茂，得从此人现于秦国朝野说起：

当年秦昭襄王有意逐鹿中原，也曾派兵打了几场漂亮仗。然，由于各国地税国税的税制不同，因而秦昭襄王常常未能拿到最人利益。毕竟任何朝代都会出现不可避免的现象——通货膨胀。

秦昭襄王自登基起，就有意改革历代留下的战胜后和谈条例，使秦国利益最大化。纵横家张仪和秦国宗室、秦孝公庶子、秦惠文王同母异父之弟樗里疾领众臣几经推敲，皆不能令秦昭襄王满意，便力荐白圭。

张仪与白圭甚是熟识，知他乃弃政从商的商业奇才，其从商选择农产品、农村手工业原料和产品的大宗贸易为主要经营方向，也精通水利，并在绘图上有高妙见解。

张仪便把白圭的底细向秦昭襄王作了禀告。

秦昭襄王得知后，命张仪将白圭请进秦国。

然，白圭“人弃我取，人取我与”的经商理念，与当时秦国推崇军事、抑制商业、重视农耕的国策相抵触，因而白圭拒绝了前往秦国为秦昭襄王乃至整个秦帝国效命的盛情邀请。

张仪向秦昭襄王说起引白圭入秦时，几乎是铁板钉钉、毫无悬念之语，未料到白圭拒绝入秦为官，此举令张仪难以自圆其说。

考虑到张仪的诚恳和颜面，白圭将忘年交甘茂推荐给他，张仪因而把并不熟识、却深得白圭推崇的甘茂领入秦境。

甘茂极具商业眼光，且还有用兵打仗之能力，不仅参与了秦革新战后条例的工作，每逢秦战胜他国，甘茂皆能周旋其中，将秦国利益最大化。

最为值得推崇的当数：攻韩后，甘茂参与和谈，摒弃惯有思想——向韩索要银两，而是用韩盛产的煤碳抵了韩的赔款。

春去冬来，煤碳价格飞涨，但条约上明文规定：无论天灾人祸等任何不可预知因素，韩皆得按约为秦供应煤碳。最初一车煤碳值30银，而今一车煤碳增价增至65银，按价格浮动趋势，煤碳价格定水涨船高，可韩国仍得按合约的要求每年足量运煤入秦，供应秦国。

如此一来，秦国国库超预期受益，秦昭襄王封甘茂为左丞相便不在话下。

跻身于朝野，甘茂并不低调，往来无白丁，谈笑皆权贵。

如此高调处事，又因他秉性有几处缺点：狂妄、睚眦必报、好出风头，自然得罪了不少人。

仗着家境殷实，且经营有道，在朝廷发给将士的犒赏之后，甘茂会接着再以甘府的名义发给将士赏银，并将甘府的赏银提至朝廷的两倍之上。

领了钱财，将士们更拥戴甘茂，为表忠心，甚至喊出了在边关、情况紧急下才能遵循的理念：从将，之后从君王。

秦昭襄王听此言论，心中对甘茂产生微词。

而后，甘茂又为争抢地盘、划狩猎区，屡次与向寿产生摩擦。

向寿在秦国是个了不起的人物，为人较低调，“富贵不可移”，虽说在朝野中碌碌无为，但朝野中与其共过事的人皆知：向寿不抢功，只分些赏赐。若无比较，同人们不会如此敌对新贵甘茂。

既生瑜又生亮！有了向寿，甘茂的日子过不下去了。

公元前308年，秦国又一次向东讨伐。

楚国围韩国雍氏（今河南禹州东北）之时，甘茂奏请秦昭襄王救韩。

之后，劝秦王归还韩国的武遂。

此举若无人深剖，或断章取义，秦昭襄王不会将参甘茂的奏折于朝堂上念出。

可满朝上下皆是反甘茂之声，重臣公孙衍更是手举大旗，连续几日朝议皆如此。

如此一来，甘茂明显处于劣势。

一直保持中立的向寿见大势所趋，便附和了公孙衍等朝臣。

秦昭襄王的猜疑已到白日化，常言道：伴君如伴虎。甘茂慌了神，丁是出逃齐国。

此等旧事，世人皆不再提。

向寿怎知入御书房后，秦昭襄王竟递来一残卷，上面的字体极熟悉。

细看此图，向寿瞧见了秦国各军事要塞的标注，然与秦相邻的赵、魏、韩、楚四国却正好处于被撕去的部分，不由急了。

“大王，另半张图为何遭撕去了？可是要微臣彻查偷图之人?”他焦虑。

今日，白起于朝堂请缨，脱口而出大秦某一军营兵马数量。

秦昭襄王因而心生疑虑：白起并未在那处军营待过，怎知晓得如此详细？

向寿看见的并非出自甘茂之手的图纸，乃秦昭襄王命宫中能人仿笔绘出。

此举就是为了探查如向寿这般的秦将是否知晓大秦的军事秘密，如何处设了要塞、各军营藏兵数量、何人乃军营主将……

“孤也为此图烦心。你且看看，这些标注是否精准？爱卿乃孤最信任之人，此图为孤逢用兵皆参详之物。”该图绘成至今不过三五日，秦昭襄王子虚乌有把此图说得重要至极。

“微臣看看。”向寿领旨。

待秦昭襄王将图递出后，他聚精会神查看，费尽心力对照图下注解，指出图纸的若干错误。

为证实自己所言非虚，向寿还把知晓其错误的缘由一一道出，如太后曾提过，魏冉到此军营任过监军，司马错与几位同人于朝堂议事时说过……

秦昭襄王默默点头，待向寿校对完毕，良久，秦昭襄王又发问：“魏冉任过监军，你怎知主将统领的兵马数？”

隐藏得再深，话语里也透出微词。

向寿为官多年，怎听不出大王所指？

“穰侯做寿，曾宴请过微臣。微臣在宴席上遇过该军营主将。本未留意，可偏偏席后赌了钱，这主将输得一败涂地，将身上银两、配饰都抵给了微臣，但仍不够数量，于是他写了张欠条，精确计算了每月俸禄，微臣也就知道了他营地有多少兵马。”回答得妥妥当当，不敢有半点隐瞒，为增加信服力，向寿还道出了当日在欠条上签名做证的同人名讳。

身子后仰的秦昭襄王凝眉：“爱卿，由我大秦各将领的俸禄，竟可推断出他旗下兵马数量？如此一来，他国也……”

心中微恙，秦昭襄王顿觉官员俸禄与统领范围挂钩得过于紧密，泄露了秦国政务或军务。然，涨臣子们银两，所谓无功不受禄，他认为不可；减俸银，臣子们又定会产生颇多怨言。

“微臣乃秦之臣子，知晓俸银与职权甚为密切非一日两日，想必他国之人不懂我秦国国情，毕竟若干年来，我大秦一直按祖制如此发放俸禄。”向寿战战兢兢，尽量将话说得圆满。

向寿以眼角余光扫了眼图纸，不由心中叹息：倘若甘茂在此，定以大秦为己任，说些即便减了俸银，也是时局所致的话。

“爱卿退下吧，容孤想想。等等，爱卿上前，孤还有一事……”秦昭襄王见御书房外立着侍卫，扬声，“将门关紧。”

侍卫闻言，紧闭了房门。

“爱卿，你以为白起当用不当用？但说无妨。魏冉和某些大臣几度向孤进言，说此人善战，孤瞧着他的确会打仗。他与甘茂是否有异曲同工之处？”推心置腹之言显出秦昭襄王与眼前之人极信任与紧密。

“以微臣之见，白起非甘茂。容臣详禀，白起与司马错合作，极为推崇司马将军，和微臣也有合作之时，微臣瞧着他极善战，乃典型的将相之才。然此人不甚权术，恐怕将来会令大王在国事上有所烦心。大王宅心仁厚，宽容之极，容得下白起。就微臣之见，可用。”向寿力举白起。

秦昭襄王点头，命向寿退出。

今日是否启用白起，他唤向寿商议，而数年后，向寿几乎足不出户，称病在府，秦昭襄王的亲信换为了范雎。历史上赫赫有名之“将相失和”，范雎的进言就导致了白起身首异处之宿命。

此一时彼一时，谁人能料想数年后的种种？

此事之后，朝议中秦昭襄王数次命白起畅所欲言，对其的战略、战术和军事上的高瞻远瞩，甚为认可。

这天，白起知无不言、言无不尽之后，秦昭襄王笑言：“爱卿何不将所思、所想编成文书，在军营中让我大秦将领参阅?”

“这……”白起读过诗书，然编著非能力所及。

“你族中有一才子白渊。孤许你1月的假，你与白渊合编吧。一月之后，即便编不出全本，也至少写出10篇让孤瞧瞧。”白渊许久未进宫，秦昭襄王提及他，不由担忧其身子骨是否安健。

此日散朝之后，秦昭襄王命御医前往白府，给白渊瞧病。

御医为白渊诊治后，返宫禀君，说白渊的身子基本硬朗，仅是离不开汤药。

“以爱卿所见，白渊的身子是否经得住为孤编书?”秦昭襄王询问。

“恐开了头，收不了尾。”御医回忆白渊的脉象，如实禀了。

确实如此。

白起著名军事著作《阵图》乃其早年开笔，直至长平之战前期，方完工。

绘图的笔法及文字说明的语法，前后出现诸多区别，仔细拜读后的人皆不难发觉：此书的前几章、中篇及后续乃二人合力编著。

此事暂且说到此处，我们再看白起当今事。

一月之后，白起上朝，将与十三堂兄白渊合力编著的《阵图》前10篇呈于秦昭襄王。

秦昭襄王当场看了两篇，大悦：“白卿家所著不输于孙膑之书。此书为我大秦之瑰宝，爱卿之后还有多少篇章?”

“容微臣禀报。后面约有21篇，微臣才疏学浅，不胜墨宝，家兄已卧病榻不起，何时能编著完成，微臣不知。”白渊病倒了，白起一时间寻不到可信之人，无法给出截稿日期。

“传朕口谕，命御医院派院士往白渊处为其诊治。张贴榜文，谁人能使白渊停药1月，赏20金；停药半年，赏40金；停药1年，入太医院，官拜副院。”秦昭襄王当即下了旨。

然白渊的身子并未因得大王眷顾而有所好转，就连宣太后也命魏冉和贴心的嬷嬷到白府看望了几回。

转眼三月过去，白渊仍病病歪歪，离不开汤药。

贴在各显眼之处的皇榜，成了一纸空谈，驻步于前的，寥寥无几。

二

登大宝已有年头，赵惠文王为使得赵国上至朝廷、下到黎民百姓走出沙丘之乱后的低迷状态，故意淡化杀前太子安国君公子章、剿灭其亲信赵国大将军田不礼的往事，还公告全国，把其父赵武灵王饿死于沙丘宫中之事，说成不幸染病，侍奉汤药无果。

几年之后的赵惠文王为了彻底赢得实至名归、臣民爱戴的名声，竟通告全国：等山入庙宇，为赵武灵王斋戒1个月。

赵惠文王返回赵之都城邯郸之后，果然赢得了全国爱戴之声。

赵国一洗低迷情绪，转而有望国力增强。

秦昭襄王早已派出诸多探子密布赵国邯郸城，赵国发生的事自然了然于心。

“伐赵！”一武将于朝议奏请。

“依老臣之见，伐赵不可取。且不说如今赵国军民一心，即便前些年赵惠文王与赵武灵王一堆破事之时，以赵国之实力，我大秦伐赵也……即便胜了，仍耗费我大秦国力无数。何况现而今赵国已渐渐走出争大宝之位风波，朝野上下齐心可见，我大秦更不宜伐赵。”魏冉之言颇具道理。

一番话后，朝堂上一片寂静。

“此事如何……”秦昭襄王不愿眼睁睁让赵国实力暴涨，以威胁秦之来日的东讨。

赵位于秦与燕之间，且与魏、齐交界，燕、齐、楚之东部皆与魏关系紧密，即便楚顷襄王未派出国使贺喜赵惠文王改革颁布新典，然淮水以北的若干城池皆以城池之名，往赵国送了贺礼。

据闻，魏国竟为楚国这批人马开了免关税之通道。

赵惠文王收礼物时，于金殿大赞："楚王乃至楚之民众与赵国皆世代友好。"

此等各国于秦国眼皮底下交好、互相帮衬，秦国朝野自然无法坐视不理。

魏冉一番剖析，虽乃半月之前，然今时今日仍犹在耳。

以司马错为首的各武将深入探讨后，上奏：有意伐魏。

"伐魏？爱卿详禀。各位卿家帮着参详。"秦昭襄王垂询。

"末将以为，魏国时局动荡，且我大秦每每挥兵而入，必攻无不克、战无不胜，前前后后共夺城30余座。魏昭王迟迟未能将和谈文书上商定的赔款送至我大秦，我大秦就可借此发兵。"司马错高调指出发兵之借口。

众臣们一阵低声讨论。

秦昭襄王认为：以如此理由讨伐魏国，的确可为，然威胁不了赵国。于是朝议暂停。

几日后，魏国使臣又将一批赔款物资运抵秦界，因过磅的斤两发生矛盾。此事闹到了穰侯魏冉跟前。

常言道：帮理不帮亲。

然穰侯只帮秦，不理秦与魏国之间度量衡产生的差异："既然入我秦国国库，就需以我秦国的磅秤为准。"

此次送物资往秦国的魏国使臣较为硬气，始终不予答应，便把此事闹到了秦昭襄王圣驾前。

秦昭襄王忽而想到了春秋时的一段旧事：范蠡为越王勾践送粮

食至吴国，也曾发生过斤两纠葛，吴最终应允了首次以越国磅秤为主，而后派出人马亲赴越地，以吴的度量衡收物资。

“既然前朝出过类似之事，便按吴国之举行事。”他提出处理办法。

古时若历史上出过类似事件，后人们皆按照从前做法行事，这已是各国国君治理国度的行为标准。

“是。”魏国使臣不得不低头，毕竟魏昭王统领的魏国已不堪秦之负，即便此事闹到魏昭王跟前，大王也因兵力不足而不敢微词。

秦昭襄王擅谋略，此番话并非仅为掠夺魏国物资，而是有了派大量人手入魏境的借口。

次日朝议，他于金殿之上提出：攻伐魏与赵接壤之处，或魏国能影响赵国之地，敲山震虎。

如此政治见解，怎会不让群臣认可？

一时间，讨论之声遍及朝堂：伐皖，攻邺，打丘林一带。

司马错作为几朝元老，在秦昭襄王几次垂询后，提出：“攻魏与赵国接壤的三角地带。”

白起先前参与了议论，此刻琢磨：魏、赵的边境线？

听司马错进言后，白起上前一步：“打下三角地带，我大秦军队则在魏、赵国境线上操练。再找一借口，说有部分逃兵入了赵国境，我大秦则以追击逃兵、守护赵国安宁为名，挥兵入赵。就目前赵国之国力，我大秦并不会真与其作战。然，在边境附近操练几次，以我大秦之军威恐吓赵惠文王，也能挫败赵之锐气。”

朝堂之上，议论声再起。

白起之言深得各位朝公认同。

“司马错、白起听旨，你二人不日率兵伐魏。目标地赵、魏相交的三角地带。具体所攻城池，两位爱卿商议后，孤再圣断。”为隔山打虎，秦昭襄王再次有意将铁蹄踏入魏境。

为确定夺取魏国哪座城池，司马错、白起于朝议之后深入探讨。推敲出两三个城池，但却定不下将何处作为主攻之所。二人等不及次日上朝，便于深夜入宫请求面君。

“芈公公，大王歇息与否？”白起瞧见熟人，拱手。

“大王不在宫中，叫了向寿大人到秦正府上小聚去了。”芈公公打了哈欠，又觉失了仪态，连忙在嘴边扇风，欲赶走瞌睡。

“何时回宫？”白起知晓秦正，然秦正仅是一布衣商旅，即便与达官显贵府上有生意往来，却从不参加各王公贵族的盛宴。他的诸多传闻，白起也不知是真是假。

“这个杂家就不知了，要么……司马大将军辛苦一回，去趟太后的宫里，看孟公公是否在太后身边侍候。若他也同行，那大王就不会在秦府待太久，太后娘娘可是一刻都离不开孟公公。”抖抖拂尘，芈公公提点跟前的两位重臣何时能面君。

白起入朝堂时日尚浅，全然不晓孟公公为何人，倒是司马错心中有数，向指点的芈公公道了谢后，伙同白起往宣太后所居的宫殿而去，途中简短地介绍了大商人秦正、王宫总管孟自多孟公公二人。

话说当年秦昭襄王作为秦国质子，仅带一年纪相仿的公公前往燕国。这主仆俩吃尽白眼，且处处受制，同仇敌忾造就了彼此密不可分的情谊。这位所谓的服侍之人，便是不知事之年净身做了太监的孟自多。

各国国君因为做质子的经历，往往与身边公公关系甚好，就连统一六国的秦始皇嬴政不也有个赵高吗？其祖宗秦昭襄王信任孟自多，便不在话下。

想秦昭襄王在燕国的境遇极糟，与其子异人有异曲同工之处。异人回国托大商人吕不韦帮衬，而秦昭襄王则在燕国结识了楚人正。

楚人正的大部分生意皆在齐国临淄一带，无数次游走六国做买卖。秦昭襄王与楚人正相交的最初，二人皆不认同对方，楚人正当面叱责秦昭襄王："枉你饱读诗书，竟不懂世间道理。"

年轻气盛的秦昭襄王气愤填膺，不屑回言："勾践忍辱负重，方成就一代霸主，本公子他日也会令秦国国力升威。"

为证明所言并非妄语，他侃侃而谈，将燕、齐、楚、魏、赵、韩六国国力与秦国相比较，正视了秦的弱势之处，又以秦的励精图治为本国说话。

由此，楚人正与做质子的秦昭襄王交了好。为能使秦昭襄王在燕国境遇提升，楚人正拿出大量礼物送予燕王及燕王宠臣。思虑孟自多一人服侍秦昭襄王，恐分身无力、不够周到，又把义妹、一位还未到夫家便死了夫婿的女子派往秦昭襄王身旁做侍女。

如此推心置腹，楚人正便和秦昭襄王、孟自多成为莫逆之交。

等到秦昭襄王返回秦地，楚人正更是以诸多礼品、财物献予秦昭襄王，恭贺他重返国度。

秦昭襄王荣登大宝之后，便将楚人正请至秦国。

曾有意请他入朝，然楚人正自谦：商人一枚，不懂朝政，入朝为官只会耽误了秦国大业。

秦昭襄王越发喜爱楚人正，连宣太后听了这番话，也称其为"难得贤士"。

为表彰楚人正，秦昭襄王大费思量，最终将秦国之"秦"字赐予其为姓，这便是秦正之姓的由来。

再说向寿，他最初与楚人正并无来往，然秦正挪了窝，成了秦国商人，而家业遍布燕、齐、楚，为将家业从三国运至秦国，向寿领了秦昭襄王之命，花了近 10 年，才把秦正的产业安置在秦境。如此数年，向寿便与秦正熟识了。

秦正为人豪爽，向寿又是个仅求富贵、不太求仕途升迁之人，二人一拍即合。秦昭襄王又不阻断他俩的来往，常派孟自多从中牵线。

由此，秦昭襄王、秦正、孟自多、向寿便成了推心置腹的四人相交。

碍于秦昭襄王乃秦国国君，四人的交往才较为隐秘。

然，宣太后可知晓得甚为清晰。

宣太后于早些年患了场重病，秦昭襄王为表孝心，便把离不开的孟自多拨了过去。

孟自多不枉王命，榻前不分昼夜服侍，凡送来的汤药亦必亲尝。

宣太后病愈，却舍不得孟自多，于是向秦昭襄王要了此人。

秦国历代国君皆对这段秦昭襄王与秦正相交的往事赞不绝口，异人教导太子秦王嬴政，也曾多次提及秦正。

他这样说道："孤有吕不韦乃大幸，吕相邦为在世秦正。"

然，吕不韦之财力远逊于秦正。

吕不韦为异人回秦国，散尽家业；秦正为助秦昭襄王返秦，却未动家业之根本。

每每秦昭襄王有意发兵攻克他国，秦正皆以各种借口向秦昭襄王捐银两。

得胜的秦军返回秦界，秦昭襄王需犒赏三军，秦正就再次慷慨解囊。

唯有一点，秦正与吕不韦相似，皆是一杯毒酒了却性命。

此番事为若干年以后才会发生，此时的白起听说了如此内情，心潮澎湃。

三

二人到了太后的宫里，宣太后早已歇息，侍候的姑姑客气地向两人问了好，得知他俩打听孟自多，就笑着指了孟公公的居所。

本未想过拜访孟公公，过门而不入便是不客气了。白起估摸司马错也是这般心思，于是心照不宣地随他往孟公公的小院去了。

孟公公生得粉嫩，有别于芈公公那等半路“修心”之人。听说二人为求见秦昭襄王，因见不着，来了自个儿这，本着内侍不得参与朝务的原则，孟公公没有多问，只是拐着弯儿相告：“大王念着朝堂上的事，即便偷着闲暇，也不会流连宫外。”

此等会说话的人令白起刮目相看。

因是初次见面，他照着司马错的方式说话、见礼，乃至道别。

“司马将军，我等回去还是？”离开孟公公的院子，司马错竟又往秦昭襄王的御书房去，随在一旁的白起疑惑了。

“孟公公不是说大王念着朝堂上的事，会尽早赶回吗？我们这等做臣子的，自当回去等候。”

白起迭迭称是，却不想孟公公独自套了车马，往宫外秦正府中去。不到半个时辰，二人便等来了匆匆赶回的秦昭襄王。

“微臣参见大王，深夜搅扰……”司马错与白起官衔不分上下，然实权胜于他，因而请安时，司马错出声，二人共行跪拜之礼。

“爱卿不必多礼，起来说话。”秦昭襄王知他俩匆匆而来定为伐魏之事，免了虚礼，直入主题。

“白将军，你来说吧。”二人商议的战术，多半乃白起提出，司马错便让他多展露些。

拱手，白起见秦昭襄王应允，行至御案边，道出计策：“末将和司马大人兵分两路伐魏，末将攻魏与赵相邻的三角地带，司马将军围困大梁王宫……”

“好！甚妙甚妙！”龙心大悦的秦昭襄王连说数次赞许之言。

白起道出的乃上等妙计，无须多费兵力，即可逼得魏昭王下求和之书。秦昭襄王甚为满意，留二人在宫中宵夜。席间，秦昭襄王更显出欲重用白起之态，散席后，他打发了司马错，单留白起于后花园听曲、赏月。

早晨上朝，午间练兵，下午与司马错商议伐魏之事，白起本困乏难耐，然受大王如此厚爱，他竟轻而易举赶走了疲倦，精神抖擞聊至拂晓。

“白爱卿也无须拘于虚礼，孤命人在宫中为白爱卿安排居所，歇不了多少时辰就上朝吧。”秦昭襄王拿出与向寿等人才有的亲昵语气。

“谢主隆恩。”白起如获至宝。听闻自先人公子白之后，白族无一人能留于宫中过夜。

“往后白爱卿散朝后，也常到宫中走走。孤与你有几分投缘。”秦昭襄王待一哈欠溜出嘴边，留下话，由芈公公搀着歇息去了。

白起入了秦昭襄王指定的居所，兴奋得合不上眼，打心眼里发誓：誓死效忠大王。

由此之后，白起凭战功步步高升，官拜武安君。

“祸兮，福之所倚；福兮，祸之所伏。”将才领兵作战自有可自制之处，然战胜之后接了对方降书，未遇上突变之事，不可能擅做主张大规模处置束手就擒的战俘。

而后我们说到的长平之战，白起坑杀了40万赵国降卒。此等是白起一人能做主的事吗？大秦帝国风云人物全然无从知晓或后知后觉？为何秦昭襄王对此缄默。翻阅史料，也未能查到秦昭襄王对此发表的任何言论。

此前，秦昭襄王为是否任用白起，唤心腹向寿密谈，可见秦昭襄王心思缜密，非常人所能及。

白起在王宫中留宿便兴奋难耐，单纯面对老谋深算……长平之战后处置40万赵国降卒，另有内情啊！

次日朝议，殿上的各位将军争先恐后发言，深入剖析魏国之地形，文臣们不甘示弱，踊跃参与讨论，最终将攻打地点定为垣城。

然翻阅史书，公元前292年到公元前286年与秦国接壤的所有邻国地图、秦国地图、秦史、各国县志，均寻不到垣城，仅发现一名为“王垣”的和另一叫“原城”的城池，且两座城皆乃原魏国西境城池。

几日之后，秦昭襄王公告魏国，派司马错、白起领秦军入魏境，此行仅是收取魏昭王求和协议书中定下的献予秦国物资。

然，派出的秦军足有3万人。1万秦军或步行、或骑马，公然在世人跟前露脸，另两万秦军藏于欲装魏国进贡物资的马车里，混淆视听。凡过魏国关卡，白起皆拿出魏昭王给秦昭襄王所写的“不必检查运送物资车辆”的文书，因而秦军行得畅通无阻。

魏国王宫中，魏昭王对秦军入魏极为反感，可秦国出师有名，魏国国力远逊于秦国，他不敢轻易翻脸，仅派了探子探秦军底细。

白起极为谨慎，凡靠近军队之人皆严格盘查；司马错见识卓越，也深知两万秦军在马车里，吃喝极容易露馅，故防范不输于白起。

秦军浩浩荡荡行至大梁，司马错则拿出了秦昭襄王赠予魏昭王的礼品入宫。确是些稀罕物，魏昭王看后，更轻信秦军入魏为运送物资。

见他没了戒备之心，司马错奏请：“大王，本将乃粗人，听闻魏国歌舞天下一绝。大王可否给本将恩典，赏本将见识一回？”

到他国国境寻欢作乐，魏昭王倒是能够理解，心中颇为不屑，然颜面上不露半点：“宫中的确有精妙歌舞班子，民间也有些能人异士，但将他等聚齐了，少说也需半月。大将军入魏境为运送物资……”

魏昭王痛恨秦人，白起早前便料到司马错恳请看魏国歌舞，定遭魏昭王拒绝。他向前一步，拱手见礼：“既然司马大人想留下看歌舞，不如往他地运货之事交予末将吧。”

“辛苦白将军。”司马错配合得恰到好处。

二人一唱一和，在魏昭王跟前分了工。

两日后，司马错带着七八千兵留在了魏都城大梁，白起则命两千余人，拉着装物资的车马，往垣城一带而去。

按约定，司马错留于安邑需迷惑视听，他的确有这番本事。陪着魏昭王听曲，偶尔和魏昭王赛马，一来二去，将魏昭王所有的疑虑打消了。

“本将未想到山林附近竟有如此草地，妙哉妙哉！本将前些日子听闻大王有一战无不胜的马球队伍，本将也好那口，不如……”打听得清清楚楚，司马错几乎料定魏昭王应允，毕竟魏昭王爱极了此种运动。

关于蹴鞠的记载，司马迁《史记·苏秦列传》中这样写道：“临淄甚富而实，其民无不吹竽鼓瑟……蹋鞠者”。

相传此运动起源于齐国都城临淄，齐宣王在位时期（公元前319—公元前310年）已盛行。

魏昭王等战国时王公贵族则别出心裁，有意显出身份尊贵，挑了身强力壮、身姿矫健的骑马蹴鞠，这就是马球。

深爱此玩乐方式的魏昭王当即说好。

魏昭王有意显摆，领着司马错观摩了他的马球队伍训练。

司马错看过，连声叫苦，说是若他的属下不集训一段日子，待比赛时，定贻笑大方。

魏昭王便把先前纵马山林附近的草地指给了司马错集训队伍，于是，二人商定了比赛的日期。

在日子定下后，司马错返回驿馆，立刻派人送信给白起。

收信后，白起紧急布阵。毕竟他与司马错有分工协作：司马错留于大梁，稳住魏昭王，寻时机将带在身边的军队运抵王宫附近，自己这边则以接收物资为名，摸入垣城一带。

“你告知司马将军，待马球比赛开始前3个时辰，本将会端掉一军营，并兵临垣城。”真真假假、假假真真，白起虚晃一招，有意给魏国狠狠一击。

沉浸在即将比赛的气氛中，魏昭王听闻司马错将亲自参与马球，自己也按捺不住，和旗下队伍一同训练。

紧密布阵，却不能轻易把士兵拉出来训练，白起仅能让伙头兵偷偷给士兵补给，将他等养得身体强健。

日盼夜盼，终于到了马球比赛前夕。

“明日午后，司马将军将带人与魏昭王比试马球。你于今日下半夜出发，领1万人进攻离垣15里的兵营，切记堵住兵营通往各处的所有路径。否则兵营遭我大秦攻击，司马将军在魏王宫便危险了。”白起将此重任交予司马靳，又叮咛了此举兹事体大，不得有半点闪失。

“得令。属下的爷爷定安安全全。”司马靳信心十足。

“唐胜听令，你带3000人装作难民，不等天亮，便在垣城东南两侧城门边要求入内，喊声越惨越好。至于武器，他们只能带些手臂长短之物，或掺入担子中，或外捆些破布条，去折腾吧。”白起步步为营，预备天亮后，这些由唐胜所带的士兵进城，等战争打响之时，他们由城内接应。

“不必都带武器，五六成可在垣城内抢。”唐胜鬼精灵。

“哈哈！”白起大笑，打发他去了。

“末将呢？”旁人皆有了建功立业之机，刘勋急了，单膝跪地请命。

“你随本将攻城，做足兵临垣城之状。”此战轮到刘勋做候补军，白起便如此派了差事。

刘勋心有不甘，但他面色沉静。出营帐后，刘勋遇见了随白起入军营的白瑜。白瑜甚会察言观色，几句话就安抚了刘勋情绪，还令其与他推心置腹。

此事看似寻常，却为数年后秦伐赵、白起称病不肯领兵埋下了祸根——最终丢性命于杜邮。

9

重臣

整装待发的将士们只等各自领兵之人号令。

当司马靳于四更天宣布向距垣城15里的军营出发时，众将士披星戴月，火速行军。万名士兵走得极快，抵达魏军营附近时，离寅时也还差半个时辰。

司马靳谨遵白起之命，将万名士兵编为三队：

一队主攻魏军粮草库，纵火马厩。

二队为弓箭手，待马厩点燃后，以密集如雨的箭支射向魏营，不求百发百中，但基本保证十发六中。待所带箭支射完后，不必入魏营，分作若干小队，围于魏营最外沿，以防魏军突围。

三队由司马靳亲领，待箭雨停后冲锋陷阵，与魏军搏杀。

睡梦中的魏营遭秦军猛烈攻击，就连主将也是来不及套上盔甲，只随手拔了床边兵器架上的长刀，冲出营帐，仓促应战。

有备而来的秦军，与懵懵懂懂的魏军相搏。秦军勇猛，魏军为保性命，拼死抵抗。

魏主将挥长刀，横扫一片秦军，然，马厩处火光冲天，他心知秦军有备而来，大有歼灭所有魏军之势。

看着部下，他不认命，大声喊："随本将突围！凡砍秦军 10 个，战后有大赏，若杀了他们的将领……"

鼓舞士气的话仅说到一半，骑着战马的司马靳便疾驰到他跟前。战马长鸣一声，前腿离地，司马靳挥刀砍下了魏主将的脑袋。

至此，司马靳高喊："魏军主将已被结果，尔等还不速速投降?"

擒贼先擒王，魏主将命赴黄泉，司马靳高调宣扬，魏军士气瞬间低迷。

卯时刚过，秦军已拿下整个魏军军营。司马靳见立了头功，不掩欢喜，把魏之俘虏用结实的绳子捆了，集中看管，再剥下他等的衣服、翻出军营的魏军军服，命手下们穿上。

为防个别魏军乘乱混入秦军，他命令下属在左臂绑上布条，并以秦国文字书写自已的姓氏。

周密安排后，司马靳亲领了一小队人马检查发生过大战的魏军军营。力求粉饰太平，将这场仗破坏的种种大致复原：翻了的篝火架扶正，打破的帐篷拆了，将完好的帐篷摆得稀疏些，以求外人看去，发现不了端倪。

他查看了整个魏军军营，总觉不妥，问部属道："你等觉得这魏营有什么不对劲的地方吗?"

将领们纷纷摇头，一秦族低声嚷嚷："属下……"

他并未将话说完，仅抬起左手指着四周。

司马靳寻手势望去，瞧见了秦军军旗，赶忙道："将大秦的旗子收了，竖魏军军旗。"

待一切完成，司马靳派出 4 人，分作两队，往白起处复命。

两队先后到了白起跟前，白起听着禀报的内容毫无差别，哈哈大笑："这事了不得！担心你等来此处的途中丢了性命，做了个双保险。哈哈……下去，每人赏10两银。"

二

第一仗打得漂亮，第二仗……白起盯着营地内熊熊火光，闷声不语。

领着3000人，穿着破旧衣裳，鬼精灵的唐胜领了3000人，此时已来到垣城城门边。

早有预谋的秦军假扮魏人，跟着唐胜在城门边哭喊："大爷，开开门，我等逃战乱而来……"

垣城东城门守将登上城楼，眺望城外，见来的众人个个灰头土脸、衣衫褴褛，想是走了很远的路。

"将军，末将看难民足有一两千。"东城门守将身侧一校尉禀告。

"派人往南城门去一趟，看看那边是否有难民。"东城门守将指派参军。

参军抱拳领命，下城楼后，策马赶往南城门。返回时，带来消息：大约有不足千名难民。

"等到开东城门的时间，放他们进来。"东城门守将不疑有诈，毕竟魏国战事频频，诸多民众背井离乡，然，他忽视了一点：众多难民中未见女子，且男子皆壮年，无老人和儿童。

入城之后，恐打草惊蛇，唐胜精选了几人，命他等通知所有人尽量隐藏身份，寻各种隐匿之处躲藏。而他则寻了僻静处换了身衣裳，扮成大府的得力侍从，访垣城铁匠铺而去。

恐打草惊蛇，此番率3000人马入垣城，所带兵器不足500。作战不可手无寸铁，垣城的铁匠铺就是他的兵器来源。

"老板，有上手的兵器否？我家公子有的就是银两，可一般物件难入他眼。”进了家有些规模且陈列柜上搁着的兵器甚为称手的铺子，他进门便高声嚷嚷，好似唯恐旁人不知他家主子乃有身份者。

掌柜见来了买卖，殷勤张罗。

唐胜装模作样，说了些“狐假虎威”的浑话，故意以说漏嘴的方式泄底。

陪在一旁的掌柜听闻来人出自一大府，府老爷为提高门楣，命他入垣城采办近千件武器。毕竟是兵荒马乱年月，有钱人的命比寻常人精贵得多。跟前的少年年纪不大，然穿戴不俗，又聊了几句，掌柜对其出身深信不疑。

“长枪威武，大刀有气魄，宝剑显尊贵。”他耀武扬威，估计他家主子也非善类，掌柜稍作推敲，凭着经验将 3 种能拿出去欺负人的兵器道了出来。

他店虽具规模，然能给得出上千件兵器？唐胜谨记白起交代：凡事需多留心眼，不可轻易被人摸了底。

“接不下就别接，走了，爷忙着呢！”他缓缓转身。

“大爷，小的店里数额不够。但小的祖祖辈辈都开铁匠铺，在这行做了许多年，认识的人不少。”掌柜挽留生意。

“你店里的，我看着顺眼，你这人会做买卖。其他店里的，本公子就不知道了。不如你把信得过的掌柜都通知一声，叫他等选些上得了手的兵器，就那三样，拉至……”唐胜食指搓下颚，想不出哪处搁兵器合适。

一扮作护院的秦兵拱手，然说出的地址竟是唐胜吩咐众下属集中之地，故而甚和唐胜心意。

“就那就那！”他寻思此战大获全胜后，定将此人的功劳禀报白将军。

临走前，掌柜要求付定金，唐胜讨价还价，付了掌柜指定数目的一半。掌柜见好就收，恭敬地送走了唐胜，和他领着的几名护院。

唐胜恐办事不周，在附近又寻了个巷子，换上平常衣裳，扮作魏国百姓，守在铁匠铺附近。瞧见铁匠铺派出小厮，他急命下属跟上。

他将差事办得极为谨慎，从未错过掌柜命人往其他铁匠铺传话，甚至派出的各位下属一一看见各家铁匠铺装了兵器，分别往指定地点送去。

守株待兔，瓮中捉鳖。所有铁匠铺掌柜和运送兵器之人，都被唐胜等一举拿下。3000 兵器在手，他等分批往东、南两个城门靠近，只待白起挥兵攻城之时，从城内接应。

远在大梁的魏昭王，怎知陪在身旁的司马错背地里做了诸多手脚。

宴席之后，司马错领着一干人往林子边的草坪而去。

“还不向魏王见礼?”司马错以参加比赛为名，身穿戎装，骑于高头大马上，命令身后的四五百人一同见礼。

魏昭王看得欢喜，点头示意：“司马将军，你穿成这样就是为了开球吧?”

“正是！本将的下属……本将来开球。”司马错从一魏人手中接过球，高举过头顶。

秦人醉翁之意不在酒，一会这个为挥杆击球落马，一会那位为避让队友被魏人的球杆打下了马。

开球之后，司马错坐回看台，见下属如此不堪，“气愤”地频频喝闷酒。

“不必在意。等下半场，孤也去挥两杆。”魏队必胜，秦队定输得惨烈。魏昭王已按捺不住，大有上场一显身手的想法。

球场上热火朝天，千里之外的垣城东、南两城门也是一片喧哗，此番“热闹”乃秦军向魏军叫阵。

受白起之命，负责攻南城门的刘勋刚把一魏军将领砍伤，又得意扬扬地吆喝："魏人不经打，个个是孬种!"

南城门守将义愤填膺，开了半个城门，亲自骑着战马，领着一干人出城门与秦军再比。

观天色，刘勋自知还得等一炷香光景，只得耐着性子与南城门守军相戏。

东城门的白起等来了司马靳已占领军营的消息后，立即率领八成兵力往后赶，和他的其他下属们会合。

"好，你等来得不算迟。"白起唇边露出浅笑，眸底一片阴沉。

一盏茶光景后，他率了近万名士兵向东城门处发动猛烈攻击。东城门守军只当秦军人数不多，且攻打的乃南城门，未料上万秦兵蜂拥而至。

"弓箭手，射!"白起阵前指挥。

挥旗的传令官立刻将主将令，以手势告知冲锋陷阵的同人。

"城楼左侧魏兵不足，将我大秦的主攻方向定为左边。"白起观阵地，发现魏军疏漏，立刻因地制宜，改变战术。

传令官又一次以手势，传达主将之令。

早已潜入垣城的唐胜等3000人也分作两批：近1000人马负责接应刘勋，去了南城门；2000人马由唐胜带领，早布置在东城门附近。

听到厮杀声，唐胜的人马从各巷子涌出，他等负责的乃设法打开城门，让刘勋、白起入城。

两千人对阵东城门守军，一千人对阵南城门守军，除披甲上阵外，也需费些心力。

唐胜掳了几个魏军，从他等身上剥了衣裳，扮作魏兵，一起与魏人守卫东城门。待有幸靠近城门时，他及属下挥刀砍断城门上的铁门闩。

魏人发现混入了奸细，对唐胜等痛下杀手。

最终下属拼死配合唐胜，将东城门打开。

白起见城门大开，领兵再次发起强烈攻势，决心以最快速度进城，援助刘勋带的几千人马。

其实刘勋那边根本无须白起如此担忧。

他知此行目的乃是拖住南城门守军，等白起领兵攻入东城门、或唐胜派往南城门的1000人打开了城门，才到他等全数披甲上阵之时。此时的他稍加整顿，又一次派人叫阵。

垣城战火纷飞，遥远的大梁也终进入到白热化境地。

魏昭王见秦马球队不堪一击，大谈友谊之胜。

之后，他下了看台，换了身球衣，翻身上马，替下一位球员，在球场上驰骋。

秦人虽有意胁迫魏昭王，但也恐不慎将魏昭王弄伤、引起纷争，故挥杆极小心。

遇上魏昭王抖马缰在球场疾驰、抢球，秦人更是倍加仔细。

“本将上场！”魏人越发疏于防范，司马错见时机已到，装作因秦队输得过于惨烈而恼怒，当众脱了盔甲，快步跑入球场。

一秦兵见状，赶忙骑马至他身侧，将胯下良驹献出。

司马错上球场，以手势指挥下属如何博魏昭王欢心，使其更麻痹大意。果不其然，待上半场结束，魏人大比分领先秦人。

“不打了！”司马错一心腹恼火地摔了旗杆，纵马离场。

另几个秦人效仿而去。

“你们回来！给本将回来！”司马错像是被下属抛弃的将领，颜面尽失以致怒吼。

“司马将军勿动气。”魏昭王高姿态相劝。

司马错笑得极难堪，然张望下属远处方向的目光却不收回。

“球场胜败乃兵家常事，无伤大雅。”魏昭王越发的高姿态。

“本将明白。”司马错拽着马缰的手抖了抖，低声怒骂，“一群龟孙子！等本将抓到你等，必军法处置。”

魏昭王心里明白：秦国国力远胜于魏国，司马错在秦国的地位不言而喻，此番马球只图个高兴，若因此得罪了司马错，他日司马错率兵伐魏时，必报复。

“不如孤替你前去开解他们。”他笑得温雅。

抱拳，司马错不语。

魏昭王正欲举步，司马错见他仅带了一随从，摆手：“大王，那边乃我秦兵，您仅带一随从，有失身份，不如将看台上的这几位贤臣领了去。”

“如此甚好，司马大将军想得周到。”魏昭王欣然点头。

司马错做了请的姿势，牵马引路。

魏昭王及七八位贤臣、两位魏国王子，皆骑良驹随后。

见状，司马错甚为欣慰：魏昭王领如此多魏人入包围圈，便利诸多：

其一，以兵力要挟魏昭王，魏昭王定大怒，然魏国国力输于秦国乃不争事实，魏昭王也只能忍气吞声。

让魏人以飞鸽传书确认垣城遭秦军攻击，而后逼魏昭王承认战败，魏昭王定顾及性命而签署秦已拟定好的和谈书。

然此事之后，魏昭王难免污蔑受胁迫期间伤了肌体，向秦昭襄王索赔。虽魏人忠于魏昭王，但也非人人肯为魏昭王做假证，如此一来，魏昭王受伤之说便不攻自破。

其二，拿到魏昭王写的战败书后，需释放魏昭王以表诚信。然秦军将和谈书送往秦境，得依仗两位魏王子做人质方可安全离开魏界。

之后的事如司马错所料，魏昭王确实忧心丢性命，立刻派心腹大臣出秦军包围圈，用王家信鸽飞往垣城。

垣城守军见字后，连忙如实回禀。信鸽将守军的回复捎给魏昭王，魏昭王从书函中知晓攻垣城的秦兵估摸一两万人，要拿下驻军8万以上的垣城……

然，比起丧失城池，魏昭王更忧心自身处境，痛定思痛，签署垣城战败书，同意赔款。此后，立刻放飞鸽，下旨垣城东南两处守军放弃抵抗，交出城主印。

信鸽将大王密旨送往东南两处守军，守军看后泪流。

南城门守军命阵前比试者退回，亲自沉默地打开城门。

东城门守军手拿圣旨，眺望城下，看着死伤成片的秦魏两军，定了些许神，扬声："我军放下武器，投诚!"

一旁副将震撼。

只见东城门守将行至高插在城楼上的魏旗边，挥刀拦腰砍断。再命人取来一块白布，挂于城楼之前。

在城门边抗秦的魏军瞧见了投诚的白旗，渐渐安静下来。

之后，东城门守将与手持垣城主印的文官缓步走向人群。早已停下打斗的魏军让出了道。

白起等骑马赶至两人跟前。

文官、东城门守将同时下跪，魏军全体将士见状，丢下武器，随跪。

白起双手接过他等献上之物，高举过头顶："大秦必胜!"

大良造白起谋略过人，此番双管齐下乃他战术上的又一次突破。

待一干人等返回秦境之后，秦昭襄王命秦军稍作整顿，次月他于金殿之上再起东伐的话题。

二

从公元前292年起，由白起任主将，秦军先后拿下魏国61座城池，为秦的东出崤函奠定了基础。

在战争中成长起来的白起在秦国的地位坚不可摧，凡王侯将相宴请贵宾，必有他一席之地，甚至他麾下的唐胜、司马靳、刘勋等都成了热门人物。

攻垣城已是几年前的事。

某日白起与唐胜把酒相聊时，才知当年唐胜令士兵乔装成难民混入垣城，竟无人扮作老者或妇人。

“怎么会都是身强力壮的男子成了难民？动动脑！若是本将瞧见，立刻命弓箭手将你等全数射死。”白起低嚷。

猛拍脑门，唐胜后怕连连，庆幸垣城的东、南城门守将和自己一般糊涂，否则也不知在阴曹地府住多久了。

“跟着白将军，我如今也是有身份之人。去年当了爹，今年又当爹。这渊公子还……要是纳房妾，说不定就能当爹了。”白渊越发消瘦，唐胜不由担心。

“他清修深思，本将就因此垮了身子。今日为秦军祷祝，明日替被秦军打的人祈福。身子不好本该养，如此操劳，能好吗?”提及白渊的事，白起忧心忡忡。

因投身行伍，又为本族之人，白瑜虽军衔不高，但这般小聚，他也是能到场者。见有能接得上的话头，赶忙开口：“渊少爷昨天喝了药，晚间全吐了。今天睡到晌午才醒，连大王举行祭礼，邀他去相陪，也去不得。”

白渊为人和气，对族里的主系、旁系乃至仆人皆一视同仁，白瑜极仰慕他。

“你家的渊公子可真是个人物！大王举行祭礼居然请了他。”当年随芈公公周游秦相邻的各国，刘勋认识了白渊，然之后却不曾再遇过，忽听此言，甚为称奇。

“刘勋，在此都乃自家兄弟，本将问你一句，你是楚国人吧?别……本将曾听你与一男子说楚国方言。”白起忽而想起许久之前撞到的场面。

刘勋尴尬地笑笑，沉默，算是默认。

“不许外传。”白起警觉。

众人哄笑，聊到了带兵打仗的事。

刘勋在众人还未有军衔之前便为将军，许多年后个个高升，他仍未晋衔，言语中不由感慨。

“莫急莫急，有的是机会。待我大秦灭了六国，你何愁这些?”白起对未来憧憬不已。

“白将军，听你几次说起有个兄弟在赵国，谁啊?”唐胜比众人年幼些，即便当了官、成了家，仍是个话唠子，爱打听。

“蔺相如，本将的莫逆之交。哎!”白起叹息。

提到蔺相如，白起为其鸣不平。此人一身本事，且计谋过人，缪贤有意将他引荐给赵王，可蔺相如竟等不到机会。两月前，白起收到蔺相如从赵国传来的书信，得知他仍为舍人。

“白将军，蔺相如比我大秦的渊公子，谁更有才?”唐胜语不惊人死不休。

白起嫌弃地看了眼属下，深知此言难以轻易作答——秦昭襄王公然大赞白渊，称其为秦国当世第一才子。

若说蔺相如与白渊的区别，或许倒能作答。

“相如兄效忠赵国，堂兄对秦国无二心，这就是区别。”似答非答，白起糊弄唐胜，免得被其逼入绝境，更无言以对。

畅所欲言的唐胜有眼观六路、耳听八方的“神奇本领”，当瞧见一白族小厮碎步跑来，头一个起身：“何事？何事?”

“唐老弟，这是在白府。你喧宾夺主了。”刘勋苦笑。

白起一笑了之，待家仆行近了些，听他所言才知：有位故人到访。

“哪位故人？本将并未与魏人相交。”他疑惑。

“来人不报姓名，只说与将军甚是要好。”白族家仆如实回话，末了，补充道，“他还说，若将军今晚不见他，再见不知何年。”

恐错过了故人，白起命白瑜陪着众人，自个儿随家仆往府门边迎客去了。直到看见来人才恍然大悟，原来的确乃故人。

“范公子，怎是你？快请，快请！”时隔数年，白起仍对此故人记忆犹新：虽为布衣，然谈吐有度，举止得体。

“范某向白将军见礼。范某抵咸阳已数日，只因效命于我家公子，脱不开身，才几次过白府而不得入。”范雎斯文。

“里面请。”白起热情招呼。

“不了。几年前范某在白府深有搅扰，又深得渊公子不弃。这些年范某寻了些调理身子的方子，白将军，烦你将这些方子交予渊公子吧。”范雎摆手，递出沓装订成册的文稿。

“多谢！”不管方子是否有用，然此番心意令白起甚为感动。

“告辞。”范雎再度抱拳，欲转身离去。

白起伸手拉其衣袖：“范公子如今替何人当差？怎如此来去匆匆？”

范雎苦笑：“非长久之差，仅是因我家公子知晓在下来过秦国，才出了这趟门。”

数年后在秦国呼风唤雨的范雎，此时还是位怀才不遇，用今日之话说“打临散工”之流。我们感叹世事无常，即便有朝一日得志，也难免之前受“劳其筋骨，饿其体肤，空乏其身”之苦。

言回今日，白起忽闻范雎之言，不禁为其处境之艰难感慨，良久后回神，追至巷口，却不见故人身影。

白起怀揣歉意，将翻抄来的医方交予了白渊，立下誓言：来日再遇范雎，定好好待之。

此一时彼一时，人在经历种种之后，或许本性也会改变。

范雎今日能对白渊如此上心，便应了那句话：人之初，性本善。

之后，白起托人于魏国多方打听，回复皆大同小异：不知范雎为何人。默默无闻，自然无人知晓，即便白起有意帮衬，也于事无补。

三

意气风发的白起渐渐变得沉稳，膝下长子白俊聪明伶俐，虽年幼，却能背出几段兵书。族中长者人人皆道：来日俊儿的成就定不可估量。

公元前287年正月，秦昭襄王数次设宴与群臣同乐，宣太后不甘位于人后，便命孟自多将王亲贵族及臣公们的孩子送进宫与她同乐。白起之子白俊理当在其列。小小年纪的他活泼喜人，再加之其父乃秦国炙手可热人物，宣太后自然在与孩子们玩乐时，对他格外照顾。

“启禀太后，楚王、魏王和燕国派来的使臣已进了宫，大王瞧见他等所送的礼物中有串琥珀珠和其他小玩意甚是不错……”一公公前来传话。

“哀家对那些物件……哎！倒是这群孩子，每人去挑一件吧。”宣太后知秦昭襄王之意：通过她给秦国贵族和臣公们的孩子送份小礼物，便随了其愿。

太后懿旨，一群小不点开心极了。

然宫中礼仪较多，不敢坏了规矩，由一姑姑将这群孩子排了队形，再随公公入偏殿。

“见过大王，大王有礼，大王万寿无疆！”20几名孩童规规矩矩叩拜，参拜的话却说得极不整齐。

“免礼吧。孤今赏你等的礼品都是因这位楚国贵客到来，拿礼物前，先谢谢他。”王冕边宝珠晃动，秦昭襄王为众孩童引荐了黄歇。

孩童们即便个个出身不凡，却不认得眼前身着暗红色华服、头戴官帽，两鬓微有须之人。

一旁服侍的芈公公笑着抖拂尘："此乃楚使黄歇。"

孩童皆未离开过秦境，岂知黄歇为何人，介绍之言仅是给了他们见礼时的称呼罢了。

众孩童分礼品个个不甘居于人后，魏冉幼子爬到凳子上，选了对夜明珠，说是将来成亲时送给娘子。

"哈哈哈……你才 4 岁吧，就惦记着娶娘子?"秦昭襄王笑着走下正位，行至一群孩子跟前，看他等玩闹。

芈戎嫡孙拉住托玄铁的宫婢，不肯撒手："我要这个，我要这个！大王赏我这个!"

黄歇拱手："敢问公子，为何选此?"

"本公子随爷爷去过兵器房，知此物可打造兵器。"孩童纯纯道出始末。

正欲退后，黄歇未料到孩童又说了句骇人听闻之语——"等我能拿得动剑时就拿它去打仗，把齐、楚、魏、韩全灭掉，每个城楼都插我大秦的旗子。"

语不惊人死不休，不仅楚国的黄歇面色骤冷，就连燕使骑劫也面色凝重。

"秦王陛下，本将做不到聪耳不闻，孩童如此诳语……"武将出身，骑劫不胜辞令。

来咸阳已 1 月，今得秦昭襄王相邀，有幸与赫赫有名的才子黄歇见面，不想秦国的孩童竟流露出灭齐、楚、魏、韩之意。燕与秦两国中隔着赵、韩，秦灭了韩、魏，意在……值得推敲。骑劫有意让秦昭襄王立下不攻燕的誓言。

"没收芈戎嫡孙的礼物，杖责……"秦昭襄王看看 5 岁左右的男娃，"5 个巴掌。想必正月里玩野了。"

"大王竟如此就放过这孩童？本将以为若无成人说此类言语，他定不会如此。还请大王彻查谁人诋毁秦与各国的关系。”绝不轻易放过，骑劫据理力争。

“你这人真讨厌！把他吓哭了！”白起之子白俊原先一样也没挑中，这会见玩了半日的小伙伴吓得瘪嘴，眼泪“吧嗒吧嗒”掉，恼怒地猛推骑劫。

“小公子，哎呦，两位小公子！”芈公公只有规劝的份，却不敢轻易接骑劫咄咄逼人之语。

秦昭襄王闷声不语，大秦的铁蹄定会横扫东方诸国，即便如此，骑劫也不该与一个5岁孩童较真，何况此娃的爷爷官拜华阳君。

魏使见识过秦背信弃义，几年前劫持过魏昭王，秦意在天下，其心显而易见，但只是沉闷地端茶相饮，不与接话。

“放开他！大王，你叫他们放开他！他很好，是白俊的好朋友，大不了打白俊。”父亲曾说为朋友可以被刀捅，白俊见大秦侍卫拎着哭得伤心的玩伴，愿代其受过。

“黄特使，你送来的礼物竟……”秦昭襄王逼楚国使臣为孩童求情。

秦国一贯仗着兵强马壮，将东方列国不放在眼里。

秦昭襄王即位后，更变本加厉，四处讨伐，又对楚国采取诸多制约，黄歇早已对此心存怨恨。

然，骑劫仅拿一无知幼儿说事，怎能有所结果？

其一，秦昭襄王即便牺牲孩童，也不会给出任何承诺。

其二，幼童之祖父华阳君芈戎在秦国贵不可言，此人睚眦必报。骑劫今日咄咄逼人，必殃及燕国。

“都是本君惹的祸，罢了罢了。那块玄铁，你是要不到了，不如就拿这支钗子，和他一样娶老婆吧。”黄歇随手从托盘中取了支钗，塞与芈戎之孙。

“我要两根！一个给夫人，一个给宠妾。”芈戎之孙抽着鼻气，忘了先前被吓哭的理由，央求。

“来人，把那一托盘给他。他日，你能娶一屋宠姬。”秦昭襄王哈哈笑。

“哼!”魏使憋不住火气，重搁了茶盏，见众人目光投来，又装作咳嗽“咳咳咳”。

“你倒不错，谁家孩子?”秦昭襄王对愿为朋友两肋插刀的小不点起了兴致。

“启禀秦王，家父……就我愚钝，忘了全名。我姓白。”手指搓搓鼻头，3 岁半的白俊笑呵呵。

芈公公听到“白”字，立刻低声向秦昭襄王解释：“估摸这是白起之子。”

“赏！孤将那块玄铁赏于你，你把它带给你爹，可好?”虎父无犬子，秦昭襄王认可。

此乃白俊露脸之举，也为白族颜面上贴了光鲜，却不想黄歇在今日竟起了心思：效仿秦昭襄王，命司马错要挟魏昭王之举，将秦国王孙贵族及重臣之子全数掳了，要挟秦昭襄王与各国签署不侵犯之协议。

而办成此事，却让黄歇费了许多精力：

其一，需说服楚顷襄王认同此谋略。

其二，以楚国一国之实力，难以在秦境特别是秦都咸阳对众孩童下手，需各国协助。让黄歇感到骄傲的是，各国人提到楚，皆赞“楚辞妙不可言”，并珍藏屈原与宋玉墨宝。可惜，公元前 305 年，屈原大夫因极力反对楚怀王与秦国签署《黄棘之盟》，遭楚怀王逐出郢都，削官流放。

想到这，黄歇自认掳众孩童之事任重而道远。

此番谋略深远之心思，秦国人不得而知，即便因赏赐孩童而险些将亲贵之孙掌嘴的秦昭襄王，也未能洞察分毫。

秦昭襄王打发这群孩童返回宣太后处之后，乃继续与使臣们聊国事。

立了小功劳的白俊在见到爹爹后，口齿不清地将整件事说了好几遍。白起耐心地听，倒也明白了。

“将军。”一仆人书房外探头。

白起问过后才知：泾阳君公子芾府派人送了帖子来，邀 3 日之后赏雪。

看过帖子，他匆忙回复，又给了泾阳君府跑腿的些许打赏。然而，独处时，白起不免显露疑惑神色：入行伍已有年头，泾阳君与他从无往来，即便在其他三贵府中遇上，也仅客气地寒暄一句半句，便无下文。此番兴师动众派人送帖，究竟何故？他揣摩不透。

“夫人打发妾身侍候将军歇息。”妾室推门而入。

“你下去吧，今日本将想独处。”白起自成婚后，也纳了妾室，然并不热衷于风月，除长子白俊外，膝下仅一幼女。

妾室欠身而去，白起瞧其背影，不由又记起数年前赵国的凤姑娘。

最后一回收到蔺相如的来信，已是去年未化雪之时。

蔺相如在信中透露：何大娘已被救出，却不需白起出钱安排住所……

往事烦乱，今又有一张揣摩不透的邀帖。

他索性和衣，宿在了书房的软榻上。

次日上朝，白起见着了泾阳君。

泾阳君与从前一般，仍旧话极少，点头、寒暄，再无下文。

白起更为费解，终于等到相约的日子。为显郑重，他故意穿了体面衣裳。相见后，泾阳君公子芾极为热情，竟拿出府中窖藏多年的美酒招待。赏雪之地离泾阳君府颇有距离，然，其府上的丝竹班子几乎倾巢而动，到场助兴。

“敢问君上约白某前来，所为何事?”如此相待，他必有所求，白起索性入了正题，毕竟披甲上阵之人多半都不善于周旋。

“本君素来知你底细，然，本君也是极其健忘之人。先前看过的歌舞，待几杯黄汤下肚，再瞅时，又觉新鲜。”理理额前鬓发，泾阳君公子芾言语淡然，见白起肩头落了些许雪沫，抬手掸去。

“白某愚钝，请君上指点。”突然如此亲昵之举止，白起战战兢兢。

“大王因本君在齐国做质子，而嘉奖之。而后大王为国事操劳，本君则侍奉于太后跟前。太后身子康健，福泽绵长，本君也就有了闲暇，想为大王分忧。”见跟前人酒盏空了，泾阳君抬手令侍女斟满。

“君上……”白起不胜辞令，片刻后，“请君上明示。”

泾阳君以眼神命下属退出为摆宴而搭的竹亭，待他等行出一段距离后，泾阳君公子芾缓缓道出一段往事……

秦昭襄王憎恨赵国。

原来当年秦昭襄王为秦国到燕国做质子，秦每隔半年或1年，必派使臣将秦昭襄王的俸禄送往燕国。

最初的路线为：过魏、赵，入燕。然魏国设多重关卡，设诸多名目索要银两。赵王更是仗着胡服骑射后赵国的强大，而直接拿走秦昭襄王五成左右的俸禄。由此，秦昭襄王实际所领取到的秦国俸禄，约莫为发放的一成到三成。

之后，秦放弃由魏、赵入燕的通道，改走经楚、韩、齐，一路入燕。韩、齐两国并未私立名目，可楚国地方官却效仿魏国的做法，如此就使得秦昭襄王也损失了不少俸禄，好在实际所拿往往还在五成之上。

这等奥秘，唯有做过质子之人才懂。

“攻赵？伐楚?”白起愿为秦昭襄王肝脑涂地。

“攻赵，一洗前辱。”泾阳君公子芾忽而起身，从袖中取出谕旨，“大良造白起听旨……”

白起未曾料到秦昭襄王竟下密旨攻赵，三呼“大王英明”后，接了圣旨。

之后，白起称病，不再入朝，乔装率亲信几度入赵境探查地形，又得白渊指点，将从前随白渊游历周边各国所绘制的图纸完善。待一切准备就绪，他在金殿上向秦昭襄王请命，以赵惠文王无道，残杀赵武灵王为名，要求出兵伐赵。

“百事孝为先，此等荒谬之人怎可为一国之君?”秦昭襄王愣是将报私仇、抢物资、掠城池的理由，说得冠冕堂皇。

10

武安君

出师有名，秦发兵自然高调。

白起率众将士出咸阳后，在附近安营扎寨，公然操练兵马，宣称：此举誓为一代英明帝王、毕生与秦交好的赵武灵王一洗冤屈。同时向韩通过各种途径放话：夺老马岭。

白起所率秦军虽驻扎秦国境内，但韩、赵两国密切关注。

因秦军重提赵武灵王之死一事，赵惠文王勃然大怒，于金殿上大声斥责秦干预赵国内政。

食君之禄，分君之忧。大将廉颇恐秦军大规模伐赵，朝堂请缨。

然，赵将楼缓不以为然，孤芳自赏的他并未与白起沙场正面博弈过，以“白起乃秦国后起之将，实战经验不足，战术远逊于孙膑”为佐证，又举先前秦大获全胜的几场战役，皆秦数名将领与其合作之结果，言白起不足为惧。

在赵的楚使有意让赵军挫秦国实力，随之附和了楼缓的言论。

赵惠文王自登基以来，哪怕沙丘之乱，皆处理得极为顺利，高估了赵之实力，故驳了廉颇的请缨："再看看吧。不可乱了章法。"

为攻赵取光狼城，白起已用数月做了准备：潜入赵境，勘察地形，通过各种途径，了解到赵惠文王及各赵国臣公秉性。赵惠文王狂妄，不将秦军放在眼里，恰好在白起的估算之内。

二

待赵、韩两国降低对此事的关注度后，白起将所领兵马分作两批：八成由他亲率，二成交予心腹唐胜。

而后，白起分数次将八成兵马运出兵营，通过隐入山林之方式，沿河西走廊，翻山越岭而行。

唐胜待白起将人马带走后，拔寨，与假扮主帅的白起替身共同领兵，朝边境行军，且放出话：意在攻韩。然行军速度极慢，凡刮风下雨，必安营扎寨，遇落雪，更是屯兵不前。

周之探子尾随唐胜所领的秦军足 1 月有余，之后回禀周赧王：秦之举乃炫耀兵力，并无实质。

周赧王时期，秦昭襄王基本取代了周天子的地位，周天子名存实亡，其安逸寄予魏、韩两国，故周赧王将探子带回的白起号称领军 10 余万，实则 2 万有余，书函告知魏、韩两国。故二国放松警惕。

然白起率部出河西走廊后，沿赵、魏边境上的山脉而行，穿峡谷、渡川河，且全军将士皆以杂草、碎石所做的斗篷为掩护，凡遇此线上两国瞭望台和驻军营地，皆想方设法避之。

此前白起于秦境内率部藏身河西走廊，意图有二：

其一，秦境内遍布各国探子若干，稍有不慎，必暴露白起领秦军主力之行军路线。

其二，为行军减少负重，白起所带的军队每人只存5日粮食，故部队选择走山林，可猎杀野味充饥。而后入魏境、赵境，两国边境线上的山村、富庄，便成了白起等掠杀抢食补给之地。

唐胜这边，军队行之东周、秦、韩的三角地带，由白起替身下令在秦境内安营扎寨。

为混淆视听，引得韩、魏、东周揣测，故意卸下白起的旗子，再令部分精锐部队护白起替身，前往离此仅5里的秦驻此地兵营。

该兵营早已收到秦昭襄王密旨，待白起替身抵达后，立刻调5万秦军随他返回唐胜等扎寨处，放出风声：不日将往韩国进发，一举夺下光狼城。

韩、魏两国大王知伐韩之日即将到来，即刻号令魏、韩联军进入备战状态。赵惠文王也对攻韩深信不疑，不再留意国内异象。

唐胜、白起替身、秦军该处主将连续数日共同操练兵士，后因校场比试中唐胜与主将言语冲突，且动武力，之后唐胜被主将鞭刑三十。白起替身则领二三十精锐将被捆绑的唐胜救回。此事过后，三方不再来往，更别提联合训兵。

韩、魏联军知晓这一状况，以为秦军要重整旗鼓尚需数日，实则他等中了一场白起早安排的“周瑜打黄盖，一个愿打、一个愿挨”之计。秦军此举混淆视听，为白起的大部队行军争取了时间。

昼夜不懈怠，白起所领军队在此时已抵达汾水一带。他早从探子口中得知：汾水沿岸因常年战乱，人丁稀少，后上游齐国又几度有匪徒乘船一路掠夺，故两岸几乎无村落，为藏兵绝佳之所。

考虑到士兵所带粮草有限，白起将部分士兵派往山林伐木，赶制平板舟；识水性者则于河堤边筑坝捕鱼，以填饱肚皮。

待平板舟制作完毕，他等一大雾弥漫之日，命部分部下乘船随水流而下。

由此，秦军现身汾水河上，因数量不多、且两岸鲜少有人，并未引起关注。

而白起本人，则率部沿河岸线向晋阳出发。

抵达晋阳城附近后也并不急于攻城，而是趁着天黑抢占了晋阳城附近的营村、角村等村落。

晋阳城内繁华，晋阳城外萧条。全数武装的秦军攻伐每一处，皆用不到半个时辰便可以拿下。因而日出时分，晋阳城外几乎所有村落都成了白起的驻军之地。

待时机成熟，白起命人混入晋阳城，等混入的秦兵达到一定数额，便在城内制造骚乱，四处纵火。

晋阳守军见状，抓杀了部分来不及逃脱的秦军。可灭火需水，只得就地取水而用。

在守军分神之时，白起派刘勋到来不及关上的城门边，向赵国守军发起攻击。然，刘勋所带兵马甚少，转眼败阵。

城门边刚平息，设于晋阳城河道边的瞭望台瞅见了雾中来犯的战船，赵兵赶紧禀告守将。守将命关闭水闸，把来不及撤离战船的秦军全数射死。

此举恰中白起计谋。战船上仅是淋了火油的稻草人，和几名身披加了铁板的防箭蓑衣、且水性极高的秦兵。

晋阳城守军等秦军战船进入射程后发箭，船上之秦兵则趁势点火，随后脱掉蓑衣，跳入河中逃生。

来不及灭火，晋阳守军只得再将水闸打开，扎着稻草人的起火战船进入晋阳城。

他等欲将战船引入支流，再分别命人将船上的火灭掉。却未想主河道通往各支流的水闸，早被混入晋阳城的秦兵占领。火船靠近水闸，秦兵不灭火，任其将水闸点燃。由此，晋阳城内四处起火，军民恐慌。

待城内乱作一团，白起此时才正式向晋阳城进攻。

浴血奋战之后，白起将晋阳城守将及几名抓获的重要赵将，祭了秦旗。

而后，赵惠文王收到秦昭襄王书函，不禁大骂：秦人狡诈，声东击西！胜之不武！

然，晋阳乃赵之中心城池，赵惠文王虽恼怒秦之用兵，却得尽快收回晋阳。秦昭襄王给他3天考虑期，这3天足以让占领晋阳的白起高度戒备，不敢松懈。

立于晋阳，他深知东北方向的灵寿驻有赵军无数，晋阳与西边的离石之间也设几处兵营，且人数不详。

秦使3天后向赵惠文王索要答复，赵惠文王思量：宁可将韩国割给赵国的老马岭一带，如秦国势在必得的光狼城作为交换，也不能丢失赵国重要城池晋阳。于是，赵惠文王交出了赵国于老马岭的驻兵权。

战国时期，老马岭一带为兵家必争之地，而光狼城则位于老马岭一侧。此地易守难攻，三面环山，仅光狼一处城池。老马岭驻军唯有屯寨光狼城，否则无法补给。

完成秦之重任，白起立刻领兵离开晋阳，日夜兼程，返回秦地。

至于一直驻扎在秦、韩、东周三角地带的唐胜，则领两万余名秦兵，手持赵惠文王的割让书，入韩地接管老马岭一带，掌控光狼城。

而后，秦昭襄王再派出心腹大将换回唐胜，驻守于光狼城。

两年后，韩国以武力收回落入秦国手中的光狼城。

这便有了长平之战前，秦国再伐光狼之事。

战国时，被别国拿下的城池又遭他国抢走，或本国以武力收回等事件屡见不鲜，因而史书上常出现某城池遭攻击、受抢占数次，且记录时间不统一之现象，此并非为写书者记录失败，而是由战国特定的社会形态决定的。

帝国抢占城池或县郡，原因有三：

其一，为行军方便；其二，图该地物资丰富；其三，敲山震虎。

此乃后世之人多方了解、剖析才知的奥秘。

白起攻赵、伐光狼城，斩赵军两万，大挫赵国锐气。

赵惠文王恨秦入骨，却因正面交锋失利而被迫忍气吞声。

次年，燕使臣入赵，重提公元前 287 年赵惠文王与燕、魏联合抗秦之旧事，赵惠文王竟在金殿上谎称旧病复发，早早散朝。

燕使臣气赵惠文王胆怯，拜候赵相邦李兑，然李兑闭门不出。大将赵括则奉赵惠文王之命，以邯郸混进了奸细、而奸细意在燕使为由，将燕之使臣送出了赵境。

赵国蒙秦之难，恰好给了楚人黄歇向楚顷襄王进言的时机。

楚顷襄王深思熟虑，甚觉不妥：

其一，秦国兵强马壮，若此事败露，大秦的铁蹄必横扫楚国。

其二，掳孩童乃为人父母者大忌。

故楚顷襄王否决此提议。

然，黄歇绝非轻易打断念头之人。

恰逢苏厉继承苏秦衣钵，为合纵之事奔走于列国，黄歇以随苏厉前往他国，融洽与各国关系为由，请求出访。

楚顷襄王有意加强与各国间往来，故应允此事。

黄歇离开楚之后，随苏厉前往韩国。

他私下面见韩釐王，提及秦倚强凌弱，有意将话题引至绑架孩童的建议。

然，此时黄歇在楚国分量不足，韩釐王以“只谈风月、不论国事”为由，阻止了黄歇进言。

之后，黄歇入魏、访赵，私下求见魏昭王、赵惠文王并进言，却受到与在韩国时同样的待遇。

黄歇以出使列国为名，游说各国，试图让他们参与绑架秦国王侯将相之子嗣，以无果告终，心灰意冷返回楚国，一时间颓废不堪。

一直寻求发迹、却无缘结识权贵的李园，洞察了黄歇的反常举动，精心制造一系列巧合，与黄歇深交。而后在酒桌上，李园探其失意之根由。

黄歇知李园心思缜密，故意装醉道出心中谋划。李园推心置腹，当场提议先入秦境地，于咸阳城一带重金网罗秦地作奸犯科之人，再命他等与草寇、山贼等合力掳秦高官孩儿。

黄歇以为此计甚妙，命李园先入秦境雇杀手，寻隐匿山庄以便将来藏匿孩童。

待李园完成使命，他禀报楚顷襄王，以求其支持，从而想就此得楚国重用。谁料楚顷襄王勃然大怒，痛斥黄歇先斩后奏，并命李园速速返楚。

精心谋划之事不了了之，然，各国见探子活动猖獗。

秦昭襄王知此事后，痛恨黄歇，颇为赞赏楚顷襄王行事正道。

公元前283年，二王在鄢邑友好相会。

同年秋，二王再于穰邑相会。

黄歇此举未使其发迹，却意外成就了楚、秦两国百姓意外过了个和平年。

然，他也给自己平添了麻烦。

李园被召回楚国后，受尽冷遇，还被楚顷襄王巧立名目，没收了诸多家业。

李园对黄歇怀恨在心，暗等报仇之日。

事事变幻无常，小人也能得志。

数十年后（公元前238年），楚考烈王病逝，已受封为春申君的黄歇前去奔丧，被埋伏于棘门之内的李园捕杀。

然，此事也有另一番记载：

传世之作《越绝书》提道：春申君乃于楚幽王之时，被幽王所灭。

总而言之，后来此人为图富贵，与怀孕姬妾密谋，而后达成共识：将怀孕姬妾送予楚考烈王，把自己的儿子偷梁换柱到楚王膝下，年轻时做这般坑蒙拐骗之事也不足为奇。

为权力不择手段，但就春申君的谋略与治理而论，其人也是一奇才。

当年他于上海、苏州一带治理申江，疏通河道，抑制水患，也算造福了一方黎民百姓。

凡喜爱山水的人皆知：江苏省江阴的君山也叫黄山，上海的黄浦江以及上海简称为申，此乃为纪念黄歇。

二

我们回到千年前，看春去秋来、残荷听风、雁欲南飞，秦、楚、燕、魏、韩等列国争霸的时代。

那时几乎每位国君皆渴望大展宏图，可战败的忍气吞声，战胜的也猖狂不了几日。

臣子们时而为前途发愁，时而因君王的喜怒无常而担惊受怕。

赵国公公缪贤某日侍奉赵惠文王，恰因赵惠文王心绪不佳而受了责罚。而后缪贤出宫散心，途径集市时，偶然瞧见一块宝玉。

细看后，缪贤连连称奇，赞为世间罕有宝物。他请卖玉者出价，卖玉者见此人甚是识货，开价500金。缪贤并不讨价还价，但身上所带银两不足，当即倾其所有付了定金，而后亲自守于摊边，命随从回府取钱。

世人皆道：缪贤痴傻。然，此为他人不识货。

缪贤购得的玉璧非寻常之物，乃春秋时楚人卞和于荆山上所采，后经历了楚厉王、楚武王、楚文王，终将顽石剖去玉皮，显出美玉本质。此美玉有一震惊于世之名：和氏璧。

不久后，赵惠文王知晓缪贤得和氏璧，要求一观。缪贤见赵惠文王抱璧落泪，心里自知：王之喜，乃臣子之喜；王之泪，乃臣子祸事。

“大王，奴才若收藏了此璧，必辱没了此璧。大王若收下此璧，乃此璧之幸事。”缪贤拱手道。

此言正和赵惠文王心意，他却之不恭，取璧后，随意拿几件物品赐了缪贤。

为炫耀赵国实力，更提升赵在列国中的身份，赵惠文王于几日后，在王宫中办了赏璧宴。各国使臣远远观璧，赵国王侯将相则比使臣尊贵些，但离和氏璧也足有 5 步之遥。

这番炫耀是否提升他之身份，暂无人能评断，招来秦昭襄王才是事实。

秦昭襄王派使臣告知赵王，愿以 15 城池易璧。赵弱秦强，赵惠文王既舍不得献璧，更恐秦昭襄王拿走和氏璧，而不割 15 城池予赵。

缪贤见状，力荐了舍人蔺相如。

不拘一格用人才乃当时盛行之风，然举荐者需列举贤能之人有何值得受重用的与众不同之处。缪贤便道出自己曾经犯事欲出逃，蔺相如动之以情、晓之以理的为他分忧之事。赵惠文王闻之，重用蔺相如。

缪贤虽为公公，也是师出名门的饱学之士，其同门师兄弟遍及各国朝野，就连秦国的孟自多也是其亲如手足的同门。

孟自多并未想过秦昭襄王欲强行夺璧，而不履行将 15 座城池划给赵国的承诺。因早年从芈公公口中得知白起与蔺相如交好，便把蔺相如捧和氏璧入秦之事托芈公公转告，算是卖同僚一个面子。

“谢芈公公告知。”白起欣慰，多年未能重逢，今故人不期而至。

“白将军，你可别说是杂家透的风，杂家也不说谁人透的口风。你想与蔺相如见上一面，就请大王明日起安排你保卫章台一带的安全。”芈公公恐白起不甚巧言，停顿了片刻，把心头酝酿多时且百无挑剔的请缨之言相授。

白起频频拱手，细心记下。次日早朝，他把芈公公的话一字不漏道出。果不其然，秦昭襄王当即指示他带兵镇守章台。

白起兴奋地守盼与故人相逢，却不知晓蔺相如奉旨入秦，自启程之时起就心怀忧虑：秦昭襄王易背信弃义，割城池一说定为虚招，倚仗天时地利且兵强马壮，定会强抢之。

秦昭襄王果真如此。他假装斋戒，之后在朝廷设下隆重的九宾之礼，随即就命蔺相如当庭献璧。

白起虽位于文武大臣之列，可因为领了护卫章台安危之命令，也就不必如文武大臣般立于殿前，可在四周自由走动。

他瞧见蔺相如身着赵国官服沉稳走来，假装巡视，稍稍加快些步伐迎上。两人皆负皇差，不敢于大庭广众之下交谈，却隐晦地含笑对视片刻。

擦身而过之时，蔺相如低声：“我俩情谊就此完结。”

白起未听清这句极低沉的话语，暗想待蔺相如完成使命，自个儿定将其请入府邸，好好相聚。

之后殿堂上发生的事，正如蔺相如预料般：秦昭襄王不肯割让城池，有意强抢和氏璧。早有预料，必早做安排，蔺相如举璧欲玉石俱焚。秦昭襄王无奈，放弃了抢璧之举。

蔺相如完成使命，退出秦地。

白起因之前才请了保卫章台的任务，故无法再请送蔺相如出秦境的王旨。因而，仅能在军营私下与空桌对饮。

“将军，有一小厮送来……指定给您。”下属帐外禀告。

“拿进来。”白起没想过昔日莫逆之交，今日因各自效命不同君王，而……

下属将一未署名、以油纸包了数层且蜡封之物呈上。

白起接下后，摆摆手，待下属退出营帐，疑惑拆开，见到了蔺相如赠送的玉璧和一封简短之信。

他凑近油灯，细看：

白兄见字勿念，愚弟出使秦，已知秦王定抢璧，故事先写了此信。

愚弟恭贺白兄仕途顺畅，日后愚弟将尽心侍奉赵惠文王。秦、赵素来兵戎相见，你我兄弟之情会因战局而骤然结束。愚弟将尽所能照料何大娘，白兄精通战术，沙场所向披靡，然愚弟奉劝一句：兄长需多藏拙，少露锋芒，鸟尽弓藏。

兄长深思！

愚弟待赵国强盛后，定也自律其身，以免祸起萧墙。

推心置腹之语，白起久久难平静，将书信贴身放着，即便入睡，也不肯拿开。

蔺相如赴章台时给白起写的信，其中“鸟尽弓藏”四字隐晦道出了秦王之多疑，“自律其身”则预示蔺相如会在得志之后不骄不躁，与同僚交好。

此等为人，自然有后来廉颇负荆请罪的传世佳话。

白起最终应了蔺相如“鸟尽弓藏”之语，蔺相如因“自律其身”，最终得了善终。

此等事乃后世人才有幸知晓。

活在当时当地的白起并未相信“鸟尽弓藏”之中肯相劝，仍尽心竭力为秦昭襄王分忧。

凭借秦国历代君王励精图治积攒下的强大国力，自秦昭襄王登基以来，其或单独对某国发动战争，或联合他国合攻一国，秦国的武力更是彰显有加。

秦昭襄王见楚国虽有停滞不前之状，但仍担心楚顷襄王会阻止秦国东进，于是在归还和氏璧之后不久，就又一次约见楚顷襄王。

同年，秦攻魏，铁蹄踏至魏都大梁。燕、赵出兵相救，秦兵不得已退兵。

次年（公元前 282 年），秦昭襄王又约韩釐王、魏昭王会晤，因秦国实力雄厚，韩、魏两国被迫臣服。

稳住了与楚相邻之魏、韩两国，又恰逢几年前齐国经历了燕、秦、赵、魏、韩五国攻打，齐闵王被杀，国中无主事君王，秦昭襄王以为天赐良机，于朝议上提出伐楚的设想，群臣争相响应。

楚顷襄王稍后得到消息，不敢轻视秦之实力，也于朝议命群臣上谏。

朝议踊跃，臣子中不乏此等声音——“今楚之地方 5000 里，带甲百万，犹足以踊跃中野也，而坐受困，臣窃为大王弗取也。”

闻之，楚顷襄王顿然解惑，乃下旨：“遣使于诸侯，复为纵，欲以伐秦。”

秦昭襄王得知楚再次将合纵之事提上日程，且暗暗调兵遣将，为得作战先机，很快就定下了伐楚主帅——白起。

当时的战役极难速战速决，秦昭襄王于是又给白起下了另一道圣旨：大挫楚国实力。

白起以身家性命发誓效忠秦昭襄王。

“好！孤在咸阳静候白爱卿得胜班师回朝之佳音。”秦昭襄王龙颜大悦。

为确保伐楚万无一失，公元前 280 年，秦昭襄王再次派出名将司马错配合白起。

司马错乃秦国几朝元老，所建功勋有目共睹，曾为秦国攻克蜀地，并由秦派兵镇守之。司马错以为此时的蜀地郡守张若可率兵由水路支援伐楚。于是，奏请秦昭襄王。上奏很快得到回应，秦昭襄王下旨：张若率兵从侧路配合伐楚。

作为伐楚主帅，白起率兵出秦境，首战代城，而后直逼已被韩国抢回的光狼城。

韩军妄图凭借老马岭天险抗秦。唐胜因镇守过此地，甚为熟悉地形，主动请缨。

“传本将令，唐胜为先锋将军。待他等扫平老马岭，本将则领你等众将士一举夺下光狼！”威风赫赫的白起于领将台上下令。

“将军威武！”众将士齐齐响应。

唐胜翻身上马，率先头部队沿山涧出发。

白起静候佳音。果然，爱将先锋将军唐胜不辱使命，几日后便拿下了老马岭一带，并派兵将他新设的各瞭望台告知白起。

“末将愿领兵。”刘勋请缨。

“末将愿领兵。”司马靳单膝跪地。

白起哈哈大笑，朗声道：“拔寨！明日午后我全军将士将于光狼城畅饮。”

光狼韩之守军虽奋力抵抗，然，秦军势在必得，且准备充分。沙场交锋，以白起为首的秦军处处抢占先机，将韩军逼得无所适从。韩军除小部分人马仓促逃出光狼城外，大部分兵力被白起歼灭。白起信守承诺，于光狼城西古树林一带宴请众将士。

此战，秦军大获全胜，歼灭韩近两万兵马。

光狼城的东南北三面环山，往西乃一条河谷走廊，直通老马岭，东北峡谷紧接丹河谷地，甚是险要。

在冷兵器时代，作战除需要将士外，也少不了战马和屯粮。光狼附近的老马岭林密，小型物产如野果、野兔、麃等多如牛毛，有名的马跑泉又能解决饮水问题。故，数年来为兵家安营扎寨、屯兵之必争要地。

光狼城附近的老马岭何年、何人开道不得而知，战国末年，秦军东进，几度争抢老马岭、光狼城，却是不争之事实。

相传老马岭一带的山民早已因频繁战争和强人出没，已然不知去向。自秦之后的几个朝代，此处再无传说。直至明万历年间，“老马岭上走强人”一说再现民间，这才将隐世多年的光狼、老马岭等重新拽回世人眼里。

三

光狼城大胜之后，白起再接再厉，挥师南下，进攻楚国北境之邓城（今湖北襄樊西北）。

此城素有“华夏第一城池”“铁打的襄阳”“兵家必争之地”之盛名，汉水穿城而过，位于南北两岸的襄阳、樊城，隔江相望。三国时的“三顾茅庐”“隆中对”等故事也都发生于此。

话说白起进攻邓，他结合此城地貌，巧妙用兵，将部队分为三路：采用陆路进攻城池；水路分散城池守军注意力；待邓之守军大乱时，再派主力兵马攻城。虚实结合，此战堪称白起战争生涯中速战速决的典型战例。

伐楚的另一路大军司马错部队也不辱使命，率军从陇西郡出发，经蜀郡、巴都，大举进攻黔中郡（今湖南湘西土家族苗族自治州吉首市）。

伐楚的第三路大军——蜀郡守张若所领水陆之军则暂时按兵不动，随时待命。

楚顷襄王见秦铁蹄所到之处楚军大败，恐威胁政权，故割让上庸（今湖北竹溪东南）及汉水以北之地给秦。

秦昭襄王为加强对此地区的控制，有助伐楚，大赦在狱囚犯，并驱赶获释之人迁徙至南阳（今豫西南及鄂西北一带）。

数年来，楚顷襄王享安逸、重文、轻武，为抗秦，他重整旗鼓，举兵沿江而上，攻旧巴国，占领了枳（今四川涪陵东）。

白起等早已屯兵楚地，跃跃欲试攻楚国都城郢。

楚顷襄王之举无疑引得他等受制，秦昭襄王召群臣急议，而后定下更大规模的伐楚之举。此等事，《史记·苏秦列传》中略有提及。

公元前 279 年，白起率数万兵马沿汉江东下，攻取沿岸重镇，前有汉水流域的粮草为军队补给，后又有点将台上对将士们的胜战后加官、赏银的誓言，白起挥兵之初，其所率之军便战无不克攻无不胜。

伐楚的第三路秦军由蜀郡守张若带领，分水陆两军东下，进攻楚国巫郡及江南。

一时间，楚国大面积沦为战争之地。

知同僚挫败楚军，白起更是心中振奋，每逢收到此类消息，皆通告全军。

然，他从未放松行军速度。

这日入夜后，他巡查营地，叮咛："夜间加强守卫，凡有动静，需查看仔细。"

随行的将领皆点头附议。

侧目，白起瞧瞧刘勋："明日我等将过前面的吊桥，过桥后，你带人将绳索砍断。"

抱着与全军将士同生共死之决心，凡经过的桥梁、用过的船只，白起皆命人一并毁之。

刘勋热血沸腾，慨然领命。

出身伙头军的唐胜，奉白起之命，监察伙房饮食，毕竟养兵千日才可用兵一时。

白起本人为能调动全军将士的作战积极性，在率部离开秦境的最初，当众砸毁主将行军打仗时的私灶用品。

如此煞费苦心领兵作战，可白起进攻楚地鄢的行动，最初并不顺利。

原因有二：

其一，鄢离楚国都城郢（今荆沙北）极近，被称为郢都北门户，楚国历代君王皆甚为看重鄢，故在鄢城素有重兵把守。

其二，秦军入楚地后，楚国探子探得秦军行军动向，楚顷襄王得密报后，特在鄢与都城郢之间增设了几处兵营。如此，凡遇秦军攻鄢，离鄢最近的兵营必出兵协助鄢城守军抗秦。

“将军，末将明日愿领兵攻鄢。”司马靳军帐请命。

“末将愿率部配合司马将军，明日攻打楚军兵营。”另一将军抱拳。

几度以强兵攻鄢未果，白起以为轻敌了，需智取。

议事陷入瓶颈，许久后，他想起一往事，茅塞顿开。兴冲冲行至悬挂于帐内的羊皮地图前，指指鄢城西部，而后笔饱蘸墨，圈了一处。

“此处有座山，山上有条河，此河名为长谷水。本将数年前与大王亲信等到过楚地，而后本将前往此山探查过地形，亲眼所见河上有年久失修的水坝。”

尽量回忆得清晰，他缓缓道出心中谋略。

众人低声讨论，而后齐齐抱拳：“一切单凭将军做主。”

次日，白起亲点了司马靳、刘勋等几名将军前往鄢西部之山，维修堤坝，增设长渠。

唐胜待白起到此检查工事时，兴奋难耐：“等水坝修好，我们一开闸。这所续之水就源源不断灌入楚地，鄢城、郢城皆不在话下。”

秦自商鞅变法以来，实行二十级军功爵位制，拿人头换富贵乃当时所推行的公理。

然，大王封赏食千户，仅是位高权重、官拜将侯之人，其余人等仅靠俸禄和饷银而已。

白起回瞪唐胜，说：“本将听闻楚国遍地宝物，楚国歌妓更能唱出绵绵之音，绕梁三日不绝。若以水淹去两城，此等宝贝……难不成你带兵乘船打捞？城池中死去的人口，我等如何大致清点、上禀大王？”

一席话听得在场人心悦诚服。

刘勋请命：“末将负责修几条水路，将放出之水引入他处。待楚王投降之时……”

耐不住性子的唐胜接下话：“就是我等发财时！”

然，楚顷襄王知晓白起于长谷水修筑堤坝，赶忙换了寻常衣裳，扮作平民出逃。楚高官、王侯紧随其后。

此等事，秦军自然无从知晓。

楚王及贵族出逃，楚国鄢、郢两地将士及城民皆被蒙骗。与白起所率秦军发生摩擦之时，抱着与楚国同生共死之决心，誓死捍卫家乡安危。

定下开水闸之日后，白起命人登高喊话：“我大秦威武，所向披靡。若楚王肯出城投降，你等楚人则安然无恙！与我大秦共享太平！”

郢都之王宫哪有楚顷襄王身影？将士们闻言，请教见识不凡者：若秦军当真放水淹城，城池是否能保住？

见识不凡者答非所问，提及公元前284年，燕国将领乐毅率燕、秦、赵、韩、魏五国联军攻齐，燕军大破临淄，齐闵王受害一事。

众将士闻之，暂且退下。

当秦军喊话得不到楚军任何回应时，白起立于堤坝旁，以鸡血祭秦旗，而后挥刀砍断拴木栅栏的麻绳。

栅栏断，所蓄之水滚滚而出。

因先前早已修了长渠，故此水流向甚为集中，直奔鄢而去。

鄢城守军见状，急登城楼，见并未有秦军攻城，乃速派人往郢都请示。

楚顷襄王此刻早已身在他地，如何保城的折子被公公收后，搁于御案之上。

当鄢城遭洪水围困，郢、鄢之间的驻军纷纷往郢都外围撤去，留于郢都的众臣才发觉有多日不见大王最亲近的数名同僚，又因此段日子非楚王朝议日，故未有人察觉楚顷襄王去向。

众臣集结王宫，求见大王。

内侍公公支支吾吾，全数挡驾。碍于军臣之理，他等只能长跪于殿前。

这番举动耽误了宝贵时间，河水不仅淹了鄢，还吞没了鄢城数十万军民。

鄢城之战乃中国历史上最激烈而残酷的战役之一。

《水经注·沔水》中有相关记载："夷水（鄢水）又东注于沔。昔白起攻楚，引西山长谷水，即是水也。旧堨去城百许里，水从城西，灌城东入，注为渊，今熨斗坡是也。水溃城东北角，百姓随水流死于城东者，数十万，城东皆臭，因名其陂为臭池。"

然，制造数十万军民惨案的，除白起，还有一人：楚顷襄王。

原因有三：

其一，历朝历代，君王及中央集权者才有调度兵马之权。

虽说"将在外，军令有所不受"，但这指的仅是根据实际战情，修改或变更原已确定的作战方针，以求收获更大战争果实的情形。然，调防、换防、将士进驻或撤离城池，皆得有王旨或盖了王印的文书。

郢为楚国历代都城，鄢、郢间不过百里，白起于鄢城西面山上修水利蓄水，楚之探子必能网络消息，楚顷襄王如有心救鄢，该早下王旨：命部分驻扎在鄢郢之间的军队进驻鄢城；因离长谷水最近楚军为鄢城守军，故抽调鄢之兵马前往长谷水流域，阻挠秦军修堤筑坝，夺下河道掌控权。

而此等事，楚顷襄王一律未做。

其二，当滚滚洪水往鄢城逼入时，各种史学资料均未记载白起曾派秦军沿途攻击楚军，故此刻若楚顷襄王有心救鄢之民众，可用楚军护送百姓撤离，即便不能保住全城百姓性命，也不至于全数淹死于城中。

可是，据笔者剖析，守城之军及其鄢城郡守皆未做此事。

在我国古代，除天灾外，若城守弃城，需凭君王手谕，才能与守将联手开启城门。

郡守、守城之兵眼见滚滚洪水逼近鄢城，而鄢城内或许还有其家眷，但却不能开城门，因为没有楚顷襄王王旨。

故，白起发动了攻鄢，楚顷襄王也在白起攻鄢之时，舍弃了楚国军民，才酿成空前灾难。

其三，公元前284年，已有齐闵王于战争中被杀之事。此次秦国伐楚之军势如破竹，白起更是屡战屡胜，楚顷襄王更知秦国拿人头换富贵，且根据人生前的身份，所换富贵又分等级等军功奖励制度，他难免不担心白起砍他的人头，带回秦国领赏。

综上所述，笔者认为：臭池不仅是白起犯下的事，也是无爱民之心的楚顷襄王闯下的祸。

次年，白起整顿军事，率兵伐郢。占领郢都后，西烧夷陵（楚先王陵墓区）。楚顷襄王兵散，无力再战，携散兵出逃。

此举恰合白起心意。白起挥师横扫楚地，向东攻至竟陵（今湖北潜江西北）、安陆等地，向南攻陷洞庭湖一带，设置南郡（郡治郢），可谓战功赫赫！白起的辉煌战绩一时震惊朝野，更令六国闻风丧胆。

秦昭襄王金殿下旨：白起受封，晋升为武安君。

11

隐患

公族出身的白起自从戎后，由左庶长一路攀升，短短十余年，竟封侯拜相，跻身权贵之列。他之事迹鼓舞了秦人，一时间，从军成为热血男儿的头等大事。

更有甚者既非公子白后裔，也与白族扯不上关系，只因姓白而觉颜面有光，托渠道往白族送礼，指定交予武安君白起。

男丁踊跃从军，此消息传入宫中，秦昭襄王大悦。合上奏折，见一旁侍候的芈公公递上茶点，摆了手："孤还未想好该赏白起食多少户。"

"大王英明，定早有了主张。"芈公公尽量不在朝政上多言，以免祸起萧墙。

"仅按律法赏，大秦男儿非人人能立此等功勋……孤再想想。"秦昭襄王犹豫不决。

半月后，他下旨：赏白起宅院1座，食户千余邑。

如此，白起便搬出了白府，前往大王新赏的府邸安家。

可魏冉觉得此座府邸不够气派，毕竟如今的白起非是寻常人等，他暗自琢磨离咸阳城较近的府邸，秦王都大体赏了人，已所剩不多，便以贺喜为名，将咸阳城郊外一处自己的别院赠予白起。

另"三贵"见状，也纷纷送了比其他同僚贵重之礼。

白起收到的贺礼中，数魏冉赠的别院最为气派。故白起名义上是搬入大王给的府邸，实际却是乔迁入了魏冉送的别院。

臣子们送礼交好，宴宾深交，秦昭襄王等不予理会，但魏冉此举令其有所思虑，不由得留心了魏冉的日常用度：

魏冉的官轿乃8人抬，前面行4名侍卫；

出行的马车以金箔贴面，档头画彩绘，连驾马的车夫也衣着华丽，车上配威风赫赫带刀侍卫；

至于穰侯府邸，也比其他府邸更气派，每座院落皆由重兵把守，一处岗哨设两人；

……

一

这日，秦昭襄王收到下层官员送来的稀世果品，品尝后觉味极好，恰逢往宣太后宫中请安，便命人领了一食盒随行。

"大王请起。"宣太后歪在榻上，大体安好，抬手命孟自多呈上茶点，恰好这果品与秦昭襄王带来的一样。

"母后这东西好似稀罕，非我秦国寻常之物。"秦昭襄王朝芈公公使了眼色，命其勿将食盒内果品取出。

"穰侯说哀家整日在宫中闷得慌，便四处寻了些稀罕货给哀家见识。图个新鲜罢了。若大王留在此用膳，也尝尝穰侯弄来的何肉……哀家记不清了，名字新鲜。"宣太后并未察觉秦昭襄王言语中暗有隐藏，因喜爱魏冉，故想为其融洽与秦昭襄王关系。

“不了，还有些折子要看。孤改日再陪母后用膳。”秦昭襄王起身，待回到御书房后，瞅瞅芈公公，又看看另一位平日跟在身侧且服侍极为尽心的内侍，终是叹了声气，并未多言。

几日后，孟自多奉宣太后之命，给秦昭襄王送来物件。秦昭襄王支开身边所有人，单留孟自多于寝宫内。

“大王何事？”孟自多见状，知大王有心事。

“孤自登位以来，励精图治，唯恐荒废了朝政，百年之后无颜见列祖列宗。”秦昭襄王坐于龙床边，抬脚要孟自多为其穿鞋。

孟自多闻言，知大王接下来的话甚为重要。

“太后对孤……孟自多，你是看着孤一步步走来的，不必明说，你自明了。魏冉能征善战，文韬武略，样样精通。芈戎能打得了仗，可常在殿上言语冲撞于孤……”秦昭襄王细数宣太后及“四贵”把持朝政。

“当年大王即位年幼，如今大王都是有了子嗣的人，怎能还那般……”孟自多明白了：大王觉得皇权不够集中。

“孤一直都在做你想的那等事，可到了这个节骨眼，孤有些吃紧。”眼前人虽是心腹，然见识仍缺乏了些，常将一件事想不周全，秦昭襄王被迫道破。

孟自多长“哦”一声，茫然，请教秦昭襄王该如何做。

“你趁着出外采办或寻个别的理由，去趟秦府，问问秦正吧。孤该将他阉了，带进宫，换掉你。”秦昭襄王笑谈。

“奴才已经没了根，秦正再没了根，他那一屋子小妾该跟大王急了。”孟自多贫嘴。

秦昭襄王对宣太后及其“四贵”从最初的把持朝政，到如今的干预朝政，一直心存忌惮。长期以来，秦昭襄王通过各种手段，想方设法想将5人手中的大权收回。却不见进展。

当初，大权基本由宣太后、魏冉连同芈戎掌握，而后宣太后将部分权力下放给泾阳君公子芾和高陵君公子悝。名义上二君分了宣太后的大权，实则宣太后通过二君更大程度上掌握了朝廷动向。毕竟魏冉年长，许多事不与宣太后通气；华阳君芈戎为人傲慢，且有勇无谋。

这等皇家秘密，外人白起知晓甚少。白起仅知宣太后、“四贵”皆为秦昭襄王最亲近的人，魏冉封侯拜相，更是宣太后眼前最信得过的，否则白起便不会携全家住进魏冉给的别院。

这日下了朝，小厮来传，说是宫里的一位故人前来拜访。

宫中故人？

白起理所当然想到了芈公公。

芈公公虽系内侍，然彼此交情深厚。白起听了来报，立刻整理衣袍，越过小厮，往门边迎候。

“果真是你。”白起武将出身，比不得朝中的斯文人，随意地抱了拳，即命人端来上好茶点。

瞅了眼身边侍候之人，芈公公瘪了瘪嘴。

白起立刻抬手，命他等退下，心急火燎打听到访缘由。

“杂家出宫采办，先前去了趟白府，看了渊公子。他怎病得如此之重？听其内子说，渊公子整日吃不下多少东西，如何了得？”芈公公担忧。

白起长叹，他略显烦躁：“自本将水淹鄢城，他就病了，这些日子还好了些。据说他听闻淹死了数十万人，当场喷了血，晕死过去。本将每回去探望，都不敢说朝廷的事。从前一位故人给的方子，如今也帮不上忙了。”

芈公公跟着叹息，随即叮咛白起：想些法子调理白渊。而后，这才说了要紧事：“大王最近常唤孟自多，杂家知孟自多与大王格外贴心，可隔日便唤他一回，杂家心有余悸。你在朝中可听到风声？”

白起茫然，摇头。

“留些心，杂家与你，还有另几位算是推心置腹了。常言道，‘一荣即荣，一损即损’。”芈公公起身，惦记了自家的事，赶忙离开了。

盛年被阉，成了阉人后，世间无处容身，幸得秦昭襄王收留，芈公公才有安身之地。

然侍奉公子悝时，他早已有了妻室，且已是两个孩子的爹。

因有家眷，秦昭襄王常许他隔几日出宫一回，看看家小。

因而，芈公公出外采办的次数，较一般公公多些。

芈公公的到访给白起心头添了疑虑，平日里遇到这等事，他多半请教白渊。如今堂兄病重，他没了主意。

忽而想起孟自多与秦正、向寿甚为要好，揣摩良久，寻不到拜访秦正、探其口风的理由，毕竟他像大多数官员一般，从未与秦正有过正面交往，就拿封武安君一事而言，秦正也未送来贺礼。

“来人，备马！”去趟向寿的府里吧，毕竟与他还算熟识，白起吩咐。

前往向府的路途中，他苦思冥想：若向寿问起到访理由，该如何应答。

然，向寿并无这般心思，见白起来了，恰逢府中摆膳，便邀其同桌。

“武安君，你今日到此，定是知晓本官新弄了几匹良驹，待会到马厩，套几匹带走。”向寿为人痛快。

“如今大秦国力昌盛。这马，本将打仗用得着，不客气了。本将……”白起不胜辞令。

“但说无妨。”向寿听其支支吾吾，赶忙将侍奉的人撤了。

“末将敢问向大人，末将是否有做得不妥之处?”打仗，白起自认游刃有余，可为官之道，并不擅长。

“没觉将军有何不当。”向寿否认。

“那便好，那便好！大人若是察觉出，还请知会一声。”他究竟是不知道还是不肯提点？白起揣测。

“你身边有司马大元帅的人，不如请教司马大元帅吧。司马大元帅可是朝中一等一的实心人。”他开诚布公道出处境，向寿愿意为其指点，然并不知晓其遇上的麻烦，推断白起身边的司马靳定能通过爷爷司马错，给予帮衬。

向寿图富而不争贵，白起与之有过协同作战经历，当时并未留意用兵打仗之外的事。

许久后他听闻：向寿之军因断后，未与敌军正面搏杀，故按秦二十级军功爵位制，秦昭襄王给其部队的封赏较少。然，司马错所带之兵除得赏赐外，还在战场上抢到了诸多银两，因而司马错以还向寿借兵之礼为由，分其近四成战场所得。

白起得知原委后，曾请教白渊。

白渊为其指点迷津：“领兵作战，胜负乃兵家常事。得胜，朝廷必有封赏，并抚恤阵亡将士；若败，朝廷的抚恤金常虚有其名，而不派发，甚至克扣现役军人饷银。因而两军对战时，胜方扫荡敌营所得的银两，常分作三部分：上交朝廷四成左右；主将及此战领兵打仗的各将军，取两成入私囊；剩下的四成，用两成打点同僚，另两成留作军队来日开销。”

白起收起思绪，对向寿说道：“多谢向大人提点。日后白起若遇借兵之事，还请向大人多多指教。”白起亲为向寿斟酒。

“哈哈哈……”向寿大笑。

白起见其酒盏已空，再次斟满。

“你我同为朝廷效命，然大王最恨结党营私，我等交情也不过同僚之情。”向寿点到为止，意在暗示白起对外不言二人相交之事。

微愣一记，白起豁然明了，附和：“我与向大人之交，仅比相识多了份同为大王效命、沙场拼杀的旧情而已，还请向大人不要生疏了彼此的旧情。”

得向寿提点后，白起返回兵营，唤司马靳于营帐内密谈。

司马靳深得司马错教诲，自然懂得与同僚相处尺度。

白起开诚布公，直言宫中传出消息：孟自多公公近日与大王格外亲近。

思虑周密的司马靳苦思冥想，然并未有建设性意见，二人详谈约1个时辰，白起终拿定主意：待来日他于朝堂之上留心各臣子向大王进言时，大王的言语有何与寻常不同后，再作剖析。

司马靳叹气而去：领兵打仗之人最是厌烦官官相争、官官相护、官官……

“渊哥，你何时能好起来?”独处的白起忍不住撕心裂肺吼了声：愚弟快被这等事逼疯了。

说白起愚钝，不善于朝廷奉承君王，也不懂与同僚相处的尺度，提携白起的魏冉较他有过而无不及。

白起已如履薄冰，魏冉多年把持朝政，故行事高调，依旧常于侯府宴客。

为与众不同，他每回宴客皆与上回方式不同：

或搭建台子，命百人于台上杂耍助兴；或在府中几处极高之地，命歌舞伎演出，而此时宾客则坐于花园之内，待丝竹声起时，放出诸多雾气，宾客瞅着歌舞伎就如看仙子于天空起舞。

他甚至网罗天下编撰才子，欲以大秦历代先王、宣太后及他穰侯本人为主线，写一部脍炙人口的大书，以流芳百世。

白起名为出自高陵君公子悝麾下，实则乃穰侯举荐之人，故穰侯府的盛宴，他时常出席，也就对场面之壮观习以为常。

然编书一事，则乃某日朝议时由秦昭襄王提及，才得知晓。

散早朝后，白起见魏冉行于前方，犹豫不决是否追上他说说话。

终于，白起还是一声叹息，任魏冉走远、入了穰侯府的马车远去。

二

几日后乃中秋，秦昭襄王以赏月为名，召文武大臣携家眷于宫中赴宴。白起自然领苏氏入宫。

苏氏出阁前乃才女，多少有些见识，妻凭夫贵，苏氏虽鲜与他府贵妇往来，然也出席过许多类似场面。瞧着宫女呈上的河鲜较小，苏氏品尝后觉肉质不够鲜美，却也仅在与白起对视时以手势相告：此宴席内有文章。

白起谨慎，不再多言。然有一同僚在酒上头后，拍着胸口嚷嚷："大王，这顿饭吃得微臣憋屈。鱼太瘦，肉块切得太小，咽到喉咙里的酒也不够纯……"

公然挑剔大王赏宴，令众臣一愣，霎时间宴会噤若寒蝉，连歌舞伎也不知所措，停了舞步。

然，众人不知，此人乃受秦昭襄王密旨，故意闹事。

秦昭襄王安排中秋盛宴与朝臣同乐，他派心腹督促了所有菜品的配置，就等朝公们对菜品不屑之语。可酒过三巡，仍不见朝臣及其妻室出言不逊，便派一小公公给此人传了口谕：按御书房内吩咐行事。

此人说完，还未回席落座，立刻有人拱手："大王，该治他藐视君王之罪。"

秦昭襄王摔了酒盏，沉脸不语。

见几位朝公跪请——以此人喝醉、口无遮拦为由，请秦昭襄王罚些俸禄，小惩大诫。

白起踌躇良久，思量以秦之富，王宫设宴，用度如此寒碜，必是大王有心之举。

抬眼，他往芈公公处望去，只见芈公公朝他稍稍挤眼。

芈公公的眼神作何解析？白起再次迷茫。

“大王，冒犯之人本就粗枝大叶，又多喝了几杯，故殿前失仪。老臣恳请大王小惩大诫。”司马错离席。他为此次求情人中最有身份的。

白起见状，赶忙跟随，说了与司马错大同小异的话，单膝跪在地上，也不知此次求情是对是错。

然，要求严惩闹事之人的臣公比比皆是。

一时间，群臣大体分作两派。

魏冉也是请求小惩大诫之人。

直到魏冉表态，秦昭襄王这才有了之后的举动：哭出声来。

“孤见爱卿们日日辛劳，故中秋设了此宴，与众爱卿同乐。然，孤竟拿不出让爱卿们尽兴之物，非他的错，乃孤之无能！”秦昭襄王走下正位，行至“惹了祸，被吓得跪于地，酒未全醒”之人跟前，双手将其搀起。

赌对了！白起如释重负。

“散了吧。”秦昭襄王见众臣战战兢兢，却无人说出合他心意之言，传旨散席。

当夜，“惹了事”的臣子被秦昭襄王留于宫中，名为安抚，实则避开所有臣子，进行打探。

白起也因此事被魏冉请到穰侯府，他一进书房，见此处聚集了不少平日里与穰侯较亲近之人，拱拱手，寻了处较安静位子，落了座。

“侯爷，本君以为大王今夕设宴，乃让尔等捐钱。”大王公然哭穷，高陵君公子悝认为此番举动是逼群臣向朝廷国库捐银钱。可数目……他无法定夺：多了，他不乐意；少了，大王必有微词。

华阳君芈戎并未亲自到场，乃命其长子领了一幕僚前来。其长子揣摩不定，出言：“纵观我大秦，大王富有四海，我等与大王比财富？不能比啊。”

此一语，虽为推敲之言，竟给了魏冉当头棒喝：自己比大王富。

“我等皆以大王马首是瞻，为臣之道，当为君王分忧。”魏冉心中思虑颇多，言语得当。

一语末，他见众同僚或闷声不语，或交头接耳，然无人正面回应他的发言，捻盏饮茶，他思绪急转：

秦昭襄王即位已30年有余，朝廷中早有一批势力，随着大王将皇权集中，便与自个儿矛盾四起。以往能做之事，今日不可为；昔日大王一笑了之之言，今日定要讨论个子丑寅卯。

此一时，彼一时！

魏冉自认大秦不可没了穰侯，先前的一番话又说得妥当。

可了过半个时辰，众人仍无定夺，他乃推说身子乏力，散了此聚。

之后，魏冉寻了个阴雨天，推说旧疾发作，没站完早朝，便恳请大王许他告假离去。

而后，10余日不上朝，理由皆是身体未康复。

朝中之事郁闷得紧。白起庆幸远离白族、仅携家眷而居，如此，也就不必在下朝、训兵后，应酬族中到访亲朋。族中规矩甚多，他虽封君已久，然怠慢族人，必遭来骂名：傲慢无礼、目中无人。

谁料这般行事，他仍得了坏名声：位高权重，不与寻常人往来。

传言流至他耳中已是几月之后，他听了甚为厌烦，斥责这些人无理取闹，白起叮咛妻子：常到族中走动，多规劝爹娘，请他俩早日移居这边，毕竟白族的生活比不得此处舒适。

苏氏听完后，记下夫君的嘱咐，正欲说话，见其有些疲倦，赶忙退下。

白起非身体疲乏，乃是因朝事心焦。

他之伯乐魏冉直至今日上朝次数屈指可数，朝中同僚言语中已有排斥白起之意。前日上朝，大王听闻王陵修建进度的汇报，竟将芈公公派离去，却未提及何时调回。

魏冉在先，芈公公离开在后，白起细细观察，不难发觉：魏冉提拔的诸多同僚，皆因各种缘由，或被远派，或领了长期公务。自个儿何时能上战场，远离一切，他不得而知。

白起的境遇，在娘子苏氏回白族时，被告知了白渊。

白渊并未正面回应，只待身子舒服些时，以进宫陪宣太后听佛经之由，把事情给转述了。

宣太后岂能坐视不理？

魏冉与大王不见兵戎过招，却足以令秦国消耗国力。

就在秦昭襄王及群臣翻腾的日子里，宣太后以一袭贵妇装扮到访了穰侯府。

“哀家听说你病了，只是哀家素来不问朝政，故知晓也晚。穰侯调理了许久，好些了吗？”花厅用茶，宣太后面容和善。

魏冉赔笑。

一旁陪来的姑姑见宣太后玉指拂颊，递上嗅壶：“娘娘格外惦记穰侯，穰侯在娘娘跟前，可比一般人分量重多了。娘娘前儿才停的药，今儿就来了。老奴记得从前穰侯、高陵君他们一起围在娘娘身边，那时的娘娘半点病都寻不着。”

“是啊，哀家还记得，有一日哀家穿了身粉绿的衣裳，先王让穰侯猜这身衣裳是哪里进贡的布料。那时候多年轻啊！你老了，哀家也老了，加起来的岁数都比大王好几倍了！”扶正珠钗，宣太后有意提及秦昭襄王。

赔笑，魏冉拱手，大赞先王仁德，随后发誓：穷其一生，也会禀行誓死效忠朝廷之决心。

谈得极为投缘，宣太后由魏冉亲自送上了马车、放下车帘，直至视野中瞧不见此马车踪影，魏冉才转身回府。

次日，他收拾妥当，早早前往金殿外候着，预备早朝。

当朝议开始，秦昭襄王见魏冉神清气爽，不觉垂问：“穰侯身子可大安了？”

魏冉拱手，声音洪亮：“老臣蒙大王惦记，已恢复了昔日体格。如今的老臣随时可为大秦披甲上阵，有我魏某一日，大王定能高枕无忧。”

将魏冉逼得太紧也不是上策，秦昭襄王早已渴望出个和事佬，给他和魏冉同下台。魏冉突然入朝，他有些疑惑。

几日后，秦昭襄王于朝议提出：趁魏国形势动荡，可伐魏，百利无一害。

有臣子却以为：连续数年来对东方各国发动战争，秦国已需休养生息。更有甚者提到伐魏后，即便魏割城池予秦，秦得到的好处与调兵打仗的花费相比，收益不大。

秦昭襄王舌战群雄，一力主战。然朝臣问及军费之事，他被逼得有些恼火。

“大王，魏某不才，愿为大王肝脑涂地。只需朝廷算出伐魏所需银两，魏冉愿全力承担。”魏冉当着众人，说出了惊天地泣鬼神之语。

同僚哗然。

秦昭襄王震撼，大赞：“秦难得一贤士，竟被孤遇上了。此乃秦之幸，也乃孤之幸。”

魏冉私下里算了笔账，他只出五成军费，其余五成则向宣太后、三君及与他交好者索要。冲锋陷阵后，战场上所得，因由他负责军费，自然无须上缴。之后，将宣太后的部分还了，他若掌控得好，鲜有利润，若不然，花费也不多，还在承受范围之内。

虽未定下伐魏之具体事宜，然之后的朝议极为融洽。

退朝之后，白起一洗数日来的阴郁，脚步轻快地返回军营。

秦昭襄王回到御书房，就见宣太后身边得势的姑姑送来果点。

他并未有用果点的兴致，却装作恰好肚子饿，当即吃了小半盘。

“大王食欲甚好，奴婢定将此禀报太后娘娘。”姑姑娴静，句句话说得妥帖。

“太后的身子好坏，乃孤最看重之事。听闻她前一阵召了道人进宫讲养生之道，不知是哪位道长？”秦昭襄王与姑姑闲聊。

“娘娘请进宫的总是那几位，只是这回陪听道经的，乃渊公子。渊公子真乃我秦国不可多得的才子，不仅能与道长论得道义，还以经文作诗，说大王为国事操劳、太后与大王同心合力……奴婢记性差，又无文采，记不得句子。当时听着，只觉好，后来娘娘把几句诗到穰侯跟前读了一遍，穰侯险些拿笔记下来。哎呀，娘娘那边还等着奴婢回话，奴婢告退。”太后娘娘为大王与穰侯调解关系，姑姑以不经意的方式告知了秦昭襄王。

白渊求了太后，为孤善后？

秦昭襄王心中明了了。

待太后宫里的人离开后，他唤太监到宫门处查询单子：太后的确某夜出过宫。

细想，次日魏冉便上了朝。

白渊深知孤心，真乃孤的知己！他由衷感叹。

之后，秦昭襄王命太医院每隔一段日子，便为白渊调理身子。

白渊吃了太医院开的药，稍稍好了些，之后到道观里住了几日，将道观中采集的晨露装了一两瓶，亲自送予太后和秦昭襄王。

面呈秦昭襄王时，从晨露说到母亲，又从母亲延伸到儿子孝顺母亲、母亲定为儿子排忧解难的种种。

受白渊提点，秦昭襄王之后一段日子，每晚必陪宣太后用晚膳。

宣太后见秦昭襄王如此孝顺，在魏冉和秦昭襄王之间，更亲近了秦昭襄王。此举有助于之后的秦昭襄王夺回所有旁落之权。

清理“四贵”，尚有数年需等待。

三

领兵打仗，铁铮铮真材实料，魏冉终被任命为秦伐魏之主帅。

魏冉领兵十余万于公元前 275 年，向魏国开战。魏将芒卯轻待秦军入侵，妄图以城池坚不可摧之工事抗秦。

然，魏冉用兵神速，且秦军善战，逼得芒卯不得不率部弃城而逃。

魏冉之军入北宅，随即围攻大梁。

魏安釐王派使臣送求和书予秦昭襄王，将温城（河南温县）等 8 座城池割让给秦国。

此次魏国割让的城池多半物产不丰富、民众较少。再加之魏与齐合纵交好，秦昭襄王以为此举威胁秦，故命魏冉再伐魏。

奉王命，魏冉于点将台上喊话：“魏王无诚信，将他都治理不了、民不聊生之地送予我大秦。此举乃对我全体将士的轻视。”

一呼千应，万应。

魏冉再次拔营。

韩恐魏在此战后一蹶不振，毕竟韩、魏因地理位置接近，且国情相似，联系较为紧密，唇齿相依，因此韩国派出大将暴鸢救魏。

魏冉见状，兵分两路，一路正面与暴鸢对敌，一路于侧翼偷袭暴鸢的粮草供应。侧翼焚韩军粮草，毒死战马千匹。此时正面出击的秦军并未有所动静。

暴鸢得知粮草被毁，又闻秦军焚烧粮草的队伍并未逃远，故率兵追至。暴鸢派出的追兵被引入秦军埋伏的山谷，遭困。

魏冉见分散了暴鸢兵力，领秦军主力向暴鸢发动全面战争。

暴鸢战败而逃。

魏冉胜，夺魏国 3 个县，斩首韩军 4 万余人。

秦昭襄王接此捷报，大悦，赏魏冉食400户。

得胜的魏冉班师回朝，洞察宣太后与大王间较从前亲昵不少，不由后悔出兵前称病不朝，疏远了太后。要与太后再度贴心不难，但得花些时日，故他低调了些许。

而后他知晓：太后、大王及秦正皆与白渊颇有交情。便派其子以替家人祈福为由，住到道观中。待白渊进观清修之时，魏冉得其子消息，匆匆赶往道观。

白渊虽为布衣，然于各达官显贵中颇有颜面，与魏冉仅相识却无交情。

魏冉此行有意深交，毕竟白渊深得太后与大王欢心。

世事难料，二人最初的相交并未如魏冉预期的顺利，原因有二：

其一，白渊此行带了名衣衫褴褛的东周才子。魏冉对此类人不屑一顾，故出言不逊。

其二，白渊当面婉转指出魏冉非虔诚清修，看其穿戴便知。而后，对其权倾朝野有所微词。

三日后，魏冉欲离去时，大和尚转交白渊所托之物。

魏冉拆之，见是一雕工甚为精美、颇有年头的古灯，因好奇乃叩其厢房之门询问。

白渊告知：穰侯如秦国明灯，照亮整个朝野，然灯有一忌：天明，因为天明时无人掌灯。

魏冉闻之，认为白渊所言恰如他如今处境，随即请教如何自处。

白渊仅告知：“油不尽，则灯不竭，细水长流，待夜间再予人照物。”

魏冉自认受教。

而后回朝堂，稍稍收敛些行径。

此举令他在秦昭襄王跟前重获宠信。

君臣疑心渐少，朝廷自然安宁。

春去秋来，风雪漫天，喜鹊鸣早，春花斗艳，此时已为公元前273年。

魏安釐王洞察韩国国内时局动荡，乃邀赵惠文王边境密谈。

而后达成共识：两国组织军队，对韩发动战争。

魏赵联军一连攻占韩境数城池，远在西方的秦国为之震动，秦昭襄王急召群臣金殿议事。

荣登二十级军功爵位制最高等级的武安君白起，作为此时朝中荣誉极高的武将，自然有本上奏："微臣以为，我大秦已灭楚之大部分，令楚迁都。如今的楚大势已去，南郡拥兵不过10余万。可如果任赵魏继续伐韩，想当年三家分晋，赵魏若效仿之，将韩分之，势必阻挡我大秦伐齐。"

齐与秦无边境相交，且隔着诸国。

秦国一直想寻通道往齐国派兵，故韩国的安危对秦而言，极为重要。

"臣有本上奏。"另一臣子认为：赵魏伐韩，秦需等赵魏与韩皆筋疲力尽时，用螳螂捕蝉黄雀在后之法，挥兵入韩，一举重挫韩魏赵三军。

秦昭襄王不语。

穰侯魏冉拱手："两年前，老臣领兵攻至魏之都城大梁，韩国派暴鸢领兵援魏。若待三国耗损兵力后，我大秦挥兵东进，难免赵不联盟燕。与其等到那时措手不及，不如先发制人。"

穰侯之言，令白起深思：

齐国大乱，燕曾联兵伐齐，然，赵之实力胜于燕、强于魏，且赵从齐夺得了大量土地，赵之强盛令燕忌惮。

倘若赵立下盟约：不伐燕，求燕出兵救韩境的赵军，韩釐王必派兵。

燕国之实力远逊于秦国，燕之军队因出兵较晚，故对阵已与三军交战、耗损了精力的秦军，秦军会因燕而再受损失。

赵国此时如果派出廉颇或赵奢又或者乐毅这三人中的任何一人领兵入韩地对阵秦军，则原处于胜方的秦军定输于最后到来的赵军。

“臣附议！”白起拱手。

他之后，自然有朝臣表态，认同魏冉之言。

“臣有本上奏。我大秦该趁此伐魏，毕竟此时魏国国力空虚。”又一臣子提出新的观点。

朝议争论激烈，唯有一点达成共识——大秦不日将派兵东进。

“暂不定攻魏赵联军，或伐楚或击赵国之事。传孤之旨，凡秦在役军人皆不得告假离营。退朝！”东进统一诸国，秦昭襄王不改初衷，然派何人领兵，将首击敌军定为哪国，还需从长计议。

王旨一下，群臣皆不敢懈怠。

宣太后闻之，派孟自多出宫，由其唤魏冉进宫议事。

魏冉主张伐联军，宣太后听其理由，请秦昭襄王一同参与。

此番讨论，秦昭襄王深思熟虑，朝宣太后含笑：“孤若未记错，母后曾将陶地赐予穰侯。”

当年（公元前284年），燕上将军乐毅率五国联军伐齐，报强齐伐燕之仇。

联军一举拿下70余城，创造了中国古代战争史上以弱胜强之典型。

宋国陶地之前被齐占领，联军伐齐之后，秦尉斯将陶地抢入秦国版图。陶地之所以被多国虎视眈眈，乃因其地理位置决定——位于赵魏齐楚之间，有四面受敌、又四面御敌之称。

而后，宣太后将此要地赐予魏冉为封地。按律例，朝廷可派少量军队进驻封地，然，陶地对秦至关重要，宣太后便与魏冉达成共识，派了比进驻一般封地更多的兵力入陶。

今秦昭襄王旧事重提，有意在此战中调派陶地之军。

魏冉闻之，觉此举甚妙。

这场议事，以三方达成共识而终了。

然，战争需出师有名，秦昭襄王为此花尽心思。

白起有意请缨上阵杀敌，故常于军帐内观看韩国地图及秦边境图，终将目光锁定函谷关。

函谷关西据高原，东临绝涧，南接秦岭，北塞黄河，大秦在此处设重兵把守。若能调出此处兵马，无论赴韩或伐魏，皆胜过从咸阳或秦境内其他各处调兵。作战需把握先机，士兵因距离短，无须带过多用品，故增加行军速度，毕竟兵贵神速。

白起越发看中此处，故上御书房面君："微臣以为我大秦势必参战，但需把握先机，查阅秦之边境图，微臣见函谷关驻军不下百万，请大王准许微臣赶往函谷关，待大王定下如何参战、何时参战，飞鸽传书于微臣。"

品其言，秦昭襄王授白起兵符，命其即刻启程。

而后，白起领司马靳、唐胜、刘勋等赶往函谷关候命。

秦昭襄王已派出爱将白起待命，然出师需有名，他苦思冥想。怎料天赐良机，赵魏联军攻打距韩国都城新郑极近的华阳，韩釐王派使臣陈筮入秦求救。

陈筮到秦地后，求见魏冉。

魏冉客气相待，因秦早有意发兵且已做安排，故安抚之："您不用见秦王，我这就发兵救韩。"

而后，魏冉将韩之意禀报秦昭襄王。

秦昭襄王闻之，如获至宝，即命群臣商议援韩、伐魏赵联军之事。于金殿上朗声颁旨："武安君白起为援韩主帅，穰侯魏冉、客卿胡阳联合带兵！"

声势浩大的援韩国之举，各国争相传之，却忽视了武安君白起此时身在何处。

12

名噪

魏、赵联军将白起等援韩之举仅当作笑谈，甚至有些不以为然。

毕竟远水难解近渴，秦之都城咸阳与韩国华阳之间足有506.3公里。

以当时的行军速度，即便秦军援韩之军皆乃骑兵，也需10余日。

故，攻韩魏将芒卯言语中对此颇为不屑：“秦军抵达此处时，我大军早踏平华阳，行到别处大显身手了。”

赵将领贾偃拱手附和说：“他等日夜兼程，即便到了，我们只需派出联军四成人马，也能将他等杀个片甲不留。”

一语末，在场的其余联军将领哈哈大笑，其中不乏轻狂者模仿秦人昼夜赶路、抵达华阳时，累得行步艰难、双手颤抖之状。

他等如此，二将之国君亦如此。

对秦军援韩，赵惠文王亦认为秦国之举哗众取宠，而无实质。

毕竟兵贵神速，讲究以逸待劳，故未想过用赵之上乘猛将赵奢、廉颇替换目前在联军任将的贾偃。

赵惠文王仅于金殿上鞭策了几句，便命臣子以文书告知贾偃：战胜秦军，待班师回朝之日，必有重赏。

二

时局难料，此一时彼一时。

秦人抱着必胜之心全力以赴参战，配置之优良堪称一绝：

先看主帅，此人为被授予二十级军功爵位制之顶级爵位的武安君白起；

再瞧谋士，秦国朝野中运筹帷幄能力有目共睹的穰侯魏冉；

最后，为冲锋陷阵，每仗必赢，配置了被授予二十级军功爵位制的十三级中更爵位的胡阳。

人人皆知兵贵神速，早已待命于函谷关中的白起，收到来自咸阳的飞鸽传书后，仅 1 个时辰便将蓄势待发的函谷关骑兵带出了军营。沿山涧、过浅河，纵马往华阳而去。此为主帅之举。

运筹帷幄的魏冉也出精妙之举——飞鸽传书通知陶地兵营主将，令其避开四周别国眼线，分批拔寨朝华阳进发，与白起会合，并听命于白起。此为暗招。

之后，穰侯魏冉在与客卿胡阳又于咸阳城附近军营做了明招——校场点兵。

光天化日，二人领着众将士急速行军，明知多国眼线窥视，他等视若罔闻，直至入秦岭后，才玩一出金蝉脱壳之举：由亲信护送离队，昼夜兼程赶往华阳。

而留下的兵马则交还于原兵营主将，该主将将他等领入深山，待白起等凯旋而归时，才班师回营。

进攻联军的秦军主帅白起因领骑兵，且轻装上阵，故行军速度有目共睹。他等抵达会师地点时，陶邑之兵还在途中。

白起恐此处尚有他国眼线，故派人扫荡了四周。

陶邑之兵也非姗姗来迟，仅比函谷关骑兵晚到了大半日。

两军会师，白起登上高处，纵观麾下兵马，见人人精神抖擞，才安了心。而后发令：军队竖“白”“胡”“魏”三种旗帜。

一时间将士们斗志昂扬，龙飞凤舞的“大秦”旗帜一目了然。

秦军出其不意现身韩地，此举震惊世人，毕竟此时距秦昭襄王发兵仅 8 日。

谁人又知数 10 万秦军名为由 3 位将领统领，实则仅白起 1 人身处队伍中。穰侯魏冉、客卿胡阳皆在赶往华阳途中。

秦军“日行百里”，却非魏赵联军想象的因劳累而手无缚鸡之力，沙场拼杀，各个勇猛，力大如牛。

魏赵联军不堪秦军攻击，节节败退，丢盔弃甲。

数日后，魏冉、胡阳终于赶到了华阳。

三人同仇敌忾，发动了较先前更猛烈的进攻。

后世人都晓此战秦军大获全胜，斩魏军 13 万，俘虏魏将 3 名，魏将芒卯由亲信拼死掩护、突围逃窜。

赵将贾偃亦被秦军击败，投降的赵军俘虏约两万余人，之后，秦军溺毙赵军降卒于黄河。

行文到此，稍作歇息，我们且回顾一番华阳之战的精妙之处——秦军日行百里。

首先，秦之都城咸阳距韩国华阳 506. 3 公里；

其次，秦之函谷关距韩国华阳 293. 4 公里；

最后，陶邑距华阳 202. 9 公里。

而周秦汉时期，度量衡与今大有不同，当时的一里相当于现今的 415. 8 米。

法国大革命时代，为配合法军战术理念，拿破仑将士兵每分钟

72 步提升至 120 步，然希望保存军队作战能力，此走法仅能持续每天 4—5 小时，行之距离为 20—30 公里。

我们重新回到秦。

倘若秦军每日超时行进，士兵势必因体乏而失去战斗能力。

因此从咸阳领兵入韩，解华阳之危，不符合实情，唯有就近调派军队。

我们结合先前提供的咸阳、函谷关、陶邑分别距华阳的公里数，因此再次肯定：秦军绝非来自咸阳。

陶邑位于赵魏齐楚之间，素来为兵家必争之地。

故，陶邑出兵一说成立。

苏秦合纵六国，令秦国 15 年不敢兵出函谷关，而六国也不曾进军秦地。

此番说法，在《过秦论》中得到证实："尝以十倍之地，百万之众，叩关而攻秦。秦人开关延敌，九国之师，逡巡而不敢进。秦无亡矢遗镞之费，而天下诸侯已困矣。"

由此可见，秦驻雄兵于函谷关。

然而，即便从函谷关调派步兵援赵，也仍然无法在 8 天内抵达，唯有骑兵方能令此说法成立。函谷关的地貌也给了笔者提示。

函谷关之山林、草地一望无际，适于养马、训练骑兵。而史上流传秦军神速、一日百里，非他国可比。笔者推断：函谷关一带驻扎有极多秦国骑兵，他们随时待王命而出。

话尽于此，言归正传。

白起班师回朝后，凭着屡立奇功，终于在秦国朝野稳住根基。

白起从前说话嗓门大些，因思绪不畅而吞吞吐吐，旁人会认为他憨厚、老实；如今居于高位，他人则看法不同，或奉承、投其所好，或敬而远之。

沙场拼杀，他之勇猛、果决、运筹帷幄之能力，无可厚非；然，朝廷上生活中，常为如果表达心中所想而费心神，可谓甚为辛苦。因而，他越发在意从前的朋友、从前的人或事。

随着秦与赵两国矛盾四起，得志的蔺相如再也不如当年般几月一封书信与之往来。

今又有来至赵国的信，下朝后，白起更衣沐浴，方才开启蜡封：

起兄，见字如晤。

如今乃多事之秋，你我情谊只能记在心间，不足与外人道也。朝堂上我虽得志，然许多事并不能随我心意。

此时再与你写信，距上一回落笔已有一年之多。今告知兄长一件喜事，何大娘住到愚弟府中。她未在言谈中问起兄长，可其子何大仁说兄长凶残、傲慢、野性难驯，我等听了皆沉下脸。愚弟自当好好照顾何大娘，兄长勿挂念。

另，愚弟遇见了凤姑娘一流落在外的胞弟，前日里也已接进府中。如今其于街头盘了个店铺做小买卖，日子过得滋润。愚弟想来年为其保一门媒，不知兄长以为何等人家姑娘较为合适？

还玉断交已成往昔，愚弟因过于记挂兄长，故恢复书信往来。然，比不得从前，通信至今，寥寥无几。

祝好，愚弟拜上

相如

白起持信之手不由颤抖，很显然，他至今仍颇为怀念不得志时与蔺相如在缪贤府中亲密相处的时光。

今官拜武安君，他仍关心受封为上卿的蔺相如。听闻赵国大将廉颇蔑视出身舍人的相如，他甚为其处境担忧；后赵国传出廉颇负荆请罪、与蔺相如化干戈为玉帛的故事，他这才暗暗舒心。

谁料赵国的将相之和，竟被某些同僚说成了一丘之貉。那日忽听此言，他险些动怒翻脸。

细细回味信中告知的详情，何大娘的亲生子尚在人间本是件好事，可偏偏此人竟是赵惠文王的前相邦李兑府上的管事何大仁。李兑的相邦之位如今易主，给了相如，何大仁又投到了谁人门下？

何大娘与之乃嫡亲母子，也不知他们这么多年怎么就失去了联系？而这两年又是怎么重逢怎么相认的？莫非是因为相如？白起厌恶何大仁，但碍于与何大娘的情分，又恐何大仁过得太凄惨，寒了何大娘的心……剪不断，理还乱，他颇为烦心。

此信中也有幸事，凤儿的胞弟受蔺相如照顾。

想到男大当婚，再细算此人年纪，他不敢耽误，立即取了银票，落笔回信。

之后，亲赴了趟镖局，雇了镖师，欲将此信送予蔺相如，托其用所给银票为凤儿的胞弟、约莫30岁有多的男子，寻一门上好的亲。

办完这等事，心中畅快。

信步往府里走，遇上了身穿白府服饰行步匆匆的小厮，他快步赶上，扬声而唤："何事？走得如此急促。"

"回公子的话，白族长病重。小的……"回话之人回首而望。

"大族长病了？"白起一愣，平日里偶有相见，族长白铭义素来身子硬朗。

"前夜里有些身子不适，昨天又好些了。今晨用了早膳，突然倒下，不省人世了。"小厮回得简短且仔细。

话音未落，白起赶忙往白族府邸而去。

入府之后，疾奔白铭义所居的院落，可白起还未跨过门槛，就已听到哭声一片，霎时间他竟迈不动腿，就这样愣在了原地。

年幼时，白起畏惧白铭义，因为此人过于严厉；少年时，他与此人渐渐亲密；成年后，白铭义想方设法助他成事，虽膝下有两子一孙，却仍以他白起为重。

昔日之谈笑于心间翻涌，他放眼，唯有冷清与凄凉。

因家中发生变故，白起向朝廷告假。

二

在白铭义走后，白起搬回了白族，住进从前的小院里，与爹娘同处。

“何人要见本君？”天刚亮，院门边就传来声响，睡得极清醒的白起披衣而起，恐此声骚扰爹娘入睡，乃疾步往院门边赶。

“公子，是小的。今儿有两匹母马产子，小人估摸着可能会生出上等马，就来了。公子，那马很是不凡。”白瑜之父白眉笑盈盈解释。

自白起搬走后，白兴亮的院落甚为冷清。随着白铭义的过世，白起携家眷住回此处，带回的两个儿子活泼好动。他俩皆如白起当年般喜欢于马厩边玩耍，故白眉甚喜二孩，便很把孩子惦记的事当要紧事来办。

“好！本君这就带两个混小子随你去马厩。”白起一直很喜爱朴实、勤快的白眉，今儿此番喧哗还因为自个儿的儿子，瞬间不仅没了火气，还添了几分勃勃的兴致。

一个多时辰后，父子三人及白眉同心合力，为两匹母马接了生。白眉还因两个小不点的功劳，将两匹小马驹送予了他俩。

看着儿子欢天喜地围着小马驹转，白起想起了从前，不由得将话题扯到了白瑜的身上。

“瑜儿有今日差不多了。他如今也成了事，在外买了府。每隔几日必叫儿媳妇央求小的过府去住去享清福，老夫很喜爱孙子、孙女，但他家中太多女子，小的不习惯。公子知道，小的内人过世多年，小的早习惯了安静。”白眉言辞朴实。

“白瑜上战场很是勇猛，为人嘛，也很懂分寸，又是我白族之人，本君自会好好待之。你若实在不愿意住到他那边去，也别替族里养马了。今儿我做主，把这个马厩送你。”白起当即承诺。

“使不得!”白眉拒绝，欲言又止，良久后方才道出，“瑜儿似乎总不满足。公子，他能做的，让他做，不能做的……您别因为是同族人，过于关照。”

白起笑笑，因谈得投缘，又见二子不肯离去，故传人将早膳送到马厩边，与白眉同用。

之后，他将两子交予白眉，自个儿往白渊的院落去了。

白渊近日身子倒是好些，然其膝下无子，又从未纳妾，院子里除他夫妇二人，仅两名小厮、一名婢女，显得格外冷清。

白渊听白起提到孩子，眉宇间流露羡慕之意。白起不由动了心思，想为白渊过继一名孩童，既孝顺白渊，又给嫂子解闷。

心中有了想法，话语中他便不隐瞒。提出后，白渊甚喜，夫妇二人就此谢了白起不知多少句，说是孩童需年幼些，至于是否乃白族主系、旁系或家仆膝下所出，皆不在意。

白起怎能将自个儿看不上眼的孩子，往十三堂兄膝下带？他回自家院落后，立刻请示爹爹白兴亮，提到了次子白仲。

“别人家的孩子也可以吧？为何偏偏你选仲儿？”白兴亮心疼白渊，但更舍不得自个儿的孙子。

“一则仲儿年幼，容易与堂兄亲近；二则嫂子照顾兄长，能分出来看孩子的时间不多，爹娘可帮着兄长管教仲儿。儿子以为仲儿最是合适。”白起单膝跪地，求爹爹让出仲儿。

一旁的母亲落泪，缓缓点头，规劝了夫君几句，叮咛白起：“你将仲儿交予渊儿，需得与你家娘子好好说，别让她寒了心。”

白起迭迭称是，但将亲子送予兄长，并不敢随意与娘子提及，故，接下来的几日，他日日带苏氏于咸阳城外游玩。

“相公，你有何心思，直接与妾身道来吧。妾身见你如此花费神气，心中不忍。”苏氏看出丈夫有话闷在肚里，故意支开婢女，率尔相问。

白起为内人剥了果子，有见她唇边沾有果渍，便取了手帕为其擦拭。

“你我夫妻多年，也为我白家传宗接代。如今为夫有个不情之请……想将仲儿送给……十三堂兄。”白起话说得吞吐，言语中却无商量之意。

闻言，苏氏手抖、身子颤栗：“能不送吗？堂兄那边，妾身自会比从前更为照顾。仲儿……妾身舍不得。”

白起摇头，他起身行至凉亭边，放眼山色：“为夫除俊儿、仲儿外，也有妾室所生的几名孩子，但能送十三堂兄的，唯有他俩。你挑其一吧。”

见夫君沉下脸，苏氏仍为保住次子于膝下，巧言争取。

白起甩袖，回首，眉宇间流露怅然之色：“若凤儿随在为夫身旁，堂兄之事，她定比你……”

凤姑娘并未与白起有任何夫妻之实，然在武安君府，凤姑娘则为白起的发妻。

苏倩虽敬重已过世之人，然心中对此也颇有微词。

几次与婆婆说起凤姑娘，只要稍流露出不满，无不遭至非议，毕竟白起之命乃凤姑娘一家以血换来。渐渐地，苏氏也就认命自个儿乃相公的续弦了。今又听提及姐姐，不再敢吱声，忍着泪点头。

见达成心意，白起行至夫人身旁，为其抹泪：“知你心疼仲儿。这样吧，仲儿过继给了堂兄，然他今后的所有用度，为夫承诺皆与俊儿相同。”

“不可。若仲儿是姐姐的儿子，姐姐定会让其真正跟在堂兄身侧。”未出阁前，娘家教导过出嫁从夫，既然夫君拿定主意，妻子需无条件服从。苏倩不枉昔日才女之称，认可点头。

白起扶着内人步出凉亭。

“相公，另几个虽为府中庶子、庶女，然为妻也将他等养在身边。你每回只与俊儿、仲儿玩耍，为妻认为此举不妥，生疏了你与他等的父子情谊。”苏倩倒也贤惠。

“知道了。以后都唤到跟前来。”白起叹息。苏倩虽比不得凤儿合乎他心意，然胜过同僚许多人之妻，她待府中一房两妾就极好。

夫妇俩返回府邸，白起因想着过些日子要将仲儿抱予堂兄，有些烦躁，便独自往书房去了。

苏氏为晚间全家相聚之事，早做安排：

她告知一房两妾，命她等盛装出席。

又把几位庶子唤到跟前，听夫子考其学问，不厌其烦叮咛：无论做学问或习武，需谦卑，不可焦躁。

之后，苏氏就往一庶女房中去了。她对此丫头更为上心，只因此女与相公极少见面，故而畏惧得常惹祸。

庶女之母（妾室）：“夫人，要不别把她唤去了。”

“不可。见得越少，越胆怯，见多了，自然会好。”苏氏看看庶女，唤长子白俊来此，教导白俊日后需常带妹妹一同玩耍。

白俊乖巧，点头：“母亲教导得极是，是儿子平日做得不够。十三叔及爹爹、爷爷都常道——兄弟同心，其利断金，日后俊儿定多加注意。”

白俊出落得较前些年更英姿勃勃，模样有几分白渊的清秀，故而全族也最喜他。

苏氏甚为欣慰，之后便单独把白俊叫到了房里。因将来武安君府由长子继承，故她对白俊格外严厉。

娶妻求贤淑，白起算是幸运的。倘若武安君府中鸡犬不宁，这位秦国第一猛将又怎能在沙场上如此安心，毕竟后院着火总会令当家的烦乱。

过了几日，白仲将过继给白渊之事，全府皆知晓了。

白渊甚为感激，然知二位嫡子在白起眼中甚为重视，想自己一介布衣，恐轻待了白仲，故破天荒往太后宫里走了一趟。欲求一道懿旨，待仲儿成年，给个无实权的封号。

“你兄弟情谊，哀家动容，好似当年哀家与穰侯他们几个，打断骨头连着筋，哀家应了你。”赞许兄弟情谊，宣太后将渊、起之间的手足之情，拿来与自己当年相比较，当即命姑姑记下此事。

若干年后，秦始皇统一六国，分全国为36郡，太原郡辖37县，治所晋阳（今太原市晋源区古城营一带）。始皇甚是怀念为统一六国立下赫赫战功的白起，封白起之子白仲为“太原君”。

此乃白起百年之后的事，然白渊此举竟在白族引来轩然大波。

原来众人是替白仲可惜，纵使白渊才高八斗，毕竟仅为布衣，又因其出生旁系，故祖上未留太多产业可予之继承。

苏氏对次子仲儿的将来本不抱希望，得堂兄如此器重，感激涕零。

白渊之妻惭愧：“乃妾身之过，未能替夫家诞下一男半女。俊儿他日将继承武安君衣钵，自然位极人臣。仲儿他日仅得一虚名，辱没了。”

苏倩打心眼里替次子欢喜，就连娘家也因此安排，觉得颜面沾光。毕竟在当时，家业仅由嫡长子继承，嫡次子及之后的嫡出子嗣空有名头，成家立业便得自立门户。

世事谁能料！世人皆认可的翩翩公子白俊，竟在一次出外狩猎后失踪，待寻回时，已成痴傻。

白起甚为担忧，进宫请旨：请太医为其诊治。太医连下了数副汤药，白俊病情不见好转。

为何外出会成如此状况？白起几度于儿子失踪一带寻访，皆无果。

白俊残了，白仲自然不能过继给白渊，白族不得已另寻男儿代替。因白俊残的时间不久，众家长及白兴亮皆碍于白起的心情，未将此事提上日程，可越发觉得白瑜嫡次子较为合适。

而后某日，白起与刘勋小聚时无意提及。

“白瑜早有心把儿子过继一个给渊公子，这……末将以为不妥。”刘勋反对。

仲儿成年后将受太后封赏之事，刘勋略有所闻，与同僚白瑜于营帐中把酒言欢，自然说起。白瑜当时感慨颇多，说是自个儿军功等级输于白起，就连嫡次子之命也无法与白仲比拟。细想说话两日后便出了此事，而白俊又是骑马外出，家仆眼睁睁瞧见马惊出的事。刘勋心细，生了疑虑。

因无证据，刘勋未将此事告知白起，却在军中与白族的白家兵多方接触，有意为白渊另选孩儿。

然白渊以为：此事该暂缓。说是暂缓，不如说他想将此事不了了之。

故，白瑜嫡次子没了过继给白渊的缘分。

因白铭义之死，白起携家眷住回白族，后又由于白俊痴傻，白起心乱，又将家眷带回了武安君府。说是府中地方宽敞，可让俊儿多于院落里跑动，或许能使其康健些。

三

一来二去，白起竟有半年未问朝政，仅于军营里转悠：训兵、看将士校场比试。待向朝廷告的假期满时，他再次上朝，看见立于朝臣之列的范雎，甚为震惊。

之后的朝议，范雎竟与魏冉等重臣频起纷争。然，秦昭襄王并不像从前让魏冉等将辩论之话说完，屡次出言打断。

白起乃一武将，许多朝议他仅听之，而无本上奏，故今日他算是魏冉这一系中过得较滋润者。

“退朝!”公公扬声宣布。

文武大臣向秦昭襄王还礼，然后缓缓退出大殿。

与范雎乃旧识，白起本该上前寒暄一二，然，朝堂之上范雎与魏冉争论不绝，故白起犹豫。

“白兄，哦，武安君。”范雎倒无忌讳，当着众朝臣，径直迎来。

匆忙还礼，白起眼角余光瞅瞅魏冉，见其面不改色，这才露出笑颜。

“小弟与武安君多年未见，前些日子才来秦国。此处不宜说话，若武安君不弃，请于寒舍小坐。”仍是从前般谦卑，范雎面容却无当年清雅之状。

白起做了请的手势，待范雎迈步后，随机相跟。

范雎有意与白起同行，故放弃了自个儿的车马，挤在白起的马车里，以方便说话。

白起对范雎投奔秦国甚为不解，故直言求教。

“往事不堪回首，想当年我于白族府门边见武安君，已是数年前。在那之后，范某仍做些有一日没一日的买卖，勉强糊口。后得一人引荐，去了须贾府上……”范雎提及落魄之时的人和事，颇为感触。

此人博览群书，无奈家境苦寒，早年渴望游学列国，然无钱做旅资，故替人代笔书信营生，才走了些国度，去了几处梦寐以求的重城。当年咸阳城城门边他偶遇白起，乃当日他往当铺典当物件返回途中。

白起听其讲述不得志时之艰辛，颇为动容，乃详问了范雎从前，才知：须贾嫉才，范雎与其出使齐国，齐襄王看中范雎。因范雎为须贾力争的一番话，免了须贾之罪，然此事竟让范雎险些丢了性命。“范先生，你未收齐襄王所赠的黄金 10 斤，却落得遭须贾诬陷、被魏相魏齐鞭打，苇席裹体，险些丧命于茅厕之厄运?”白起愤愤不平。

“范某倒也幸运，之后幸得郑安平大人将在下引荐于秦使王稽大人，才侥幸来了秦国，与武安君同为秦王效命。”提及秦昭襄王，范雎朝天拱手。

入朝为将，白起自然知晓王稽，然闻所未闻秦朝有一唤作郑安平的官吏，故请教。

“郑安平乃在下好友，同为魏国人。当日在下从荒野逃回家中，命家人将任县保的郑安平请来帮忙。之后，我俩合力让家人把裹身的芦席扔回原处。而后家中发丧，宣称在下被野狗叼走了尸首，从此之后……苟活于世。”经历何其凄惨，范雎说话间恨意不绝，几次停顿皆紧紧握拳。

白起自责，若当日范雎送来医方时，将其留下，便不会有接下来的许多事。

“为何本君入府时，见你府门写张宅。今日兄长在朝堂也以张禄自称?”白起后知后觉，话到如此，才想起遗漏重要信息。

“得罪魏丞相，范某早已隐姓埋名，如今就是个张禄罢了。”眸中滚动泪水，范雎强忍其流出眼眶，言语尽显无奈，然险些捏破手中杯盏。

“大秦重用贤能。范兄，往日之事不必再提，往后你我兄弟同心，定……本君以为像须贾、魏齐那等人，定无好报。”白起当即握住范雎之手。

眸底划过喜悦之色，然仅片刻，便于范雎眼中荡然无存。他见时候已晚，故留白起用膳，恐府中厨子做不出合武安君口味之食物，亲自卷了衣袖入厨主刀。

离开张府已是深夜，身经百战、体格健壮的白起，也不由在车内多裹了件衣物御寒。返回武安君府的途中，他频频想起范雎的悲惨遭遇。然，竟大意了一点：范雎抵达秦国乃1年多之前，直至入朝，才与故人相见。

范雎的到来目前并未对白起的仕途有任何影响，仅是给秦国根基深厚的魏冉等，增加了朝堂辩论的艰难。

奉秦昭襄王之命，禀行范雎提出的“远交近攻”宗旨，二十级军功爵位制之十三级中更胡阳因阏与（今山西和顺县西）之战损秦兵数十万，返秦后收押于金殿受审。

秦昭襄王有意斩立决。

魏冉、司马错等老臣集齐为阏与之战败将求情。

魏冉跪地，面露哀色，然口中再三重复：“臣请大王三思！”

败兵之将胡阳一言不发，好似已成死人。虽已离沙场，然麾下将士倒在血泊中之惨状，萦绕在心。

“胡阳并非首次与赵军交锋，几年前与穰侯、武安君率部攻打华阳，大获全胜而归。故孤才任命他为阏与主将。”秦昭襄王神色严厉。

“赵奢乃赵国一等猛将，胡将军虽资历尚浅，也是骁勇善战之人，且有实战经验。然，此战之初，我秦军与赵军兵力相当，而最终以我秦军损兵几十万告终。敢问胡将军为何如此？”司马错以审问语气，令胡阳在金殿当着文武大臣之面，有机会道出战报之外的细节。

范雎拱手，仍以张禄自称：“自从胡阳发兵阏与，自始至终日日有战报禀报大王。张某不才，然记得战报中所书：我大秦军队围攻阏与，赵惠文王令廉颇、乐乘商议，然二人皆有意放弃阏与。我大秦兵马几十万，且个个勇猛，若非胡阳指挥不当，定能早日拿下阏与。赵国仅一将赵奢愿领兵援救阏与。然，关于此人，胡阳将军于战报中写道——赵奢率部出邯郸30里即筑垒扎营。隔几日又有战报提及——赵奢斩一名要求救援武安的士兵。之后战报皆写赵奢军队胆怯。张某细数过，赵奢屯兵28日。而后，就传出胡阳将军与疾驰两天一夜的赵奢军对阵，兵败之事。敢问司马大元帅，你日日上朝，这些事岂有不知之理？”

司马错面露怒色，无言以对。

朝堂之上霎时间形成两派：主杀，主小惩大诫。且两种争议喋喋不休。

有朝臣称：成败乃兵家常事，若胡阳奋力突围返回咸阳，而大王杀之，必寒了将士们之心。

反驳声则认为：胡阳轻敌，玩忽职守，损兵折将，需杀之以儆效尤。

沉默良久之白起反复思虑，终于出了声："胡将军，赵奢军队赶来之时，你即便被阏与守军和赵奢援军夹击，也不至于输掉五成兵力。若你不将全数事情道出，我等上阵杀敌时，恐蹈覆辙，还请明言。"

一席话，众人皆认同。

秦昭襄王闻之，赞许："败将胡阳，还不速速道来。"

"本将率部伐阏与，久攻不下，在城外和山林间选适于牧马、有水源之处安营扎寨，且派精兵看管粮草库。然，怎料赵地土匪横行，最初来得极少，我等歼灭之，而后频繁骚扰。赵奢援兵来之前日，一大股土匪突入军营抢粮草。末将以为该将他等除之，故派出三成兵力于山中扫荡。而后，他等与土匪在一峡谷对阵，山石滑落，末将的三成兵力几乎全被堵在山间，仅有突围之兵赶回营地求救。为此，末将又派两成兵马前去疏通道路，营救他等。手上仅五成兵力之时，赵奢援军赶到。"胡阳毫不隐瞒。

"退朝!"秦昭襄王未给朝臣们进言时间，怒气冲天甩袖而去。

然散朝后，在他于御书房心中烦乱之时，穰侯魏冉、华阳君芈戎、高陵君公子悝集结于宣太后之宫。

"哀家许久不问朝政，怎么你们全来了?"此次秦军兵败乃近年来首例，宣太后早坐不住了。然秦昭襄王已亲政多年，她干政也得师出有名。

魏冉恭敬表态，迎合了秦昭襄王"远交近攻"之说，又提到宣太后将四面皆为他国的陶邑赐予自己为封地之事，才将胡阳奏折之外、金殿道出之话转述。

“胡阳率我大秦之主力，侧翼之兵由哪位臣公率领？”宣太后乃秦昭襄王之母，且主持朝政多年，一言道破眼前三人不敢直言之内容。

华阳君芈戎干笑：“臣尚未听闻胡阳领兵于阏与作战期间，我大秦有另派兵攻赵助事。”

宣太后珠串捻得飞快，然眉宇尽显平稳：“胡阳为何不抢一高地？哀家没去过那处，也不知那山林是何许模样。”

“山脉连绵，山头无数。”魏冉恭恭敬敬。

将珠串戴于腕间，宣太后行至神龛前，跪于蒲团之上，诚心叩拜。

末了，孟自多赶忙将其扶起。

“你们回去吧。上苍有好生之德，哀家拜了一回上天，更是怜悯之心四起。孟公公，将大王请来用膳。”宣太后缓缓行回软榻旁，也不看眼前几人，半眯着眼捻珠串。

三日后，秦昭襄王金殿宣旨：阏与败将胡阳及部下返回原营地函谷关，且终身不得出谷。

“大王英明！”包括白起在内之群臣跪拜。

一炷香后，胡阳出天牢，率残部往函谷关而去。

次日，主战阏与之客卿范雎（秦名：张禄）告病。

半月后，范雎入宫，与秦昭襄王御书房密谈。

而后，二人形影不离。

公元前 266 年，执掌秦国朝政数十载的穰侯魏冉遭秦王罢免，迁到关外封邑。

不久之后，忧死于陶邑（今山东省定陶县境内）。

白起闻伯乐之死，大惊，私设悼念之处于武安君府后院僻静之处。

他披麻戴孝跪于灵前，失声痛哭：“穰侯一路走好。然你这一去，便无牵挂，独留白某苦苦支撑于世……”

回想最初见到魏冉的情形，还有过去他极力表现之种种，无数场景仍历历在目。

特别是穰侯提议将他与向寿替换那一回，终给了他一展拳脚之机会……

然往事不堪回首，今唯有以祭文悼慰先人。

魏冉之死，悲哀者岂白起一人，众朝臣皆有悲情驻于心间。

碍于魏冉乃被贬之人，众人皆不敢于朝堂提及。

可陶邑传来告急战报，朝堂瞬间沸腾。

“以微臣之见，可调函谷关之兵援陶邑，以保我大秦疆土完整。”一臣子上奏。

函谷关距今最后一次出兵乃阏与之战，提及函谷关，人人皆想到了胡阳将军。

朝堂顷刻间噤若寒蝉，胡阳兵败于阏与，即便过了数年，白起仍对朝廷用兵之道微词颇多。

“今朝议就此结束，退朝!”秦昭襄王同样忌惮提及近年来唯一之败仗，他以炯炯目光投向范雎片刻，随即收回，起身拂袖而去。

退朝后，范雎不似平常悠闲，一路与同人闲话至自家马车出宫。今日他离开同人后，快步疾走，赶往御书房，有意求见秦昭襄王。

然，秦昭襄王才退朝，已见使臣等在御书房外，故范雎只能候于长廊边。

范雎之焦急神态，恰好落进往这边来的芈公公眼里。

芈公公深知范雎沉稳，从未见其慌乱，故放慢脚步，离范雎约莫有 20 余步时，拐了个弯，栖身于拐角的花坛旁，借着绿树葱茏隐没了身子。

至于太医院处太医告知白渊身子有好转之事，他欲晚些再禀报秦昭襄王。

13

持衡

芈公公能等，范雎可等不起。

话说秦昭襄王与他国使臣议事，一谈竟1个多时辰。范雎因身处宫中，求见的又乃秦昭襄王、秦国第一人，等得脸色越发地没了血色，但脚板依然如钉钉般立在御书房外的长廊里。

芈公公也未走远，侍候大王得尽心，大王时刻挂记白渊的身子状况，如今有了见好的消息，怎能不禀报？何况范雎的神色也令芈公公好奇。

芈公公乃精细的人儿，范雎立着等了多久，他就瞅了多久，直至秦昭襄王打发了使臣，范雎进了御书房，芈公公这才走远。

陶地告急，牵动全朝臣公之心。芈公公本欲寻个地方清净清净，却遇上了六七名有意求见秦昭襄王的臣公。

“奴才给各位见礼。”宫中生存之道：和气，芈公公从不以大王身边红人自居，毕竟宣太后、大王跟前最红的乃孟自多孟公公。

“芈公公。”高陵君公子悝乃旧主，早不在意芈公公之所以入宫，是因为被他所阉，很自然地问了声，“大王可在御书房？”

“奴才没去御书房，不知大王……想必在吧？”本不该隐瞒大王的行踪，然范雎入朝，芈公公已感到许多事与从前不同，故言语间滴水不漏。

一

臣公们心急如焚，连同高陵君在内，也无人瞧出芈公公神色微有变化，众人行色匆匆往御书房去了。

芈公公目送他等走远，心想：魏冉从前虽权倾朝野，逼得大王常难以自处，然毕竟为大秦朝立下了汗马功劳。如今没了，大王也不曾对其功劳提及半句，仅一句“知晓了”。而公子悝素来不讨大王之喜，先前脸色像是要于御书房闹事……不好，怕是要出事！

他加快脚步，朝宣太后宫里走去。自知位薄言轻，不敢求见宣太后，仅寻孟自多公公唠叨。

“众臣公下朝后，在太后宫里待了良久，这会寻大王去了？”孟自多闻言，脸色骤变。

“是。”芈公公知晓来对了。

孟自多将太后这边的事安排其他人小心侍候着，也不管芈公公，朝御书房飞奔而去，欲赶在众臣见大王之前，拦住他等。

秦昭襄王因于御书房内与范雎密谈，故将一干臣子扔在长廊。这却恰好给了孟自多公公截住他等的机会。

众人见孟自多气喘吁吁奔来，其中一朝臣急忙相迎：“可是太后传我等过去？”

“非也。奴才以为时辰不早，各位大人、将军也该回去用午膳了。大王主持一上午的朝会，必定累了。朝公们若有事，晚些时候来求见也耽误不了。”孟自多巧言相劝。

先前众臣集聚宣太后宫里，孟自多侍候一旁，对他等议论之事心明神清。

几位文臣闻言一愣，纷纷估量：孟自多公公在提醒如今若据理力争，恐众人走不出宫门。

武将耿直，不如文臣心细，故未听明白孟自多的话外玄音。

高陵君公子悝本与魏冉打断骨头连着筋，如今魏冉没了，更在悲愤之下出言不逊：“本君今非见大王不可。”

孟自多公公赶来为朝臣们分忧，芈公公自然效仿。高陵君话音刚落，他扬声喊着：“君上，你要的酒，奴才找到了！”

孟自多恐高陵君固执且不解其意，一把拽住高陵君手腕，拖着他向芈公公迎去，胡诌：“早知高陵君想喝那些酒，何需让芈公公费神气？奴才处有的是。”

高陵君再糊涂，也知眼前的两位公公满肚子暗语，故极力配合。其余朝臣暗暗叹气，瞅了瞅御书房，无奈随孟自多而去。

众人这回没求见宣太后，而是进了孟自多清净的破院子。

孟自多待众人进院后，赶忙闭了门，插上门闩，头一回当着芈公公换了副严厉的神色：“各位大人、将军，你等好糊涂！也不看看如今是何情况！穰侯何许人？太后瞧见他被贬，劝了大王数回，穰侯还是被贬了。才贬了多久，穰侯竟没了。你等有几个脑袋，能与穰侯比？”

孟自多语气之狠绝，令芈公公也颇感愕然，然瞧瞧连同高陵君在内的朝臣们，他等竟未流露一丝对孟自多的不屑，反而有些沉稳之色。

高陵君公子悝拱手：“自多，本君与你相识非一日两日。当年穰侯在世时，请大王派兵越韩魏两国、攻打齐之刚邑和寿邑，然范雎提出‘远交近攻’，而后才派胡阳打了阏与。这才几年啊，陶邑告急。”

“大王之谋略非我等可比拟。高陵君你找死!”孟自多出言不逊。

一干臣公不语。

高陵君公子悝闷哼一声，倒不计较此言：“我大秦行兵神速，只因巧妙地虚实结合，懂得金蝉脱壳。然此等秘密怎地在胡阳攻阏与时被赵奢用了？大王多年来从未彻查此事。本君要讨个公道。”

他等议论之事，绝非芈公公这等后来人能插得上嘴、接得上话，然，干愣着不好，便寻了壶煮茶，以待朝公们嘴皮子干涸时用些。

人人知赵奢驻营于邯郸城外，然拔寨两天一夜竟能赶到阏与，何其诡异!

邯郸离阏与173.2公里（当今进制），刨去赵奢安营扎寨离邯郸的50里（古代秦进制），仍有100多里。粗粗估算，赵军至少需数天才可赶到阏与。

因此平心而论，赵奢似乎懂得和白起等一样的行军方式。

芈公公叹气，为一干重臣斟茶。

“从长计议吧。各位大人回去想想如何向大王进谏，奴才也不会坐视不理，即便奴才位薄言轻，还有宣太后。言尽于此，奴才先行一步。”在自个儿的院落以粗茶待客，孟自多可谓古往今来第一人。话说完了，不送客，自个儿倒先走了。

武将们迭声叹气，文臣等窃窃私语。然众人将芈公公烹煮的茶喝得没了汤色，也无定论，只得暂且作罢，各回各府去了。

将茶具收拾妥当，芈公公有些心绪烦乱。然，身为阉人，除了幸得秦昭襄王收留，他再无去处，于是缓缓走向御书房。

本想着秦昭襄王心绪不佳，芈公公请安时，却瞧见其神清气爽，心中不由“咯噔”一紧。

“你许久不在跟前侍候，跑哪赌钱去了吧?”秦昭襄王随意找话取乐。

“奴才听闻太医们说，渊公子身体好些了。”芈公公捡高兴的事情说。

话音刚落，秦昭襄王扬声道："好！天助我大秦。得范雎，乃孤之幸！若白渊就此医好了，乃我大秦之福！"

喜悦由眉心涌出，秦昭襄王无半点陶邑告急的焦急之态，像是接二连三快被喜事给打蒙了。

"奴才贺喜大王！大王喜了，奴才就有好日子过了，奴才的娘子……奴才想回趟家。"不好，先前范雎与大王说了些什么？芈公公以家中有事，向秦昭襄王告假，眉宇间皆是身为公公的献媚讨好之色。

"你没阉干净！准了，早些回来。"秦昭襄王因心中欢喜，故轻易地准了假。

笑得诡秘，芈公公摸摸腮帮，有意逗秦昭襄王高兴："娘子一定想死杂家了。"

然出宫之后，芈公公回自家仅待了不足一盏茶的工夫，便换了身小厮衣裳，贴了胡子，乘马车往白族府而去，求见白渊。

渊公子虽为布衣，然当朝权贵遇上困难、解不了的局，皆虚心向其请教。无人轻视他的院落破旧，更从未听闻有人挑剔其以粗茶待客。

芈公公心急火燎，恐事态难以估量，故见了白渊之后，立刻将范雎入秦后三挑秦昭襄王，终得以召见之事全数道出。还把侍候御书房时，他无意看来的范雎呈于大王的信背了一两句——

"圣明者惜羽翼，利则行，害弃敝蹝（屣）兮。留精兮，去糟兮，虞舜皆行此理也，唯愚者充耳不闻兮。吾望圣主念肝胆相照进忠恳之言，纵服罪以枉然兮。"

静心而听的白渊闻其言语后，久久不语。

芈公公不耻下问，跪地求教："如今朝廷乃多事之秋，在下一介阉人，何以得保全？"

谋略过人的白渊又问了些在其生病期间朝廷的变化，之后乃推心置腹告知。

闻言，芈公公大惊：“公子是说……恕在下愚钝……公子是说张禄向大王进言——除穰侯、高陵君等人？这有可能牵扯到太后……”

经历若干事，芈公公本就通透之人，然这会竟语结数次。

白渊不语，稍稍点头，良久后道：“大王大权旁落，总需收回，此举乃合乎当朝之事。然，施行时需多听圣者之言，勿使忠良之士遭人陷害。”

拱手见礼，芈公公不知是因解惑太深，心绪不宁，还是最终未想出自个儿如何保全性命的法子来，只是显见郁闷地离开了。毕竟他的旧主也乃大王有意除去之人，细想近日大王对自个儿颇为疏远……

知朝廷中事，白渊不由为堂弟担忧，几日后整理思绪，乃唤其至跟前。

因白起耿直，不甚精通权术，某些言语点到为止，他仅反复建议：若秦国有战事，身为武安君，应为秦王分忧，披甲上阵杀敌。

一脸狐疑之色的白起求甚解。

白渊不得已将话挑明了些：魏冉被贬出咸阳，其余三君皆可能性命不保。之后朝廷会以谁为主，大王更亲近哪位臣公，此时还未有定论。

“愚弟明白了。堂兄之意，让起儿上阵躲开这等烦心事。等朝廷大局已定，起儿再班师回朝。以愚弟之本事，拿下几场胜战不难，然，应付朝中纷争，愚弟自认才疏学浅。”纵使受封武安君，白起在十三堂兄白渊跟前，仍以“愚弟”自居，可见兄弟之情何其深厚。

得此提点，白起再上朝时，话比从前少了许多。若无同人将话引到他身上，他就只当闷嘴葫芦。

二

次年正月，秦昭襄王有意发兵攻韩取陉城，白起立即殿前请缨。

“白卿家，正月里发兵，攻的又乃素来与我大秦兵力无法抗衡之国度，你不如留在家中与家人同乐。这等战事由其他将军去吧。”秦昭襄王怜惜。

“身为秦之臣，理当为大王分忧。末将有意将此胜仗献予大王以贺开年之喜。”白起谨记堂兄忠告，一再请命。

想去年高陵君公子悝已被贬，然，他不肯返回封地，如今赖在咸阳城里，大王时常因此勃然大怒。走吧，走得越远越好，白起心意已决。

“好！众位爱卿，武安君白起今日之言，乃你等效仿之典范。我大秦有白起这等猛将，何愁无一统天下之日！”龙颜大悦的秦昭襄王暂时抛开范雎进言除“四贵”，以致弄得朝野上下一片恐慌，也令其自己心情受损的抑郁。

初春，白起奉秦昭襄王之命，向韩国进发。抵韩境之后，直取陉城。而后，再向秦昭襄王上书请缨：韩军不善战，大秦之军若就此收兵，实属可惜，请允许把握战机，继续伐韩。

此等捷报，秦昭襄王连看数遍，又于金殿之上命人朗声诵读，以鼓舞全朝士气。

群臣高呼：“大王英明！大秦必胜！”

然，丁点儿喜事哪能冲淡笼罩于朝野上空的人人自危？

朝议之后，孟自多前往御书房传话，说是宣太后先前将刚服下的药呕了出来。

“太医如何说？可换了方子？”秦昭襄王搁下御笔，眉宇平和。

“大王，奴才劝你还是去一趟，毕竟太后乃您之母亲。我大秦素来敬忠孝，不尊大王乃不忠，不尽孝道为不义。”孟自多言语大有顶撞之嫌。

“自多，到跟前来。你对孤近日所做甚为不满，无论天下如何，朝政如何，孤与你之情从未变。”秦昭襄王见孟自多不肯上前，起身移步长榻边，落座后，拍拍身旁之位，“坐吧。”

孟自多坐于脚榻之上，捏着拳头替主子捶腿。

“魏冉之死出乎孤的意料，然，芈戎等……孤不可能不除之。”摸摸孟自多的头，秦昭襄王好似回到了在他国做质子时，与之相依为命的日子，越发和颜悦色。

“内侍不得听政，不得问政，不得干政，需做个傻子才好。奴才一直往这上面努力着。”孟自多躲开主子的手，耍性子地使了力道捶秦昭襄王的腿。

“说吧。憋坏了，孤心疼。”秦昭襄王讪笑，拽着孟自多的手，待其抬眼时，怒视，“捶得太用力，孤腿疼。”

“奴才以为，芈戎等确需赶回封地。当年大王依靠他等辅助乃年幼、无奈之举，而倘若杀之，会令某些人过于得势。以奴才拙见，大王需以持平之道，让他等相互牵制。”孟自多眨眨眼，极力讨好。

“范雎进言孤，以李兑助赵惠文王饿死赵武灵王为例，担心孤来日遭四贵及太后架空，落此下场，孤闻言害怕。范雎又言，夏商周亡国，乃君主将朝政交予宠臣，从此不问朝政所致，孤不愿重蹈覆辙。再则，范雎还言，秦大小官吏个个为魏冉提拔，皆其亲信，若魏冉等除孤之子嗣，秦将不秦。”秦昭襄王竹筒倒豆子般，把范雎之言道出。

支支吾吾的孟自多唯恐记漏了这番推心置腹之言，又嘀嘀咕咕重复。

“都记下了？孤问你记清楚了吗？你长进了，赶明儿将范雎的进言去请教秦正吧。记得把秦正的话一字不漏带给孤。”狠捏孟自多的粉脸，秦昭襄王大笑。

“大王英明，奴才的心思都被大王识破了。若秦公肯入朝，何需奴才跑细了腿！”摇摇晃晃站直身子，孟自多一肚子委屈。

“秦正不入朝，白渊身子弱，入不了朝，孤真乃孤家寡人。去吧。”两位知己皆不能常伴身侧，秦昭襄王遗憾满满。

“大王去瞅瞅太后，奴才都快说破嘴皮子了。您还纹丝不动!”孟自多耍赖，拽起秦昭襄王。

叹息，秦昭襄王甩开其箍在腕间的手，随之迈步。

宣太后见大王到了，虽支撑着起身，然身子不济，仅陪坐了一盏茶光景，再度躺下。

“母后之病乃偶感风寒，多加调理，必能康健。”秦昭襄王看着医方，规劝。

“哀家老了，乃该去的人了。大王还年轻，正是壮年时。雄鹰再高，也需羽翼丰满，将领善战，仍不可无兵入沙场。”宣太后含沙射影。

对魏冉被贬忧郁而死，她心中甚怒。而今高陵君再遭贬，因其不肯回封地，求了她数回，故其左右为难。

“孤为安顿他等安享晚年，斥资数十万两为他等完善封地，修宫宇，固城墙。”秦昭襄王正面驳斥。

孟自多怕母子俩言语冲突，赶忙巧妙递话。

秦昭襄王终平下心境，转而离去。

唤孟自多于跟前，宣太后迭声忧叹：“这些朝公确为我大秦谋划，我大秦有今日，他等功不可没。然，把他等……至少……”

“太后娘娘又焦心了，如此对养病不好。”孟自多打断，心中自知：权倾朝野之人忽被强制瞬间卸下所有权利，必难过心头之坎。

“你于哀家与大王间走动，不易啊！若没了你，穰侯报丧之时，哀家必与大王翻脸。”孟自多虽为秦昭襄王的心腹，然在宣太后眼中，也是亲信。毕竟不为名、不为利，尽心侍候，以国之忧而忧，以君王之喜而兴，这等人何其难得!

“太后，芈戎……您是保不住了，毕竟他与大王这些年……难免伤大王的心。悝儿的事已成定局，若因此与大王失了母子情，那芾儿就更麻烦了。芾儿凄苦，先前为质子，行事艰难，归秦后，为大王尽孝道，常守于王陵，您该为他花些心思。”孟自多直言相劝。

“你派个精细的人，看看悝儿今日都在忙些什么。逮到把柄，就来给哀家……把他赶到封地去。”紧握孟自多的手，宣太后自认从来离不开此人。

而后，宣太后暗传懿旨予孟自多，令其再为她与大王间寻个通透且忠心之人，毕竟一人行事，需他人帮衬。

朝中纷争不断，远在韩国之白起自然有所耳闻。他主持军帐议事，讨论战机之后，独留副将司马靳，问其当今朝廷中谁风头最劲。

司马靳挠头。

“之所以向你打听，只因你爷爷司马大元帅乃数朝老臣。你尽可知不无言，言无不尽。陉城之后，我秦军又拿下韩之二城池。我等总需班师回朝，也不知朝中是何气候。”白起忧心忡忡。

“爷爷书信甚少，仅两封提及朝政，字里行间透露大王近日重用张禄，并非仅封其为丞相那般简单，而是出入同行，安睡同寝。”司马靳转告。

白起揪眉而思：范雎未化名为张禄前，与自个儿倒有交情，而后同朝为官，情谊竟淡了。虽私下也有几回把酒对饮，然说的皆是场面话。胡阳阙与败兵、魏冉陶邑忧郁而死之后，他与范雎再无话可谈。如今范雎官拜丞相，也不知对自己是福是祸。

“往后回朝堂，你我需谨言慎行。牵一发而动全身，为官之道甚沙场作战百倍，不得不斟酌啊。”他庆幸有一堂兄帮衬，否则难免赴魏冉后尘。

“我爷爷有意告老还乡，毕竟征战多年，旧伤发作起来……”朝中变数颇多，爷爷年岁也高，欲急流勇退，司马靳透露自家事。

“老元帅……哎！”白起一时心乱，抱起小几边酒坛豪饮。

一月之后，秦昭襄王下旨：攻韩之师回秦境整顿，并补给。

白起接旨后，立刻拔寨，班师回朝。

返回咸阳，他才知："旧主"高陵君公子悝于前往封地之途中，不幸病发，汤药无济而亡。不由震撼。

而后，受秦昭襄王召见时，白起请命："大王，我大秦之军能百战百胜，乃因治军严格。现班师回朝，不日又将再往他国征战，末将有意暂别朝堂，赴军营监督将士们训练。训兵千日，方能沙场披靡。"句句在理，他有意避开朝堂。

"孤念你沙场辛苦，准你15日假，之后再训兵吧。告假期间，多陪陪白渊，若他需任何用度，凡府中无的，皆往宫里来取，不必请示孤。"忙于国事，无法太兼顾调理白渊，他兄弟二人极为亲密，秦昭襄王便将照料白渊之事交予白起。

"末将领旨。"白起神色恭敬。

离宫之后，他速速回白族，向爹娘请了安，信步往白渊的小院去了。原以为白渊病得极重，未料到他听闻白起前来探望，竟精神抖擞相陪了。

白起见状，甚为狐疑，详问才知其中渊源颇深。

白渊的病仅三分真，而如此作派，则为朝廷收高陵君公子悝丧讯、宣太后一病不起后，秦正低调到访。

"哥，朝廷变天了？"白起虽早有所闻，然亲耳听及，又是另一番感触。

白渊毫不隐瞒，全盘托出，告知秦正请其暂时想方设法闭门不出，而朝廷中穿梭则有秦正一力承担。若秦正遭遇不测，再请白渊出山。

白起感到一阵寒颤，他于房内踱步："大王任用范雎，哦，不，愚弟还是叫他范雎吧。认识时，他就这个名字。他如此作派，难道不畏惧群臣？"

白渊闻言长叹，遂提及范雎入秦后近两年不得志，却未与故人往来，仅栖身于下等客栈，直至受秦昭襄王重用，才抖擞精神，立足于世的种种情形。

“愚弟听兄长之言，越发不知如何与范睢相处了。”白起茫然。

“躲开他即可。秦正比你我更了解大王，凡来新人，大王皆以为新鲜，重用之。过些年头，又有新人初露锋芒，便……”敖乃上策，白渊宽慰了几句，终因体乏，歇息去了。

为做实白渊之病，白起倒是往宫中要了几回稀罕之物。御医院院士再三感慨：若渊公子肯静养，自然不会昨儿好了，今儿糟了，让身子久病于榻上。

秦昭襄王得此诊断，痛彻心扉，传旨御医院，命加派人手值夜，以防白渊因操劳突发症候。

蒙大王爱护，白渊在堂弟白起回军营练兵后，倒好了几日。他于白族府里一空房，义务为穷酸学子讲学，谁料此举仅维持了7日，竟真病倒了。

此事再次惊动秦昭襄王，这回他派太子嬴柱于白渊病榻前督促御医，以防诊治有误。

太子守病榻，被任命为丞相的范睢倍感震撼，然，他与白渊素来交好，故心头虽有所羡慕，转而也释怀了，且对白起更为在意，甚至派人送去拜帖，在相府设宴款待。白起拿不准与范睢的相处尺度，可他如今官拜丞相，不得不赴宴。心中藏着事，故席间话语极少，频繁赞美酒佳肴、歌舞甚妙，借此畅快饮酒，免去了诸多闲聊。

“大王有意乘胜追击，毕竟当时命武安君班师回朝是因为军队需要休整。”大王在意白渊，白渊极重与白起的兄弟情，朝廷纷争不断，范睢有意让白起远离。

“本君愿……再为大秦所向……披靡。”白起微醉，忽闻有离开咸阳之机，立即响应。

“敬武安君！范某定在大王提及伐韩之时，助武安君再为主将。”范睢信誓旦旦。

极想说句场面上的客套话，白起嘴皮子动了数次，终寻不到能与范雎之言登对之语，索性举杯敬了他一回。

饮宴气氛良好，4 日后范雎竟于金殿主动提出再次伐韩、乘胜追击进一步扩大胜利战果的建议，令白起吃惊。秦昭襄王未等范雎将话说完，立刻命白起出战。

白起殿上领命，受兵符后，方安下心，暗道：多事之秋，与其在朝堂上日日如履薄冰，不如在沙场上与敌军较量来得畅快。

不几日，他率部再攻韩。其部下个个骁勇善战，又因主将白起能运筹帷幄，故公元前 265 年，白起攻韩，共拿下陉城等 5 城，斩敌军首级5 万。

秦之武安君更名声斐然，威慑六国。

三

同年，白起班师回朝之际，执掌秦之朝政数十载的一代名后宣太后病逝。闻之，白起命兵士头捆白布，腕扎白纱，以表对宣太后之悼念。

头一回得胜之军以哀状进秦境，入咸阳，他安顿军队后，再闻震撼之讯：孟自多竟被秦昭襄王赐死！大商人秦正于孟自多被赐死次日，自缢。

“将军，这是怎么回事？”官拜副将的唐胜仍唤白起“将军”。

“不知道。”白起压低嗓音，“小心隔墙有耳，以后说朝廷之事，声音小些。”

才叮咛了唐胜，白起的话音未落，心急火燎赶来的刘勋也是一副破落嗓子：“君上，秦正死了！”

闻此言，白起重击额头。

唐胜丢下一句建议：“你们等着，待末将把司马靳从他爷爷身边叫来，一问便知。”

白起极想知晓带兵在外打仗期间朝廷发生的事，故交代唐胜：只把司马靳低调唤回军营，切勿声张。

唐胜虽个性较冲动，然面对如此大事，也乃心细之人。

司马靳见唐胜来寻，匆匆别了司马错，赶回军营见白起。

白起支开众人，独留司马靳问详情。

“据爷爷说，我们出去之后，大王与太后频起冲突。芈戎更是冲动得带了上千人围了大王的寝宫，要求大王撤销对其的……什么处罚。爷爷年纪老迈，具体是何处罚，爷爷不知。”司马靳声音极低。

“但说无妨，将你知晓的告知，不知的内容跳过去。”白起很是急切。

司马靳点点头，然后继续：“那晚情况危急，大王固执地要芈戎立刻回封地，芈戎则自个儿写了留他在咸阳的字据，逼大王用印。孟自多竟偷了王印，在纸上盖了戳。”

白起闻言倍感惊骇：竟敢偷王印！孟自多确非寻常人啊。

“芈戎拿着盖了王印的公文，撤兵离宫。大王认为孟自多与芈戎勾结，一怒之下，把孟公公杀了。据说秦正是孟自多死后，半日之内自杀的。”司马靳说话间自个儿也不由得打了一记寒战。

白起皱眉：秦正素来以谋略过人而闻名，听闻孟自多可是事事都请教秦正的。孟自多死，秦正自缢……白起点点桌面，示意司马靳继续下文。

“芈戎或许因魏冉之死，受了触动，故而留了心眼，握紧了手中兵权。即便闹出了逼宫之事，大王也没将他怎么着。但公子芾就不同了，大王竟颁旨，令他速回封地，且永不得返回咸阳，太后因此和大王冲突频繁。之后，太后就死了。”司马靳耸肩。

华阳君芈戎卒于公元前262年。

众所周知，芈戎行事张扬，数次公然顶撞秦昭襄王，其政绩与用兵皆在魏冉之下，然他竟比魏冉晚死数载。秦昭襄王对付四贵，首当其冲为四贵之首魏冉，但芈戎之后苟活数年，又何尝不是魏冉之死令其触动颇多，而着手做了多方准备，令秦昭襄王寻不到下手时机。

生于后世的我等只有从史料中推测种种，活在当时当世的将门之子司马靳自然也会如此揣测。

公子悝为人高调，又无建树，公元前266年被贬，而后过世，乃情理之中。

至于泾阳君公子芾，其原封地泾阳与秦国曾经的国都雍城极近，而雍地则为秦王陵所在之处。从公元前677年至公元前385年，共埋葬秦德公、秦出公等在内的19位君主和夫人，泾阳君大有从齐国做人质返秦境后，奉旨为众先王守陵之可能。

守王陵乃一苦差，然历朝历代皆提倡孝道，若秦昭襄王在除“四贵”时，将替其尽孝道的泾阳君一并办了，定会引得朝廷上下诸多质疑。

再者，泾阳与雍城的距离为59.3公里，以当时的行马速度，泾阳君公子芾只需一两日，便可穿梭两地间。

泾阳君公子芾在秦昭襄王的除“四贵”大旗之下，保住了性命。

后世的人们从史料中了解的先秦就是，先秦的人唯有洞察身边人和事，方能活得精妙。

白起为如何自处甚觉烦心，故虚心请教司马靳。可能还是在为之前所得知的那些消息至感震惊，竟将一句词不达意的话糊里糊涂道出：“如今朝中还有哪位朝公得大王器重?”

司马靳嫌弃地瞪了眼主帅，继而拱手道：“丞相大人，张禄也。往后你我皆得以张禄大人马首是瞻。”

白起感到有些缓不过神来，他迷迷糊糊地点头，心里只盼能快些受王命征战沙场。

公元前264年，白起受命为攻韩主帅，兵伐南阳太行山道。

太行山南北连绵足千里，东西横亘过百余里，然东西仅8个出口。秦国派出一等大将武安君白起攻取太行山道，可见秦昭襄王意在六国。此举乃秦向东攻伐的前奏曲。

当战鼓雷鸣，秦军齐齐披甲上阵，白起坐镇前沿，其气势瞬间压倒了与秦交锋数次皆败仗的韩军。

韩将领战死沙场，韩军溃不成军，数年来为韩国掌控的太行山某段被秦夺去，韩再不能走其道往上党而去。

夺韩之太行山道的白起一时间大名再次威震八方，乃至三家分晋之后越发独大的赵国名将们谈及白起，也有变色之状。

赵国如此，丢了太行山道的韩桓惠王亦如此。他金殿下旨，命守卫上党附近的韩军高度戒备，以防备秦国再令猛将出击。

然韩桓惠王知晓上党的重要，秦昭襄王又如何不晓？

公元前 262 年，白起再次向秦昭襄王请缨，求披甲上阵攻韩之野王（今河南沁阳）。

“末将欲为我大秦拿下野王，使韩无法经水路往上党补给，届时我大秦在通往上党之陆路增设关卡，严加盘查，一旦发现运输粮草等，立加重税，或寻其法扣之。”东进须拿下要塞之地上党，白起精通战略。

荣升武安君多年，他虽不能与范雎等比拟玩弄权术，然，带兵打仗已渐成秦昭襄王时期第一人。

“白爱卿所言甚是，传旨……”秦昭襄王认可。之后不几日乃命白起为主将，攻韩之野王。

野王虽有韩军驻守，然兵力并不雄厚。白起早已盛名在外，野王守将仅与白起之军稍作“切磋”，几度摩擦后，即降秦。

“将军威武！”秦军高呼。

白起立于城楼之上，饱览这刚刚占领之地，他手举野王投诚之文书，高声回应：“大秦必胜！”

得野王，秦昭襄王甚喜。

然，丢野王，韩桓惠王如临大敌，急召群臣商议如何为上党补给。

一时间群臣各持已见，多数声音认为：若补给不及时，驻守于上党的5万大军日日皆有性命之忧。

不养兵，何以使士兵为王作战、保卫疆土？

韩桓惠王闻之，更为忧心：秦势在必得上党，赵因太行山南段滏口陉可达上党，亦对上党虎视眈眈。

朝议未得甚解，秦昭襄王派使臣入韩，以韩国兵败为由，要求韩割地赔款。

沦为战场数年，韩国岂堪重负，国库早已空虚，韩桓惠王为此心烦。

秦昭襄王见韩迟迟不予回复，召白起御书房密谋。

而后，白起进军营，做了场声势浩大的校场比试，对外宣称：不日将伐韩，此次比试系为伐韩选拔先锋、主攻等将领。

此等事传入韩桓惠王耳中，他不得不重新思量。

当年三家分晋，韩才立了国。如今，三家以赵最为强盛，魏虽与赵常兵戎相见，然赵魏曾联合伐韩，两家似乎欲把韩如当年的晋国般，占而分之。

联军之所以不得胜，乃因秦国派出虎狼之师相助。

然，秦非友好之邦，而系盘山猛虎，随时张牙利爪，白起等更是让各国闻风丧胆的实战英才。

烦闷之下，韩桓惠王落座于御案之旁。他苦思冥想，终于得一甚解：割让上党予秦，挑起秦与赵的更深一层矛盾。旁观白起领兵与赵国之名将廉颇、李牧、乐毅、赵胜、赵括、田单任何一人或几人沙场较量，借此为韩赢得休养生息时间。

思虑通透，韩桓惠王甚喜，选良日派阳城君入秦，呈交割让上党之书予秦昭襄王，求和。

14

长平

上党素来乃兵家必争之地，秦昭襄王有意取之十数载，此战得胜，乃进一步向东方各国证明了秦国之国力、军力。为此，交接国书一事，秦昭襄王办得尤其盛大。

伐韩大将白起更是殿前听赏，以鼓舞秦国朝公们士气。

“微臣谢恩！”白起为官有些年头，在参与此类大戏时，游刃有余。

秦昭襄王为显出白起在秦的尊贵，破天荒为其在金殿看座，大谈：“秦有白起之类猛将，乃秦安邦定国之要领。”

战败国韩国哪敢微词？阳城君勉为其难当众向白起讨教用兵之道。

“国富则兵强，君明则将勇，重律则有度。本君无他可相授，仅此而已。”白起事事自谦，将全部功劳归于秦昭襄王立国圣明。

阳城君赞白起、捧秦昭襄王，此番作为意在：秦国暂不伐韩，令韩休养生息。

秦昭襄王此刻的确未再打算伐韩，仅忙于接收兵家要地上党，他当即指派了驻守上党之将。

群臣高呼："大王英明！大秦万寿无疆！"

一出大戏就此了了。然，事态发展并未如韩桓惠王所预料的那样——秦驻军上党后，立刻挥兵与赵对阵——而是出了件大王割地、守城大将靳黈不肯拱手将上党让予秦的怪事。

二

"韩人无礼，竟不听他王之王命！此举如何让我大秦立足众国之中？藐视我大秦威严！"秦昭襄王闻之，勃然大怒，于朝议之上大发王威。

武安君白起、大将王龁等武将连连上奏，有意率兵与上党守将靳黈对阵，挫其锐气，令其听命韩国、撤出上党。

"张爱卿以为如何？"秦昭襄王闻众臣公之言，颇为动心，然仍想听听爱臣张禄（即改名后的范雎）有什么好主意。

"大王、各位同人，本相以为上党乃韩之领土，韩桓惠王将上党割予我大秦，然上党守军靳黈不愿撤兵，此乃韩国内务。我大秦无须动用一兵一卒，只需给韩桓惠王书信一封，责令其在一定时间内处理完本国内务，将上党送出。"范雎（此时仍对外以张禄自称）分析得妥妥帖帖。

"爱卿所言甚是。武安君以为如何？"秦昭襄王听文重臣进谏后，有意再闻武重臣高见。

"微臣以为张丞相所言甚是。"白起心头不安，然就大局而论，范雎之言无可厚非。

秦昭襄王又听了一会群臣朝议，而后修书韩桓惠王，令其于3月内将上党17城交予秦。若3月期限满时，韩仍未能交之，秦将再派兵伐之。

“荒唐！秦人无礼，孤愿将上党割予秦，然靳黈不肯撤兵，怎能怪罪于孤？”韩桓惠王盛怒。

韩之重臣冯亭进谏：“秦未挥兵上党，而大王因向上党运送粮草途径断之，故割让。此举令靳黈不从，尚可理解。臣愿亲赴上党，将靳黈撤防。待两月之后，禀行大王旨意，让上党予秦。”

“爱卿所言甚是，今任命你为上党郡守，即日上任。将上党交接予秦后，再回朝复命。”靳黈乃忠君爱国之人，韩桓惠王惜之，然时局所迫，此举为不得已。

同年，冯亭率部分精兵离开韩都新郑，可途中他以旧疾复发为由，仅领个别亲信外出寻访良医诊治。同行之人未曾想到：冯亭并未真病，而是亲赴赵国，求见平阳君赵豹，有意在接任上党郡守后，将上党献于赵。

平阳君赵豹立刻将此事禀报赵孝成王。

赵孝成王闻之，甚喜，以为赵之千秋霸业有望早成。

平阳君赵豹否之：“秦切断韩与上党之补给通路，上党未战而割让，韩意在将战祸转嫁我赵国。若大王收上党，岂不正中韩王诡计？”

“平阳君真乃当世为数不多的聪明人。不曾侍候韩桓惠王，竟知其心事八九分。难能可贵！”赵孝成王虽以为危言耸听了些，然，仍采纳其建议，未接冯亭献出的上党。

冯亭此番赴赵，耽误了抵达上党的时间。秦之探子并不知冯亭上任途中金蝉脱壳，仅禀报秦昭襄王：冯亭旧伤复发，故延误了上任时间。

秦昭襄王一笑了之，并不在意。

白起闻之，进谏：“冯亭正是壮年，微臣闻他上一场出征距今已有数载，此时也非春季，旧伤复发一说似乎多有蹊跷。”

白起输于权术，然用兵及揣摩将领心事，自有高明之处。

秦正已死，秦昭襄王的智囊团早已不复存在，闻白起之言，也觉有几分道理，便于之后宣范雎觐见。

范雎以冯亭3年前出征伤了腹部，推断旧伤复发也不足为奇。

“爱卿所言甚是。何况韩国有书信予孤，说两月后必将上党献之。”秦昭襄王采纳范雎意见，之后并将丞相的推论告知白起。

因未与冯亭沙场较量，白起对其心思无法揣测：“大王甚解。”

又过了些许日子，冯亭抵达上党，将靳黈及亲信撤之，仍不愿放弃投赵，为稳住秦国，他修书告知：上党全线撤防尚需时日，然定于期限内完成。

此公文颇有说服力，这回连白起也受了蒙蔽。

然，冯亭派出的亲信在此书信送出之时，再抵赵境。

两度献上党，赵孝成王对此更为慎重。

平阳君赵豹仍坚持已见：“上党乃多事之地，不可中他国诡计。”

然，平原君赵胜闻其见解，驳之：“赵、魏、韩都乃晋之后，我赵绝非平阳君所言的小国。赵奢大败秦军，足以证明我国力不凡。故，可接受上党，赐封献郡冯亭。以此也能令天下贤人皆知——凡投奔我赵之良将名臣，皆与我赵本土臣公受同等重用。”

此言恰合赵孝成王心意，故颁密旨予冯亭：封为华阳君，予民户3万，封其县令为侯，给予各民户1000，投赵官吏皆升爵位3级。

密函到手，冯亭则召集上党军民，以“秦无道，伐韩，韩不堪重负，不得已弃上党郡”为开篇，而后博古说今，用“韩与赵同宗，都乃晋之后”为契机，将赵、韩唇齿相依说得声泪俱下，畅想赵、韩联军与秦抗衡的未来，而这抗衡地必是上党。

民众闻之，叹息。

将士听之，不由发问：“韩王已将我等割给秦，如何能有赵、韩联军凭我地抗秦?”

郡守冯亭谋略过人，义正词严：“韩王之举实属无奈。若上党追随赵王，秦必怒赵，我上党终为韩地，故，赵必联手韩对抗秦国。各位，我等乃韩之民众，即便离了韩王，仍要为韩效忠!”

声泪俱下，听得将士无不诚服，高呼：“郡守英明！誓死捍卫我韩之疆土!”

百姓更是以郡守冯亭马首是瞻。

见时机成熟，冯亭当众取下韩旗，珍重将旗封存，并命专人保管。而后才带着哭腔，把赵旗插于城楼之上。

此举震惊秦国，朝野议论纷纷。

白起公然于朝廷叱责冯亭不识时务、赵孝成王错估了赵之形势，并以张禄的“远交近攻”力驳之：“末将以为我大秦为正名，当立伐赵。否则六国贤能之士、或心存异想之人会效仿之，陷我大秦于孤立。大王推行的张禄之理，定会因冯亭之举而蒙受挫败。”

投奔秦国以来，范雎虽官拜丞相，仍对外称“张禄”。“四贵”大体除去，虽留个别苟活于世，已无法在秦国朝野掀起波澜。他看看白起，余光扫过一干朝堂上同人，如今众人因他受秦昭襄王重用，而不敢再提及阏与之战的兵败一事。然，秦昭襄王心思难测，伴君如伴虎，哪知他日秦王是否疏远自己。

范雎拱手，也力主伐赵：“微臣以为武安君此言甚是!”

“既然二位臣公皆有意伐赵，余下朝议便就如何伐赵，各抒己见。”秦昭襄王认可。

群臣闻之，热切讨论。

白起乃战无不胜、攻无不胜的秦国名将，主张取上党为战事所需。光狼城攻而失，失而再攻，只因光狼乃上党补给要地。若任上党追随赵国，前期伐光狼取得的战果、损失的兵马皆付之东流。

范雎则与白起心思迥异——

阏与兵败后，他加快了清除“四贵”的步伐，以功抵过，使秦昭襄王不予追究。然，“四贵”死的死，退的退，放眼朝野，若再不建立战功，定不能长期得秦昭襄王欢喜，届时大权旁落……毕竟他于大秦乃无根基之人。

此两人虽心思迥异，然，在这一阶段对上党和赵国的处理上，意见一致。

群臣就赵国国力，发表多种阐述。以武安君白起为首的武将们，又把赵之名将廉颇、赵胜、李牧、赵括、田单、乐毅的军事才能及擅长打法，加以积极阐述。

文武配合，秦昭襄王听后乃度量：此番与赵之战，必将胜以往任何战役之艰辛。

为以防万一，他将白起、司马错之子司马梗唤入御书房。

司马梗从戎多年，随其父司马错沙场征战多年，有常胜将军美名。他御前请缨：愿不惜性命，为大秦拿下赵地。

慷慨激昂之话令秦昭襄王甚悦。

白起思虑颇多："赵孝成王不费一兵一卒得上党，按理说会派出大将前往上党收编韩之上党军，然他会派哪位大将赴此行，我等很难揣摩。大王何不耐住性子，待赵军局势明朗化，再行对应之举。"

一席话令秦昭襄王茅塞顿开，当即采纳："若赵孝成王迟迟不派人马收编上党韩军，我大秦又该做何应对？"

白起向司马梗拱手，然后胸有成竹地接着说："我大秦精兵良将甚多，可命司马梗等将军中任何一人竖起攻赵旗帜，加速赵孝成王收编上党。"

话语落，司马梗附议。

几日后朝议，秦昭襄王任命左庶长王龁不日率部抢占沁河沿线。

史书中关于王龁与廉颇于赵空仓岭对峙有诸多记载，然以秦、赵之当年局势，加之秦于阏与兵败于赵，秦昭襄王自登基以来，屡屡向外发兵，故他任命左庶长王龁为攻上党主将之言，定不属实，极可能王龁率的部队为秦之先锋。

二

上党交予赵后，赵孝成王命群臣各抒己见，然如何保住上党，仍未有定论。

已身为上卿的蔺相如忧心忡忡，与廉颇把酒赏月之时叹之：“不瞒廉将军，在下于秦国有故人。秦赵大战在即，届时必倾尽两国全力，在下与秦之故人此后再无来往。想当年未得志时，我与他也如将军这般谈天说地……”

廉颇大碗饮酒：“往事不必再提。大王已命老夫不日前往上党，秦、赵自会在战场上见分晓。你我需珍惜今日之情谊，再莫提当年。”

蔺相如讪笑，亲为廉颇斟酒。自赵接受上党后，便再不与白起书信来往。

身在秦地的白起何尝不是如蔺相如这般心思，只把从前往来的书信偶尔拿出拜读一回，以慰当年情谊。这等事，白起仅于夜深人静时才会为之，更多时间用于关注上党一带时局。

廉颇乃赵国名将，善于防御，且谋略颇多，常出人意料。自他抵上党后，针对王龁之军，做了诸多部署。

两军虽于当年 4 月、6 月沙场对阵，秦斩赵数名将领，夺二鄣，然未伤赵之根本。入 7 月后，赵军垒壁防秦。王龁再整旗鼓，领兵攻之，历尽艰险，夺得西垒壁。廉颇以工事藏赵军，不肯再应战。

白起分析形势，认为廉颇定会寻时机突然挥兵，抢回被王龁军夺走的西垒壁。于是，他向秦昭襄王进言，恳请派兵增援王龁。

“我大秦将数十万兵马交予王龁，目前为止，秦、赵交锋皆是我大秦险胜，以臣之见，无须增援。”朝堂中，此类声音比比皆是。

“大王，我秦军骁勇善战乃不争事实，二十级军功爵位制又为我大秦选拔了良将若干。然，我秦军也有一劣势，因将士多来自山地，故不善水战。王龁将军与廉颇沙场对峙，我秦军在空仓岭一带尚有优势，倘若赵军在丹河东沿岸拼死坚守，则非王龁将军一力能为。”白起以为廉颇定死守赵军之东防线丹河，一则赵军中会水性者较多，二则便于赵军补给。

“危言耸听！”一朝臣驳斥，“王龁将军已得空仓岭之优势，大可乘胜追击，扫赵军左右翼，而后赵军定出兵护之，届时我大秦军队再给予截断性歼灭。”

白起拱手并表示认可：“以王龁将军率兵之能力，定会扫赵军左右翼。然，我大秦派往赵境之兵力有限，纵使王龁将军能如愿以偿重挫赵军，但定损兵力。长久以往，王龁将军之优势必渐渐……”

白起有意速战速决，故希望增兵助王龁；然，朝臣中也不乏人认为此战秦已占据优势，取胜指日可待。

“张丞相以为如何？”秦昭襄王不见范雎进言，故问之。

踌躇片刻，范雎上前一步：“用兵打仗拼的是两国实力，我大秦国力胜于赵，此战定会胜。然，赵之将领不乏优秀者，如廉颇，微臣以为暂时静观其变，寻时机助王龁将军为上策。”

此番话何其中立，既应了白起增兵一说，又符合了部分朝臣认为秦军已占此战优势之言。故，话音落后，白起再无进谏。

沙场对峙，优与劣的转换乃寻常事。王龁率部占空仓岭一带，不久廉颇亲率将士攻之，王龁败阵，廉颇夺回失地。

而后，王龁重整旗鼓，再率部与廉颇驻守西壁垒处的赵军较量，收回西壁垒。

一来二往，秦、赵于空仓岭一带斗了数个回合。然，赵之丹河东防线从未落入王龁之手，由廉颇牢牢掌控。

前方之战事令白起心烦意乱。某日他赴朝中同僚宴后，摒弃乘马车回武安君府，而带了几名护卫牵马行之。

“君上，你听那边有琴声，好似乡间小曲。”一侍卫因来自楚地，故而对楚辞甚为在意。

“本君不急于回府，前去看看。”白起瞧出部下兴趣浓浓，故随了他的意。

几人行至丝竹之声处，瞧见乃一女子于小摊边抚琴，脚边搁一青铜钵，似卖艺之状。

白起从怀中摸出一锭银递予侍卫：“你乃楚人，在我大秦当兵，今听见乡音甚为难得。这锭银子就算本君为你点首家乡曲吧。”

侍卫谢过，恭敬接了银两，向卖艺之女行去。并非该侍卫给不出银两，而是随于武安君身旁，不敢轻作主张。

白起看看四周听曲喝茶的布衣之士，倒也自在，便随意捡了张空桌落座，扬手唤摊主沏壶能下咽的茶，等着听曲。

卖艺女子生得有几分动人，婀娜身段配以犹抱琵琶半遮面之容颜，令人心生怜惜。在破旧之处卖艺，听曲的甚多，然点曲之士颇少。

她瞅见来人搁一锭银两，忙起身见礼：“奴家请问客官想听何曲？楚辞、燕曲，奴家皆会。”

“楚辞。”侍卫回头瞅瞅武安君，见其不吱声，壮了胆，“爷最喜屈原的诗，你挑与大秦无干的，唱一首来。”

女子微微颔首，纤纤玉指拨动琴弦，叮咚之声似泉水击崖壁，婉转嗓音将屈原所写的《楚辞》恰到好处唱出。

众听曲之人皆惊叹屈原的才气，赞此女技艺了得。

“好！”白起听得尽兴，嚷了一嗓子，当即行到女子跟前，摸出一锭金，扔于钵里。

女子垂眸看，震惊：“使不得，官人。”

“无妨！本君虽不喜屈原之为人，然他的词作得甚妙。”堂堂武安君使一锭金子听曲乃九牛一毛，故白起毫不在意。

女子俯身见礼，卑微打听：“请问，君上乃哪位君？”

侍卫上前，神采飞扬："此乃武安君!"

闻言，女子举琵琶当众毁之，抬脚踢翻装有白起赏了一锭金的钵："小女子乃楚人，武安君水淹鄢城，使小女子之同乡葬身洪水中，而后浮尸满野，何其凄惨！屈大夫闻之，悲愤投汨罗江。纵小女子贫困难当，也不愿予你唱曲解闷。"

慷慨激昂之言令众听曲客愣在当场，当事人武安君白起握紧双拳。

卖艺之女迅速弯腰，拾起砸断之琵琶，投向白起。

然，白起躲开琵琶，一记侧身，以迅雷不及掩耳之势扣住女子手腕："有意谋杀本君乃死罪!"

朗声而笑，卖艺女泪水夺眶而出："奴家夫君在成婚当日受王命赴鄢城抗击你等，此去便无生还，独留奴家苟活于世。今虽不能取你性命，也足以告慰夫君在天之灵。"

贞烈女子素来令人敬佩，纵使淡看生死的白起也不禁动容，他松开了扣住女子腕间的手，讪笑转身："楚之雄师奈我武安君不得，你一小女子，本君何以为惧?"

女子傲骨，扬言有朝一日定取其性命。

白起驻步回首，淡然一笑："明日本君下朝后，于城外长亭候你。若你能取本君性命，本君拱手送之。"

一言既出，驷马难追，次日朝议之后，白起当真打发了侍卫，在咸阳城外的长亭等着此女前来行刺。

此女倒真没让白起失望，半日内赴长亭3回，使箭、用刀、惊马3招对付白起。3招之后，女子认输，跪于白起跟前："奴家技不如人，武安君杀了奴家吧。"

弯下身子，白起认真打量眼前人，忽而大笑："你性子很烈，本君舍不得杀。罢了。以你之个性在咸阳城讨生活必不容易，回乡吧。"

"回乡？家乡之人皆亡。奴家前往咸阳，只为寻一远亲，然他等不知迁往何处，无奈之下才以琴艺度日。”女子起身。

白起沉默，待女子行出十余步，突然问之：“你叫何名字？若他日你又得罪我朝中同僚，兴许本君心情好，求他等放了你。”

“奴家张氏。”女子走远。

而后，白起在下朝回府途中或与同僚相聚返程时，再未听闻张氏琴声，只道此女返了楚地，却不知身边来自楚地的侍卫已替其安排了谋生的差事。

然，因张氏于集市提及楚大夫屈原投汨罗江一事，白起倒起了兴致，派人打听，知此言非虚。且楚民恨极了他水淹鄢城之举，又因屈大夫深得民心，弄出了以竹筒贮米、投水祭奠之举。

数千年后，后世之人尚未淡忘了屈原投江，并且把祭奠屈原之物最终确定为粽子，广为流传。然活于当时的白起自然无从知晓后世种种，而赵秦两军对峙不见分晓，令其甚为担忧。

三

领兵作战之人皆知：一鼓作气，再而衰，三而竭。且秦军虽目前补给尚可，然赵军必想法阻截，而后会令秦军心骚动。

故，白起不得不再次剖析赵将廉颇。

廉颇乃赵之一等大将，且善守，攻虽输于赵奢，然此战赵意在守城，故放眼赵地，廉颇乃不二人选。

王龁之军与其较量，最初略占优势，长久之后，廉颇之善守特色会令王龁之军逐渐丧失得胜先机。倘若赵孝成王调遣善攻的赵奢或谋略过人的乐毅相助，秦军之未来堪忧。

深度剖析赵军状况之后，白起立即上奏秦昭襄王：此战需速战速决，以免夜长梦多。

闻言，秦昭襄王虽面不改色，实则如临大敌，速授命探子前去探明：赵国之赵胜、赵奢、田单、乐毅等名将是否有助廉颇抗秦之举。

几日后，探子将于赵地搜罗来之信息传回咸阳，呈于秦昭襄王：

自阏与之战后，赵奢深入简出，而今早已离开府邸，不知去向。有传言其已死1年有余。

乐毅抱恙在家，无法领兵。

田单乃齐国人，投赵时日尚短，群臣视其为外人，军中高级将领不服之士非少数。

平原君赵胜善中枢，极可能受命于赵孝成王，负责廉颇军的粮草。

至于赫赫有名的李牧，因边关暂且无战事，赵孝成王可能以赵括替代，调其前往上党，协助廉颇对阵秦军。

见密函，秦昭襄王急召白起一人御书房密谈。

听探子消息，白起以为："当务之急，需给赵之边关添些麻烦。"

"武安君所言甚是，孤这就派我秦将领兵，讨伐赵之边关，令赵王无法将李牧调防。"秦昭襄王当即决断。

"大王英明。我秦军偷袭赵之边关时，需来无影去无踪，不可表露身份，否则定令李牧想到我秦之用意。"李牧非等闲之辈，白起处处提防之。

"武安君以为赵孝成王会派何将协助廉颇?"秦昭襄王甚为担忧：谁人将增援廉颇。

"末将以为，赵军并非同心协力，内部时有纷争，田单就是一例子。"白起不认为会有赵将与廉颇一同对阵秦军，再次向秦昭襄王请命，求派兵增援王龁。

"再议。"秦昭襄王认为赵孝成王既然无增援廉颇之意，秦便不需增援王龁，故否之。

数次向秦昭襄王进谏皆无果，白起郁郁寡欢，有心求教与秦昭襄王一同长大的向寿：如何进言，大王才会采纳。

“哎！满朝皆以大王之喜而喜、大王之悲而悲、大王之怒而怒，我等末流人物岂知大王心思如何？武安君白来一趟，若不嫌弃，留于向府喝杯薄酒，畅谈风月如何？”如今大王重用范雎，向寿与范雎并无私交，给不了白起任何指点。

既来之，则安之，抬脚而去有失同僚情谊。白起遂留于向寿府，于凉亭与之把酒，听风赏雨。

在向寿心底，秦昭襄王早不念手足之情，乃一天地间果断英明大王。向寿唯一提点白起关于朝政的仅一字：等！等至范雎有意增援之时，武安君可立即请缨，为大王分忧。

受其提点，白起放弃了向秦昭襄王反复进言、要求增援王龁军的做法。他在朝堂上以听为主，散朝之后则加紧练兵，做好随时可拔寨开赴阵地的准备。

殊不知此一等竟是两年有余。王龁所领军队也陷入了困境，秦昭襄王为此发表诸多感慨，有意发兵。

立于同人中，白起左顾右盼，迟迟不语。

早有增援王龁军之意的司马梗率先请缨：“末将以为此战已耗时近3年，若不速战速决，我秦军之军心必定会有所涣散，毕竟他等驻扎的乃赵地。若兵士思乡心切，则对战事有所影响。”

“臣附议。”一文臣上前。

“臣附议。”另一武将认可。

一时间，朝廷皆是增援王龁之呼声。

“武安君以为如何？”秦昭襄王指名道姓，欲听白起高见。

“众同人所言甚是！”白起心中颇为激动：终于等到这一天了。

“暂且退朝。”增援王龁已成定局，秦昭襄王意在宣旨前，将整个战事思虑一遍，故宣布朝议结束。

散朝之后，范雎急追几步，赶上白起：“武安君有礼。”

白起客气抱拳，还礼。见范雎有意与之相聊，心中虽颇为烦躁，然决意洗耳恭听，故提议前往一雅致之处小聚。

范雎乃风雅之士，入教坊之后，点了悠然之曲，几首之后，命歌舞伎退下，这才转入正题："武安君，本相以为伐赵乃当务之急。"

拱手，白起附议："丞相所言极是。"

开篇如此不谋而合，范雎甚为欢喜，就赵孝成王旗下的诸多臣子给予评说："廉颇负荆请罪于蔺相如，可见廉颇此人傲慢。"

闻之，白起不语。与蔺相如当时有书信往来，从字里行间，他早已洞察：赵国朝廷中有诸多微妙之处。

"赵臣名为忠君，实则纷争不断。赵王虽有意励精图治，然关于对将领和士兵得胜给予的赏赐，定无我大秦这般大方，故赵军之良将多半不如我大秦之军所向披靡。"范雎深为身为秦之丞相而自豪。

白起点头附议，但依旧不语。

"打虎亲兄弟，上阵父子兵。同僚乃手足，一荣即荣，一损即损。赵人不如我秦人团结一心。"范雎越发藐视赵国，然剖析得倒也恰当。

"平原君赵胜受命为中枢。有他的帮衬，廉颇之军……王龁将军……"虽有部分苟同，然白起并不处处认同。

赵强于齐、楚、燕、魏、韩，仅输于秦。即便赵之朝野有不和谐之声，但赵能如此强盛，这些不合之声显然并非主流。

"武安君，本相以为你乃攻赵第一人选。待再次朝议，本相定力荐武安君出征。"范雎表明心意，有意拉近彼此交情。

放眼秦国朝堂，白起自认领兵打仗，无须范雎认可，满朝皆以他白起马首是瞻，故笑之。

此番小聚之后，范雎果真言出必行，力荐白起增援王龁。

秦昭襄王早有此意，因而未等白起殿前表忠心，已命其择日出征；同时任命司马梗及由齐投秦、今官拜上卿的蒙骜携子蒙武开赴前线。

领王命之后，白起和其他人兵分几路，全速赶往战场。

四

长达3年的对峙，秦、赵双方都损兵折将，且为支援前方作战，耗损国力巨大。原本赵军凭借熟悉地形，及廉颇长期以来修建的工事，与秦军抗衡，然秦军反复夺其防守壁垒，在破坏工事的同时，熟悉了地形，故赵军在作战初期的地利优势不复存在。

此刻绝非秦一国渴望速战速决，赵孝成王更是意在短期内见分晓，故派赵括接替廉颇，并调集全国之力增赵括兵马20万。

行军途中的白起得此消息，为之一愣。出征前，他深度剖析过廉颇的用兵，知其打法中常以能守之处，如山险、河滩、崖壁等助守。故与其对阵，需引他远离上述环境，而后以截断之法围歼。然，与赵括对阵，他需从长计议，另作安排。

细想当年（公元前280年），其父赵奢攻齐之麦丘（今山东商河西北），屡次无果。

赵括献计，以仁德善待被抓的俘虏，再用他等涣散麦丘军民抗赵之心，终取得胜利。此战之后，赵括名扬四海：治军严明，为人仁德，善谋略。由此，其在赵军中享有了一席之地。

领兵征战，粮草先行，武安君白起深知此理。赵、秦两军对峙近3年，两国皆以各种途径向前方阵营运粮，然上党地势险要，运输极为不便，故，双方前沿兵士皆无太久存粮。因而，白起抵上党附近，乃先率部攻占失而复得、得而再失的光狼城。

几年前，秦军夺下光狼，白起曾派唐胜镇守，故此时再伐光狼，他理当任用旧人。熟悉地形的唐胜不辱使命，速战速决攻下了光狼。

得城后，他在此存了够吃半月的粮，又派精兵于各要道口严加把守。

而后，伙同王龁精心导演一出运粮大戏：

白起先将大部队藏匿山中，而后命士兵把碎石、黄土装入麻袋，接着将这些麻袋搁上马车，副将司马靳则领四五百人慎之又慎地运送这些物件。至于行进途径，则选老马岭，目标地乃空仓岭。

配合的王龁待司马靳等行了半日后，立刻点精兵由空仓岭往老马岭接应。他派出的此队人马，看似低调，实则故意透露行踪。

赵括得探子报：王龁之副将率小部分人马已出空仓岭，不由生疑，立即命探子远远随行。

不久，探子再度传来消息：王龁之副将进了老马岭，且在寻找山洞，似乎要存物件。

赵括闻之，豁然开朗：白起前往上党，必携带大量粮草。王龁之副将寻山洞存的，定为此物。

于是乎，他亲自领兵翻山越岭，意图截下此批粮草。

谁料司马靳早有准备，白起大军也驻扎得离此不远，故白起与赵括的首次侧面对阵，白起大获全胜。然因赵军奋力掩护，而使得赵括并未落入白起之手。

“秦人狡诈！”带伤突围成功，返回丹河东营地的赵括不免气愤填膺。

“将军，白起那厮令杀了我等一个措手不及。可秦王派的还有蒙骜父子、司马梗，他等几人在何处?”武安君白起早令六国将士闻风丧胆，而此战秦昭襄王还另派有数名秦将协助之，故以副将为首的赵国将领们皆希望知晓他等行踪，以防被突袭。

赵括绝非纸上谈兵之人，他潜心揣摩白起战术，努力寻求以彼之道还施彼身的应对之法。从白起之前的伊阙之战、鄢郢之战、华阳之战着手分析的结论如下：充分发挥秦军搏杀优势，集中兵力将对手以截断之法攻之；善于利用地理优势，以水攻等尤为擅长；行军神速，有前无古人、后无来者的盛名。

“不好！蒙骜父子或司马梗中定有一人负责伐我沁水、丹水流域，传令下去加强防守，凡风吹草动，速速来报！”想令赵军腹背受敌，赵括以为白起打错了算盘。

果然是英雄所见略同。作战协同的确甚为重要。白起受命后，即召集蒙骜父子、司马梗等人于咸阳城外密议过前沿战事。

因王龁之军从未拿下赵军把守的丹河东防线，故白起命司马梗率部寻此路段中赵军遗漏的高点抢占，之后修建工事，凡见赵之援军或运粮人马，皆全力阻击。再想法袭击沁水、丹水沿岸，赵军在此处防守甚严，故司马梗不必过于恋战，以骚扰赵军为主，保存实力。

蒙骜父子各带人马，因蒙骜作战经验丰富，其子蒙武善领兵攻前阵，故蒙武增援与赵军对峙已久的王龁。王龁将军和蒙武以赵西垒防线为攻击点，争取早日将整条防线收入囊中，而后交给蒙骜镇守，杜绝再出现赵军回抢之事。

全面部署，白起当为先秦之第一人。如此战术强有力地缩小了赵军的控制地面积，且造成赵军补给困难，赵之援军难以抵达。

白起的运筹帷幄、巧妙布阵，使得两军对峙不久，秦军就显现出了极大优势。

赵括严遵赵孝成王之命——以攻为主，速战速决，将秦军赶出赵境。

然，由白起所领的秦军善骑兵战，而赵军以胡服骑射闻名，故在骑兵上与秦军平分秋色，因而白起放弃秦骑兵对阵赵骑兵之打法，用秦军另一优势——步兵战。步兵进攻速度慢于骑兵，然更机动灵活，且阵型容易控制。

白起知晓：各国皆传秦实行二十级军功爵位制后，秦军作战勇猛，堪称虎狼之师，战场上秦兵左携人头，右夹生虏，挥秦枪横扫敌军。故他再生一计，命每回出击的先锋将士人人背塞满稻草的麻袋上阵，且以洪亮之声喊出“砍一人，即装之”恐吓赵军。

虚实结合，白起率众将与赵括统领的赵军对阵数次后，白起在西，赵括居东，形成了秦军西临沁水，南握太行、王屋，北掌太行山几处关隘，而赵军东临浅河丹水的矩形局面。

为扭转乾坤，赵括命沁水西岸皮牢（今山西翼城东北）之军扫沁水沿岸秦军，占领沁水，而后亲率人马伙同皮牢军夹击秦军。

前后受敌，白起为保存实力西撤。因早有预见性，故白起调集驻守光狼的秦兵开赴战场，迅速反败为胜，夺回沁河沿岸掌控权。此战，赵括败，白起胜。

作战靠兵力，也牵动两国财力。赵孝成王密旨，再催赵括：速战速决。

秦昭襄王也因战事长达3年，令国库有所虚空且从戎男丁不足，故命太子嬴柱于河内（长平的南面，与之相邻）征兵，并增收秦地大户税银。同年，为鼓舞士气，嬴柱受命坐镇野王，派战船若干，助白起攻赵。

得增援水兵，白起如虎添翼，将司马梗的偷袭战提升为阻击战。之前赵括曾命晋阳守军南下临汾、安邑一线，护皮牢军左右翼，威慑河西秦军。然司马梗的战略改变，完全堵击了晋阳南下增援之军。

白起见时机成熟，命王龁、蒙武率部攻皮牢军。

太子嬴柱见状，令秦军战船于沁水上增援司马梗。

秦军群心合力，赵括孤军奋战，此战虽未全线结束，然大局已定：不日秦军将大胜，赵兵将败。

果不其然，赵括之军因无补给、又无援军，受秦军围堵46日之久，以分食战马及死尸为食，随即赵之军心呈涣散之状。

背水一战，势在必行，赵括虚实结合，领赵军突围。

然白起懂得兵不厌诈，屡屡以截断之法歼灭之。

赵括再战，白起应战。赵军终归输给了秦军，赵括亦光荣阵亡。

长达3年之久的上党、长平之战，以秦胜、赵败告终，以双方损兵折将、损耗国力无数而结局。

15

战神

山林间仍回荡着先前将士们的厮杀声，然苍茫的战场上，侥幸幸存的士兵人人木然，用佝偻、僵立、侧卧等肢体语言，表达着他等能活下来之难以置信。战衣的污渍从缝隙里浸到了皮肤上，麻木不仁的将士们茫然地看着四周，唯有从他等紧握闪亮刀枪的举动中，才能洞察他等乃活物。此等情景，令人不由得想起后世见光的兵马俑来。

活着何其幸运！

疾驰的战马由远处奔来，马蹄蹭着地面发出不规律的“哒哒”声，马嘶的空灵打破了战场的沉闷，却平添了悲伤气氛。

长平之战主帅白起轻抖马缰，在战场上徘徊，他以炯炯目光扫过一望无际的战场，眉宇间明显萦绕着劫后余生的感慨。

突然，司马靳领着一小队人疾驰而来，见到主帅后，他勒马骤停：“君上，没发现赵括的尸首。”

白起不语。

“我军伤亡数量暂无法统计。”刘勋寻来，低声禀报。

一声闷叹，白起望向不远处歪斜的战车。

忽然一队人马由沁河沿岸疾驰而来，细看，领头的乃是司马梗。他仅瞧了一眼自家人司马靳，即向白起呈上一柄名剑和一个顶部没了羽毛的头盔。

接过后，白起打量二物，盯着剑柄上的刺字——赵括，闷声：“尸首呢？”

司马梗摇头：“暂无发现，这两件物品也离得很远。”

抖马缰，白起纵马而行，奔至沁水河边，寻了处仅有血渍而无尸首之处，翻身下马。大吼一声，将剑重插于河滩之上。待他松手之时，只见宝剑三分之一隐入沙石中。而后，他才将头盔挂于剑柄顶部，又撕了块衣袍，仔细抹去头盔上血渍。做完这等事，他凝视两物，久久不曾移步。

半个时辰之后，秦太子嬴柱由蒙骜父子、王龁将军护送至此。白起得到消息，即策马疾驰相迎。

“微臣参见太子。奉大王之命，领兵攻赵之长平已成，特向太子复命。”他单膝跪地。

太子嬴柱沉闷点头，随之放眼满是血污的秦军将士，他微眯片刻，这才下马，双手搀起武安君：“君上辛苦了。”

白起微微点头，以示还礼，待转身时，拔腰间佩剑高举：“大秦必胜！”

众将士回应：“大秦必胜！”

白起又道：“大王万岁！太子千岁！”

全体将士再次响应。

白起听着响亮的喊声，眸光投向远方，待收回时，淡淡看着将士们头盔上迎风而荡的羽毛，握了握手中的剑柄。人生最难得为知已和实力旗鼓相当的对手……

“武安君。”一身戎装，秦太子嬴柱低唤，待其回神，“此战我大秦伤亡如何？赵人呢？始作俑者冯亭的族人可曾寻到?”

秦太子嬴柱所问乃秦昭襄王甚为关心之事。

一

长平之战起因：公元前262年，韩国战败，割上党予秦。然韩郡守冯亭私将其地献予赵。

放眼列国，各国经变革后，励精图治，近百年过去，当以居于西部的秦国，和位于东部的赵国实力最盛。秦、赵君王皆有意一统天下，故两国间决战无法避免，然，上党郡守冯亭献郡，意外将两国的战略大决战提前。

大决战之初（公元前262年），秦昭襄王仅派官位为左庶长的王龁领兵，欲夺回上党，足见此战何其意外。

历时3年多的拉锯战，秦、赵二国皆以大量物资供应，必耗双方国力无数。故，二国君王定希望战争速战速决——

赵孝成王撤去善守的廉颇非秦人离间，乃国力无法再支撑。

秦昭襄王从战争初期派左庶长领兵，到公元前259年，任命武安君白起挂帅，可见其同样渴望尽快结束此战。

《史记·白起王翦列传》有云：

“至九月，赵卒不得食四十六日，皆内阴相杀食。来攻秦垒，欲出。为四队，四五复之，不能出。其将军赵括出锐卒自搏战，秦军射杀赵括。括军败，卒四十万人降武安君。武安君计曰：‘前秦已拔上党，上党民不乐为秦而归赵。赵卒反覆。非尽杀之，恐为乱。’乃挟诈而尽坑杀之，遗其小者二百四十人归赵。前后斩首虏四十五万人。”

《史记·白起王翦列传》之白起篇末，再次提到有关长平之文字：

“武安君引剑将自刭，曰：‘我何罪于天而至此哉？’良久，曰：‘我固当死。长平之战，赵卒降者数十万人，我诈而尽阬之，是足以死。’遂自杀。”

太史公司马迁的《史记》给我等后世之人提供了文字依据。

然，“阬”真通假“坑”吗？赵降卒数十万如何能被哄骗，行入坑中？此为一疑。

据人口学家推敲：赵国当时举国人口300万—400万，结合兵役和徭役制，赵之总兵力为总人口数的十分之一左右。假设赵总人口350万，故赵举国兵力35万左右。

《史记·廉颇蔺相如列传》又记：“李牧至，如故约。匈奴数岁无所得，终以为怯。边士日得赏赐而不用，皆愿一战。于是乃具选车得千三百乘，选骑得万三千匹，百金之士五万人，彀者十万人，悉勒习战。”

此文提供了一条惊人信息：李牧领15万以上的精兵以及13000骑兵，于赵之边关镇守。

加减乘除甚为容易，赵国总兵力减去李牧边关之兵，仅剩20万有余。

然，镇守赵之全国各地及都城邯郸的兵力，即便不足10万，却也不会少于5万。

因而，赵派往上党邯郸之兵最多15万。

试问，15万赵兵如何在阬杀时，复制为40万？

公元前262年4月，秦斩杀赵裨将茄，同年6月取二鄣四尉，7月攻西壁垒，取二尉。试问，对阵沙场，斩其将领，难道士兵能逃脱吗？

故，秦赵对峙初期的15万赵军，在赵括领兵时，早已不足数。

此为二疑。

自长平之战遗址的发掘工作开始以来，出土了无法估量无法数清的尸骨。

然，尸骨上存在砍射痕迹，部分躯干无头颅，也不乏胯骨处插有短箭头的尸骨。

此等迹象足以证明：士兵经历过打斗，死后才被埋之。

另外，二号坑为深坑，考古学家认为更像天然形成的深沟大壑，因而产生了秦军将尸首抛入沟内的推理一说。

考古发掘与活埋之说抵触，此为三疑。

白起感慨秦卒死了近半。各种史料记载，秦在白起为主帅后，仅于河内征兵一回送往前线。

河内乃一郡，人口有限，按十养一之说，秦此次征兵数量不大。

再则，秦军骁勇善战，虽有民风剽悍之称，但猛然从田埂地头拉来的男丁能在作战中发挥多少优势？

故此推测，此次征兵用途有二：

其一，造声势。

其二，为运送粮草补给之兵，而非上前线作战。

至于白起的感慨，窃以为乃司马迁先生对战争的厌恶，和渴望和平之心。毕竟司马迁的时期已不是战火纷飞，无须举国上下人人皆兵。因而笔者也很认同司马迁借白起之口，说的这番话。

然之后，笔者不才，提出四点思考，与阅读此书的众读者一同参详：

其一，司马迁于《史记·廉颇蔺相如列传》中阐述了长平之战名将赵括，称其贸然进攻，不晓变通，使得赵军兵败。

阵前易帅，导致军心不稳，赵括换防廉颇，故赵军输了军心。赵孝成王轻率作出此举，不由得令人浮想联翩。

再看赵括之出身，其为名将赵奢之子，精通兵法，麦丘之战足证此人谋略非凡。

廉颇、李牧与白起乃同一等级将领。白起率部开往前线，秦昭襄王并未撤走王龁，且加派了名将司马梗助阵。然，赵孝成王身为一国之君，在秦派出强将、虎狼之师增援前线之时，竟轻易中离间计，将廉颇换防？非也。

廉颇为老臣，倘若他在军中，定抗旨，不肯轻易率兵马出营进攻。然赵括乃赵奢之子，根基不如廉颇，即便有见解，又怎敢违逆王命。

白起抵前沿后，秦再往前线征兵、送战船。然，赵史并无赵孝成王增援赵括兵、船之说。又有传言秦昭襄王御驾亲征。但，仅是鼓舞士气一说。在此方面，赵显然输于秦。

故，赵孝成王以赵括换廉颇，乃不爱惜将领，置赵卒生死于不顾之举。

忠其君，赵括悲哀；受其统领，赵国人之悲哀！

至此，关于赵括的“纸上谈兵”一说不成立。

司马迁先生为性情中人，但作为史官，他违逆史官之职——在记录和编撰历史之外，加以个人评断，因而令后世之人误解了赵括。

其二，史料称秦昭襄王坐镇野王。天子御驾亲征为鼓舞士气之盛举，然此战虽秦占据优势，但绝非胜券在握。天子出征必赢，才能令天子立于天地间、号令四方。故，秦昭襄王坐镇野王一说不成立，极有可能为储君秦太子嬴柱坐镇野王。

因此文中才有了嬴柱坐阵野王的文字。

其三，史料皆称赵军善骑兵，秦军以步兵为所长。翻阅秦国历史，周孝王时，秦先祖非子因养马有功，受封附庸。而后，其后世为周王室养马并对抗西戎。西戎乃游牧民族，善骑射，有草原豹狼之称。养马之人自然以跨马、背弓、舞刀与之抗衡。

因而秦兵善骑射毫无疑问。

其四，长平之战遗址挖掘出大量尸骨，目前发掘的已有1号坑、2号坑等。笔者与多数爱好战国史之人，皆根据各种史书推断过作战地点和经过。然，毕竟非是长平之战发生当时之文字，而只是后世之记录，故有关记载恐怕均为推断。

沁河、丹河皆为黄河流域支流，然黄河一年四季皆有汛期为不争事实，其中伏汛为7、8月，秋汛乃9、10月，两汛合称“伏秋大汛”。顾名思义，此两汛破坏力应该是超强。因而，决战后哪方士兵尸首皆有可能随河水推至长平。

古战场之2号坑，有地理学家鉴定后称其极有可能为深沟壑。再者，各种史书均称长平之战决战为8月至9月，故士兵死后、或重伤后，会随水而漂，卡于深沟中无法上浮。此战因秦胜、赵败，故坑中尸骨多为赵卒。

随着历史的进程，和考古工作的继续，相信会有更多尘封在历史长河的尸骨被发掘，届时专家们定会有新的结论，必将进一步还原真实历史。

笔者并非不认为武安君白起未坑杀赵国降卒，仅以为坑杀数量不足40万。只因白起处于秦昭襄王年间，具体数字无可考证，甚是遗憾！

二

得胜之虎狼秦军班师回朝，武安君白起又一次以事实证明了其军事上的卓越才能。

然，殿前受嘉奖之后，武安君府闭门谢客。

知情者争相奔走，相传：武安君不在府中，携家带口已住回白族院落。

此番事还得从白起出征半月后说起：

秦之才子白渊身子素来不够康健，堂弟武安君率兵赴赵，白渊便被秦昭襄王屡屡召入宫中，虽有推托之时，然秦昭襄王为君，白渊为民，故白渊不得已伴君身侧。

长期药养之人，怎能经得起如此谨慎伴君？一来二去，身子沉重。后其堂弟武安君白起率部应战赵军，杀赵降卒万数，他急火攻心，当场晕死。

秦昭襄王命御医随时问诊，然人命自有天数，非汤药所能及也。眼看这几日便要没了，白起自然侍候于病榻前。

而白渊乃秦昭襄王认定的知己，岂有不派可信之人关怀之理？故，几名王子及郡王也遵命屈就于白府白渊的破旧院子里。

这白渊没了之时，也不知众王子、郡王当真悲哀否，均急急往宫中向秦昭襄王报丧，而无1人留于灵堂。

秦昭襄王闻之，仰天长叹，罢朝1日，命太子嬴柱亲往白族守灵。

人已去，万事空，此番作为令咸阳百姓汗颜：白渊当真为秦昭襄王知己，深得大王关怀！

白渊丧事之后，白起再度归朝，然，曾在白渊死时扶灵痛哭的丞相张禄（范雎）甚为冷淡，无半点丧事时流露出之情意，甚至于朝堂就赵之形势与白起雄辩——

“微臣以为，赵因长平重挫，军事上一时难以整顿，我大秦需抓住战机，一举夺下长平附近城池。”机不可失，失不再来。白起就军事而言，进谏。

“长平一战，我大秦损兵折将，大秦之胜乃大王之谋略胜过赵孝成王。武安君可曾忘了？君上与赵对敌之时，本丞相曾命人赶赴赵地使离间计。然，君上此战仍损我大秦精兵强将过半。此时再次主战，敢问岂不是有虚空我大秦国力之嫌？”居于高位，范雎谋略过人，使出离间计，分析秦国国力，敬王又爱惜将领，种种作为可谓不输于常人。

听二人朝堂以言语较量，秦昭襄王烦躁，提前散了朝议。返回御书房后，他批示公文良久，直至黄昏也不肯进膳食。

芈公公见状，倍感忧心，提议："大王，朝事劳心劳力，不如往御花园听听歌舞，散散心。大王心系大秦，乃大秦之福，倘若大王因此累垮了身体，乃大秦之祸。"

"芈公公上前说话。"秦昭襄王示意。

芈公公机灵地以参茶换下一般煮茶，蹲着身子为秦昭襄王捏腿。

"你这番做法像极了他。孤定不会令你赴他之后尘，哎！如今长平之战将士班师回朝，在此之前，孤已封白起为武安君，此时该赏他何呢？"秦昭襄王思虑：赏轻了，秦兵沙场对弈时，自然士气不如从前；赏过了，若白起步了魏冉后尘，又如何了得？

芈公公抿嘴笑，心知大王说的"他"乃孟自多公公，只是孟公公死得……也算为大王尽忠。因自个儿与大王情谊，不能与孟自多等同日而语，因而芈公公凡听到有关孟自多公公的事，皆一笑带过，从不发表评断。

"张丞相的离间计，芈公公以为当真见了效吗？孤也需嘉奖张丞相否？"朝臣中就张禄离间赵王一事众说纷纭，秦昭襄王很难决断是否该连同张禄一块赏。

"大王英明，自有圣断。"非表明态度不可，芈公公唯大王马首是瞻，故言语巧妙，投其所好。

"你当真不是他，他与孤说话从来非是这般。"他隐射孟自多，秦昭襄王自赐死孟自多后，再不提全名，然几乎日日说"他"。

芈公公笑而不语，再说话时，则关心大王的身子，绝口不提朝政。

秦昭襄王像是离不开孟自多，另一人又因孟自多之死，与大王离了心，此人乃秦惠文王王后、秦昭襄王之母宣太后娘家亲戚向寿。

秦昭襄王曾与之手足情深，出入同驹（车），然秦昭襄王困惑之时，他竟未进宫，称旧疾复发，闭门不出。不面君，他倒给了武安君白起些许颜面，回绝邀宴，然其登门之时，仍以礼相待。

“向大人贵体怎一病数载，且越发沉重?”白起见其面色微有苍白，瞧不出过多病候，甚疑。

“咳咳咳……”向寿急咳一阵，以手帕捂口，待手帕展开时，却见些许血丝印于帕纹里。

“本君多有冒犯。”咳出血渍，病候果真沉重，白起抱拳赔礼。

“君上到此，自然谈及朝廷中事，然本官病了多年，极少过问朝中之事。君上此行错爱了。”向寿滴水不漏。

“想当日，本君为左庶长，得向大人承让，才得以领兵沙场。本君有今日，向大人功不可没。”身居高位者重提旧事，足见白起何等重视向寿。

往事悠悠，多说无益。然武安君这份心意，向寿领了。他抬手命侍从退下，四下无人时，幽幽叹息：“大王幼年即位，魏冉等臣乃至太后在朝政上多有辅佐，他等几人皆已离去。张丞相入朝，为我大秦添新气候，然君上在前线冲锋陷阵之时，朝廷出了诸多事。”

白起一愣，神色微有沉闷。

“孟自多并非不忠君之人，迫于形势盗王印，然大王将其斩之。孟自多本无主张之人，在大王与秦公跟前乃一穿线者，秦公半日之内自尽。如今……哎！君上，向某在大王跟前本就不如他等几人，又与罪臣魏冉有血亲之根。怎能不病？需大病了才好。”向寿嘴角扬笑，眸中盛泪，但努力保持淡然。

“本君能得向大人推心置腹一番话，不枉此生。”白起拱手，言下之意——向寿此番言语，他誓死严守。

“向某对于宫中发生之事，也是听闻，并未亲眼见之。君上，如今你官拜武安君，需谨言慎行。”向寿言尽于此，不留白起用膳，将其打发了。

此后，秦再无向寿宴客、待客之传闻。

这位与宣太后、魏冉等有诸多渊源，又与秦昭襄王幼年手足情深的秦国名将，渐渐淡出历史舞台。故，后世之人仅能从其宗族史，苏代劝向寿之趣闻，与公孙奭共参甘茂、令其逃离秦国，让出领兵之权予白起、使白起一举成名等文史中，寻到其踪影。

向寿等秦之根基深厚之臣惧怕新任丞相张禄，殊不知范雎也恐他等翻江倒海。范雎向大王提出“远交近攻”之时，也进言了“强干弱枝”。

“远交近攻”之战略思想而今仍广为应用，其正确性不可置疑。然，“强干弱枝”乃针对秦国当权重臣间关联颇多所提出。

秦昭襄王闻之，甚喜。

身为天子，自然渴望中央集权不旁落，因而范雎在这一时期成了秦昭襄王跟前的红人。秦昭襄王因即位甚早，故其心中渴望收回之权利乃宣太后、魏冉等人手中之物，作为秦昭襄王时期一步步提拔起来的名将，白起虽由魏冉推荐，但其施展才华乃是在秦昭襄王的统领下。因此，范雎在除“四贵”时，并未将魏冉推荐给秦王的白起连带。

可此一时彼一时也，如今白起在武安君之位上待了十数载，其势力渐渐渗透于朝野。长平之战因白起为主帅，范雎虽有献计，然绝非力挽狂澜者。故，秦昭襄王金殿封赏时，范雎所获甚少。

“微臣叩谢王恩！”出列之白起叩首谢恩。

“王龁对阵赵军，功不可没……”秦昭襄王赏罚分明，素来在臣子立功之时，出手大方。

“末将谢恩！”

一干武将皆得封赏，散朝后自然兴致高昂。白起更是一洗前日之郁闷，力邀同赴沙场的同人，往武安君府欢享喜宴。

“届时恭贺各位同人大驾光临。”白起朝众将拱手，转身走向不远处的自家马车。

范雎瞅瞅议论纷纷的一干武将，落寞而去。武安君府热闹非凡之时，他则于府中湖畔边独饮闷酒数壶。想到白起笑容满面，朝堂上春风得意，他便痛哭流涕，自言“怀才不遇”。

之后数日，长平之战的得胜将军们皆先后设宴，白起因系主将，故频繁赴宴。然，酒伤身子，纵有海量之肚，也难免伤及体肤。

“罢了罢了，拿下去。”白起命仆人将果点撤下。

“君上，您近日于宴席上极少用膳食，而饮酒颇多。领兵打仗之人定得以食壮身。”仆人规劝。

白起摇头，不肯用膳。

此事惊动苏倩，她恐夫君因与同僚饮酒过度，亏了身子，故想方设法寻可口佳肴，以激发夫君食欲。

“今日怎有此物？”白起见餐桌上摆有筒粽，询问。

“妾身听府里的管事说楚人好这口，稍稍打听，才知咸阳城里有一女子以卖筒粽为生。想君上用多了寻常食物，故命人买了些来。”苏氏贤德。

白起不语，用了筒粽。席后，唤府中买办，问清了出售筒粽之店铺位置，乃遛马而去。虽度量此人为张氏，然当真见着时，白起仍吃惊不小。

“奴家已停了买卖，君上请回。若需买筒粽，明日再来。”张氏仍一副倔脾气，不给些许好脸。

见张氏往档里上门板，白起抬手相拦：“你未回去？”

“族人死绝了，奴家回去又能怎样？”张氏索性放开门板，转身进屋。

“除了筒粽，你这店里还有什么菜式？你若懂，一并做了来，本君尝尝。”春风得意的白起言语中充满挑衅。

“没了，一道菜足矣。奴家才疏学浅，即便想张罗另道菜式，也无辙。”张氏无惧意。

白起朗声一笑，拎起茶壶欲自斟解渴，然竟倒不出水来，他不禁要发问：“你这女子竟如此……”

“寅时起身，卯时起张罗买卖，过巳时还未得空祭五脏庙。你提之壶仅为奴家房中一摆设，奴家若忙时渴了，会取井水饮之。”张氏细数辛苦。

白起不与女子一般见识，乃起身而去。不过次日得空时，他不禁又往小铺子里走了一回。

张氏忙于张罗买卖，又看白起极不入眼，故不予招呼。

白起从未受此冷遇，然此举竟挑起了他的好奇心，而后凡得空时，他皆往此处来一回。久而久之，张氏收起了“利爪”，对其也平和了。

武安君往张寡妇店铺而去，且乐此不疲，自然于咸阳城内传得风生水起。苏倩得此消息，有意将张氏收入武安君府。因知其乃刚烈女子，故命管家领了媒人郑重其事说亲。

“奴家之族人皆死于武安君之手，奴家怎能……谢夫人美意。”张氏断然回绝。

苏氏闻之，若说当初说媒乃为保全夫君名义，使其免于被旁人指指点点，而今倒是对张氏生了几分敬意。

“府中在张氏开店的街上有几家店铺，你交代掌柜，叫他等给张氏行个方便。”她细致吩咐管家。

来而不往非礼也。张氏得武安君府大夫人苏倩照顾，自然于逢年过节、哪怕只是楚人的节气，也给府里送些回礼之物。因张氏支撑的乃筒粽小铺，故，武安君府吃筒粽为家常便饭。

妻贤子孝，又得知音，武安君身畔之和谐，咸阳城有目共睹，连秦昭襄王也在与范雎提及王子相斗、挤兑太子嬴柱时，对白起治家有道颇为赞许。

武安君白起仕途占尽先机，与张寡妇的一段风流韵事，又因女子刚烈、不肯过门，传成佳话。范雎闻秦昭襄王之言，当即一笑了之，而后心绪更为烦乱。

三

居高位者，言行自受关注，如今恰逢多事之秋，秦昭襄王命王龁率领，进攻皮牢（今河北武安），同时命司马梗伐太原。因长平之战对赵之国力、兵力耗损极大，故两路大军一路所向披靡。

分析战局，白起金殿请缨，欲领兵围攻赵都邯郸。

白起之名早已令六国闻风丧胆，燕恐秦军一举夺下赵，燕与秦间少了赵之屏障，不久之后秦之铁蹄必踏入燕境。故，受命苏代视时机而动。

韩、赵二国受秦之铁蹄践踏，恐随时亡国，便请苏代赴秦境使离间计，契机则为范雎在长平之战后不受封赏。

苏代乃何人？

才高八斗之学子、忠燕王者、纵横家苏秦之弟。

他善于雄辩，且精通权术，与苏秦相比，各有千秋。其制造巧合与范雎相遇，而范雎为博秦昭襄王垂青，三次才得重用。苏代之雕虫小技如何能打动范雎！故，范雎最初对苏代并不待见。

然苏代与范雎有异曲同工之处，即不达目的誓不罢休。他集赵、韩两国稀罕珠宝，送入丞相府。而后出于礼貌，范雎这才约见于他。

见范雎后，苏代推心置腹："白起当拜为武安君，若秦亡赵，秦王必称帝，白起定因功不可没，官拜三公之列。敢问丞相，您可能因前方战胜而受封？否也。届时丞相见白起，需行礼之。秦攻下之土地广博，然民众大体逃亡他国，故秦得土地，而非民众，于秦并非真有意，受益者白起也。”

苏代以如簧巧舌击中范雎心思，然范雎谋略过人，不肯轻易表露。

苏代仰天长叹：“何不请秦王接受韩、赵之割地？如此白起便无法挥师东进、得灭赵之功。”

此言如当头棒喝，范雎朝苏代行拜礼：“先生乃本丞相知己。”

苏代双手将其搀起：“丞相不必如此。据闻，须贾将你官拜秦相一事带回魏地，魏相魏齐弃相印而逃往的乃赵国，现正藏身于平原君赵胜府中。”

得此讯，范雎进言秦昭襄王，声泪俱下细数从前受魏齐迫害之事。

秦昭襄王闻言愤怒，之后使计引平原君赵胜入秦，修书予赵王，要求以魏齐人头交换。此时赵畏惧秦，故，魏齐得此消息，自尽。

一洗前辱，范雎顿感欣慰。寻时机反复向秦昭襄王进言，以秦军已得数城，需回秦地修整为由，驳斥白起请缨攻打邯郸之事。

苏代见范雎深谈近两个时辰之久，白起对此略有所闻，而今范雎力主收兵，白起不由生怒，与之对簿朝堂：“丞相此言差矣，错过此时机，我大秦灭赵不知更待何时！”

然，范雎以雄辩赢秦昭襄王信任，白起虽怒，因口才输于范雎，只得沉默。

公元前258年，秦国收兵，韩国割垣雍、赵国割6城献秦。白起虽主围邯郸，然其主张不被秦昭襄王采纳，以至于秦错失伐赵良机。

此后，将相失和。

范雎有意除去白起，故格外关注其言行，并且放下身份，与白起族人白瑜走得极近，隔三差五，范雎必以各种名义与白瑜相约。

有心结交权贵的白瑜必每每应约，虽回选之地不如范雎安排得有排场，然两人之情意因各怀心思加深得极快。

武安君白起不明二人结交之深意，好心提醒："白瑜，张丞相身居高位，事务繁多，你且不要耽误他正事。"

白瑜因心存异想，故回答得妥当："君上之言，白瑜谨记在心。"

而后，白瑜赴范雎之约，颇为低调。范雎心领神会，也将彼此小聚之地挪了去处。

儿子在武安君麾下立了赫赫战功，而白瑜却仍住在白族，故白眉对儿子的动向甚为清晰，当得知武安君提醒儿子远离范雎，当他见到儿子拒绝赴约时，白眉感到了欣喜并向白起表达回谢之意。

"无须多礼。论辈分，本君还该称你一声叔叔，既来了，留下府中用膳吧。"打虎亲兄弟，上阵父子兵，白起对白族兵甚为照顾。

因留了白眉用膳，白起特命家仆把叔叔白山、堂兄白恒等全数请了来，办了出低调的家宴。

家中和谐，武安君白起甚为安心、愉悦，然朝政上他屡屡与秦昭襄王起分歧。

当年9月，秦派五大夫王陵攻赵之邯郸。

秦昭襄王本就无意令白起披甲上阵，恰逢白起旧伤复发，故未宣其入朝商议前方战事。

次年（公元前257年）正月，王陵之军攻邯郸久而无果，发重兵增援，然王陵损失5校（1校约为8000人，5校合计4万人）秦军。

秦昭襄王愤然，免王陵主帅之职，欲令白起披甲上阵。

白起于御书房回话："我秦已错失得胜先机，微臣以为收兵乃上策。毕竟秦军远行千里攻赵之国都，倘若赵向他国求救，我秦军必腹背受敌，大败之日不久矣。"

秦昭襄王勃然大怒："我大秦除你武安君之外，就无良将了吗？"

王之威严如何能驳？

秦昭襄王乃执政多年之真命天子，为求胜，令参与过长平之战的王龁替王陵为主将。然，王龁仍历时两月围邯郸而久攻不下。

秦昭襄王金殿号令群臣踊跃参战，增援前线之军。

范雎把握时机，引荐了恩人郑安平，以其忠肝义胆为由，力保郑安平为攻打邯郸之主帅。

"郑安平从未领兵，纵有一身才气，也需阵前锤炼。暂为副将，协助王龁。"郑安平会是个纸上谈兵之人吗？秦昭襄王深思熟虑。

邯郸受困，赵向楚求救。楚恨秦水淹鄢城，派春申君黄歇援赵。魏公子魏无忌主动请缨。故，春申君与信陵君率部数十万抵赵抗秦。

主将王龁所率的秦军大败，不得已王龁撤围，逃奔秦军增援部队所在的汾城附近，有意攻下汾城后，伐魏之宁新中（今河南省安阳），逼魏撤军。

然围邯郸不可无主帅，秦昭襄王再度想到了启用白起，故召其入朝。

"微臣旧伤未愈，领不得兵。"白起以伤势推脱，不肯为帅。

"大王，郑安平副将在前线经历了数场战役，臣请大王命郑安平为将，夺下邯郸。"郑安平乃其私交深厚之人，故范雎大胆进言。

朝臣们多有退兵之意，然秦昭襄王屡屡派兵赴赵增援，现武安君不肯为帅，武将们恐大王将主帅之职强加于己，故无人驳斥范雎进言。

之后，秦昭襄王任命郑安平为攻打邯郸之主帅，又因白起不肯出征，免武安君之职，降为士兵。

白起固执已见，以士兵身份回武安君府养病。

然郑安平拿不下邯郸。3 月后，秦昭襄王难以承受不断传来的前线战败消息，命范雎探白起病候真假。

范雎闻言，拱手道："白起乃速战之人，即便行军途中也可养病。"

秦昭襄王认可，下令：白起带病上路。

然，白起等人行至杜邮之时，早已从白瑜口中知晓白起之病确真，但不影响领兵，称病为推诿的范雎向秦昭襄王进言："白起装病。若王有疑虑，可命随行军医断症候。"

秦昭襄王勃然大怒，他推翻御案，将前线屡屡战败的消息迁怒于白起，命密使赐剑，令其自刎。

白起领旨谢恩，手持利刃，他不禁仰天长叹："君命臣死，臣不得不死。赵之赵括又何尝不是如此！"

一语末，引颈自刎。

白起麾下一干副将皆是王旨中赐死之列，他等跪于白起尚未冷却的尸首旁，朝天大喊："武安君死得甚冤，我等何尝不是！"

语末，刀落，司马靳、唐胜等十余人相继倒下。唯有副将刘勋抗旨不遵，被传旨之人收押。

长平之战后将相失和，重臣范雎早有灭武安君白起之心。

秦昭襄王对武安君白起其军事才能甚为喜爱，然又恐其步魏冉后尘，故有防范之心。前线失利数月，白起抗旨、不肯为帅，加深了秦昭襄王对其的猜疑。范雎进言仅是给了秦昭襄王泄愤的时机，秦昭襄王赐死武安君白起于杜邮（今陕西省咸阳市任家咀村）非范雎主导，而是秦昭襄王之意。

武安君白起乃一代名将，攻无不克战无不胜，无败仗纪录，然其并非死于敌方剑下，而是因主子秦昭襄王猜疑、心生间隙至亡。

《史记·白起王翦列传》中，文豪司马迁有曰：武安君引剑将自刭，曰："我固当死。长平之战，赵卒降者数十万人，我诈而尽阬之，是足以死。"

然，司马迁非与白起活于同一时代，白起弥留之言又如何得知？笔者敬司马迁先生惜生灵之心，然不敢苟同此言的真实性。

司马迁先生留下的《史记》为后世之人探寻历史，提供了诸多便利，即便有失真之言，也情有可原。笔者与司马迁先生皆是爱好历史之人，然自知才疏学浅，不敢同日而语，仅对其文字上的一些语法之类，提出异议。

闲话暂且不说，看白起死后，其尸首曝于荒野，甚是凄凉。幸好楚人张氏闻之，策马赶往杜邮，为其收尸，并将其衣冠送回武安君府，交予苏氏。

再说秦攻邯郸之战，第三任主将郑安平受赵、魏、楚三军夹击，领 2 万人降赵，而后受赵封为武阳君。

范雎得知此讯，向秦昭襄王请罪，以遇人不淑、受骗多年为由，求得保全性命。而后，又传出受范雎一力提拔的河东太守王稽犯事，秦昭襄王再也容不下范雎。范雎为能苟活于世，退位让贤，推荐燕人蔡泽为相。公元前 255 年，秦昭襄王处死王稽，同年，范雎暴死。

三月后，秦大赦天下，放白起副将刘勋出天牢，令其返回祖籍。

因怀念知己白渊，秦昭襄王从白族为其选子嗣过继，白山之孙脱颖而出，入白渊名下。

白瑜因白山之孙过继白渊，郁闷而酒后失言，道出曾告知范雎：白起虽病，然能领兵之事。其父白眉闻之，大怒，将犬子交族人严办。白族曾于白起麾下从戎者道出白俊痴傻后，刘勋对白瑜颇有微词。白族动用大刑拷问白瑜，白瑜认罪。

白眉亲端毒酒予其子白瑜，次日，白瑜发丧。

公元前 251 年，在位 56 年之久的秦昭襄王嬴稷去世。因公元前 257 年，秦国邯郸兵败，而迫不得已赴赵国为人质的嬴异人仰天长叹："若武安君白起在世，本王子何需于赵地受辱？"

故，嬴异人得卫国商人吕不韦资助返秦，登大宝，仍对武安君白起之功勋念念不忘。而后便有秦始皇统一六国，封武安君白起之子白仲于山西太原之说。

春去秋来，改朝换代，白族又传喜讯。

一干人皆于产房外久候，产婆欣喜报信：“恭喜白大爷，得一男子。”

婴儿之父瞅其甚为俊秀，不由想到先人白渊画像，故抱婴孩请族中长者赐名。

族长曰：“我族再无人可与武安君白起相提而论。这孩儿既出自白渊之门，愿其继先祖文采，且为人亲和，取名白居易吧。”

一代文豪白居易诗文了得，流传后世诗篇无数，故笔者不予详说。

然白居易名扬四海之时，有一来自战国时齐境的芈姓男子深夜到访，并不详说芈姓先祖与白族有何渊源，只道：“先人芈内侍（芈公公）因携家小、护秦正公之灵回齐地并留之，才与你等失去联系。”

而后，芈姓男子留下诸多贵重之礼，于夜色中隐没。

后记　探秘历史人物白起

提到战国时代，除各英明国君如赵武灵王胡服骑射外，也不乏后世之人会想到的芈八子宣太后，及以魏冉为首的“四贵”等。

秦始皇统一六国之前，秦国曾出过一位列战国四大名将之首的武安君白起。此人一生无败仗纪录，乃天赐之神将。

近代“戊戌变法”（百日维新）领袖人物梁启超曾对其如此评说：“整个战国时代战死两百万人，白起居半。”

据笔者粗略统计：

伊阙之战，其斩首韩魏军24万。

水淹楚国鄢城之战，其淹死楚地军民数10万。

华阳之战，其斩魏军13万，沉赵卒两万。

陉城之战，斩敌军5万。

长平之战，其与赵对峙，连同坑杀赵降卒，共杀赵军45万。（关于此战，本书前文中另有一番解读。）

然，这些数据不足以体现武安君白起的军事才能。

笔者在书写此文时，翻阅了大量史书，比如《战国策·卷六·秦策四》《战国策·卷三十三·中山策》《史记·卷五·秦本纪第五》《史记·卷七十三·白起王翦列传第十三》，及北魏晚期郦道元所著地理名著《水经注》、清朝年间《太原县志》，再结合当代学者对秦史和古战场的考证，力求真实准确还原历史，揭开尘封千载的名将白起真实面目。

白起一生因征战，取人性命无数，后世之人对白起敬畏有加，因而司马迁、班固、诸葛亮、李世民、杜甫、赵匡胤，乃至今人，都对其发表过评说。

研究数千年前白起所处的冷兵器时代，我们可总结其作战特点如下：

一、善于野战进攻，力求歼灭敌军。

二、强调趁敌方失利时，组织新一轮进攻。

三、重视修工事，习惯诱敌军脱离敌方阵地，以截断方式围堵敌军。

四、善于纵观全局，在战前做诸多准备，集结各方利好因素应战。

由于特定的历史环境，白起遵循秦昭襄王当时推广的二十级军功爵位制，故此人领兵作战时，不节制杀戮数量，也因此成为后世之人评判白起时之诟病。

然，从秦国低级武官左庶长，升至武安君，又足见其领兵作战的能力。

翻阅史料，笔者仅寻到 4 名被称为“武安君”者，其中之一为白起，其二乃李牧。

若说白起杀人无数，李牧则行为有度，先有于赵之北部边境抗击匈奴之功勋，后又有率部抗秦、重挫秦兵的宜安之战为证。然得封武安君之封号后，他仍难逃公元前 229 年被赵王削其兵权、被处死之宿命。

得封武安君第三人，乃楚将项燕。此人生不逢时，得封武安君之时，楚国已危在旦夕，故他率的楚军怎能击败王翦所带的秦兵。

第四人乃纵横家苏秦。

四人中仅苏秦为文臣，其余皆武将。

探寻武安君之封号由来，可追溯到西周年间，有《仪礼·丧服》篇为证。武安君顾名思义，乃安邦定国之君。然，得此封号之武将皆无法平安终老。

笔者以为当权者之所以封武将为武安君，乃因其战功赫赫，不得已而封。然，封之时，就属情非得已，故此后定会将其除去，以避免得武安君封号者以武力威胁中央集权。

各种史料皆称，白起之所以被秦昭襄王赐死于杜邮，乃范雎进谗言。然解析秦昭襄王封白起之心思，笔者不得不为范雎平反——若秦昭襄王无意除去武安君白起，那范雎之言又如何能起作用呢？范雎背负除白起之骂名千年，岂不悲哀？

盖棺定论，白起死于杜邮，非范雎主导，乃秦昭襄王早有意除之，仅是在杜邮之时，时机才成熟罢了。

在本书中，笔者提到了诸多历史人物，也有一些与史料记载有偏差之处。

例如：

其一，白起在史料记载中乃行伍出身，并无游历列国之说。而笔者一意孤行，写其游历各国，还以诸多笔墨描绘他在赵境种种。

在此，我们翻阅秦始皇一统天下后的几大政策。其中推行“书同文，车同轨”，简化秦大篆籀（zhòu）文，取消六国异体字，以小篆代之。

试问，春秋战国时的兵书，岂可全用秦大篆籀文书之？再结合春秋战国时学者游学盛行一事，因而作者推断：白起之所以精通兵法、用兵如神，非仅于秦地练就。

其二，范雎协助秦昭襄王除“四贵”。各种史料皆称：秦昭襄王因范雎才华卓越，深得其心，行跪拜礼。

想秦国历代王皆孤傲，秦昭襄王更是自登基以来频繁出兵伐六国，且他除“四贵”之心早有之，仅契机未到而已。综上，秦昭襄王必为运筹帷且君威十足者。这等人怎会向范雎行跪拜大礼？

因而，笔者不认同此记录。只感叹后世之人因膜拜范雎之才气，才写出了秦昭襄王平易近人的文字罢了。

其三，“纸上谈兵”将军赵括，与武安君白起有长平大决战之史诗篇。而笔者也不认同赵括为纸上谈兵的将军。关于这一论点，请参看笔者前文《长平》一篇，不在此详说。

本书中，笔者杜撰了秦之名公子白渊。

以诸多笔墨写此人为人、为臣、为夫、为兄之道，将他与白起之情谊生动刻画。而他死后，白起的仕途便一落千丈。

试问，若白起懂得为官之道，怎会令秦昭襄王生疑，又给秦丞相范雎进谗言之契机。

故，白起长平之战前后，他身边之谋士极有可能或死、或远走他乡。

白渊就是文中这等人的缩影。

之所以写白渊与范雎有浅浅之交，想范雎入秦时，白起已贵为武安君，白起身旁之谋士若不能与范雎周旋，范雎定早将矛头对准白起。

此便是白渊与范雎交情之由来。

秦国重农，故秦国能自给自足，有实力常年与他国征战。而各种史料都显示：秦国旧址出土了秦始皇登基前的别国手工艺品及用于农耕之物。

由此可以断定：先秦时期，秦地必有如吕不韦般的富甲一方的大商人。

君主时代，商人乃不入流之列，富而不贵。然，吕不韦协助嬴异人回国后，官拜相邦，而秦国人皆无异议。

由此引申：在此之前，秦国一定也有大商人，即便历史无此人生平记录，但其辅佐过秦君主，并得秦人认可。

这就是文中大商人秦正之由来。

至于孟自多公公，我们则需再看秦史。

秦始皇嬴政极重视宦官赵高。我们暂且不提赵高胁秦二世杀太子扶苏之往事，秦始皇亲近赵高这却是事实。

秦昭襄王早年曾赴燕做人质，这种经历嬴政也有，嬴政有赵高，想必秦昭襄王也有类似的亲近之人。而跟在秦昭襄王身旁尽心侍候的公公，可能便是他眼前难以替代之红人。

故，笔者杜撰了孟自多。

赵惠文王时赵国有一名为缪贤之内侍，史料对其记载甚少，但有一事迹人人皆知，即：蔺相如完璧归赵，而蔺相如的推荐人就是缪贤。

战国时的宦官与我们后世熟悉的东厂宦官有天壤之别，因而笔者写出的孟自多的表现主要就是为秦国尽心竭力。

另外，秦始皇灭六国后，封白起之子白仲为太原君。然，仲在中国文字中有排序第二之意，始皇不封长子，仅赐次子，定是长子不可封之。

因而，笔者在文中写了白起长子白俊发生意外的文字。

提到白仲，自然读者会向笔者发问：白瑜因何而来？

笔者答：武安君谎称久病未愈，不能披甲上阵之事。范雎如何能找到证据揭穿白起的谎言？

毕竟白起、范雎均为臣，即便白起不肯领兵、胡诌一气，然范雎来秦之前经历无数，也早是谨慎之人，不敢无凭无据面君进言。秦昭襄王是否彻查白起之病症尚不可考，但范雎不敢拿身家性命做赌注定是事实。

因此，白起身边定有范雎买通之人，且此人与白起认识已久，还有诸多根源相连。故，笔者在文中虚构了白族族人白瑜。

范雎在长平之战中命使臣往赵地离间赵之君臣，赵孝成王是否真中此计？

翻阅赵史，寻出赵立国之根本：赵之所以立国，乃赵武灵王胡服骑射，改革军事，才使赵跻身于强国之列。

赵惠文王竟以沙丘之乱，饿死赵武灵王，纵观历朝历代为皇位起的争执，杀兄弑弟者多如牛毛，却无人将霍霍屠刀举向父王。

赵惠文王之子赵孝成王以赵括替代廉颇，又怎不知赵括非白起之对手？笔者以为：赵王不爱将，不惜赵卒。

忽而笔者发觉另一奇点——秦与各国征战，又或各国之间频繁攻伐，唯赵之降卒受坑杀有记录，魏、韩、齐等国皆报阵亡人数。难不成秦军单坑杀赵降卒，而放过他国之兵？

此点，笔者在写完全文，也未有分晓，还请读者给予高见。

笔者乃俗人，探访历史，也难以免俗。

俗之其一：笔者写武安君白起之军事才能时，将其与蔺相如杜撰成莫逆之交。只因蔺相如有舍人之过往，又有容人之度，因而戏说了秦、赵史中两位才能卓越者。

笔者俗之二：为白起写了几段旷世佳话。

先有白起未成名前，与赵国凤姑娘情根深种的美好初恋，后有楚之寡妇张氏为其杜邮收尸的结局，穿插赵人何大仁之母何大娘因白起入狱，后由蔺相如照顾之趣闻。

此等皆属笔者不苟同战国时君王四处征伐的状况，而希望以这些佳话、故事把民众渴望和平的心声彰显出来。

俗人说历史，叙述时也尽量做到有据可查。哪怕是虚构，也尽可能地合理吧。

俗人之无奈，或许就是往往在字里行间注入个人情感。

话到此，罢笔。